Friedel Schardt

... und es geht doch!

Arbeitsblätter und Materialien
zur Freiarbeit Deutsch

5. und 6. Jahrgangsstufe
(für Real-, Gesamt-, Mittelschulen,
Orientierungsstufen und Gymasium)

mit Kopiervorlagen

Ernst Klett Schulbuchverlag
Stuttgart Düsseldorf Berlin Leipzig

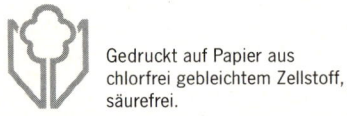 Gedruckt auf Papier aus
chlorfrei gebleichtem Zellstoff,
säurefrei.

1. Auflage   1 5 4 3 2 1 | 1999 98 97 96 95

Alle Drucke dieser Auflage können im Unterricht nebeneinander
benutzt werden, sie sind untereinander unverändert. Die letzte
Zahl bezeichnet das Jahr dieses Druckes.

Redaktion: Elisabeth Vollers-Sauer
Umschlag: Kristin Kain
Illustration: Marlene Pohle
Satz: DTP - QuarkXPress
Druck: Gutmann + Co., 74388 Talheim

ISBN 3-12-327060-2

Inhalt

Teil II

Arbeitsblätter und Materialien zur Freiarbeit (Kopiervorlagen)

Arbeitsblätter:

Materialien:

Freiarbeitsplan

Projekt 1: Märchenspiel

Gruppeneinteilung
Märchentexte

1. Vorüberlegungen
2. Wie macht man aus einem Märchen ein Spiel?
3. Den Gesamtaufbau des Stückes festlegen
4. Figuren entwerfen – Handlungsorte beschreiben
5. Wie kann man auf der Bühne darstellen, wer und was eine Figur ist?
6. Wie man Puppen herstellen kann

Projekt 2: Bücher lesen, vorstellen, besprechen

Arbeitsplan

1. Bücher empfehlen (1)
2. Bücher empfehlen (2)
3. Klappentext
4. Brief an eine Figur aus einem Buch

Projekt 3: Hilfen für den Anfänger

1. Arbeitsplan
2. Vorbereitung in der Klasse
3. Helfen, sich im Schulgebäude zurechtzufinden
4. Helfen, sich in den Fächern zurechtzufinden
5. Helfen, sich unter den Klassen und Schülern zurechtzufinden
6. Helfen, sich unter den Lehrern zurechtzufinden

Rahmenthema: Wir machen ein Buch mit Geschichten

Projekt 4: Neue Geschichten von alten Bekannten

1. Eulenspiegelgeschichten
2. „Schwänke" lesen
3. Eulenspiegel-Geschichten erfinden
4. Die Schildbürger
5. Eine Schildbürgergeschichte schreiben
6. Münchhausen
7. „Lügengeschichten" untersuchen
8. „Lügengeschichten" erzählen

Vorwort

Neue Unterrichtsformen verlangen neuartige Materialien. Mit diesen Arbeitsblättern können Sie Ihren Unterricht so gestalten, daß Ihre Schülerinnen und Schüler Schritt für Schritt in selbstverantwortliches und projektorientiertes freies Arbeiten hineinwachsen.

Dieses Heft zur Freiarbeit für den Deutschunterricht in der fünften und sechsten Jahrgangsstufe umfaßt **zwei Teile**:

○ Im ersten Teil wird das **pädagogische Grundkonzept** vorgestellt, und es werden methodische Hinweise zum Einsatz der Arbeitsblätter und Materialien vermittelt.

○ Der zweite Teil enthält die **Arbeitsblätter und Materialien**, mit deren Hilfe Sie die Freiarbeit in die Praxis umsetzen können. Aus diesem reichhaltigen Angebot können Sie gemeinsam mit Ihrer Klasse auswählen. Die übersichtlich gestalteten Arbeitsblätter sind **Kopiervorlagen**, die Sie je nach Schwerpunktsetzung und Bedarf vervielfältigen können.

Jedes Projekt beginnt mit einer illustrativen **Motivationsseite**. Die Kolumne der Arbeitsblätter hat Leitfunktion: Sie zeigt an, in welchem Projekt Sie sich befinden.

Die doppelte Ziffer, mit der die Arbeitsblätter und Materialien gekennzeichnet sind, bietet Ihnen und Ihren Schülerinnen und Schülern dort, wo es nötig ist, ein einfaches **Orientierungssystem**: Die weiße Ziffer auf schwarzem Grund kennzeichnet die Reihenfolge der Arbeitsschritte im Projekt. Die Blattziffer gibt an, wieviele Arbeitsblätter jeweils nötig sind, um das Lernziel zu erreichen. Sie erkennen auf einen Blick, wieviele Arbeitsblätter für die Erarbeitung der einzelnen Lernschritte vorgesehen sind, und auch den Schülerinnen und Schülern gelingt es leicht, die Ergebnisse ihrer Arbeit systematisch zu sammeln.

Viel Erfolg und Spaß bei der Freiarbeit!

Teil I

Einleitung – Zum Begriff „Freiarbeit"

1 Die Wortbestandteile

1.1 Arbeit

Beide Wortteile sind gleichermaßen ernst zu nehmen. Dabei bedeutet Arbeit eine zielorientierte Beschäftigung mit einem Problem, einer Aufgabe, einer Fragestellung. Es geht also um eine an einem Zweck orientierte Beschäftigung und keineswegs um ein „zweckfreies Spielen", wenngleich spielerische Momente eine wichtige Rolle spielen. Allerdings: Der spielerische Aspekt kann nur den Bereich der Methodik betreffen und nicht den eigentlichen „Inhalt". Selbst wenn „gespielt" wird, ist die „Grundsubstanz" Arbeit immer mitzusehen, mitzudenken. „Arbeit" sollte im vorliegenden Konzept jedoch das Moment des „Mühsamen" (im Sinne mhd. arebeit), Beschwerlichen, Unangenehmen nach Möglichkeit verlieren. So könnte – als Nebenprodukt, aber als umso wichtiger anzusehen – es als ein immanent anzustrebendes Ziel angesehen werden: Positive Erfahrung mit Arbeit als einer (bzw. der) humanen Möglichkeit, sich sinnvoll zu beschäftigen bzw. das Leben sinnvoll zu gestalten.

1.2 Der zweite Bestandteil des Wortes: „Frei-"

Auch im Zusammenhang mit diesem Wortbestandteil gilt es, Mißverständnisse von vornherein auszuschalten. „Frei" bedeutet im gegebenen Zusammenhang keineswegs „ungebunden" oder „der Beliebigkeit anheimgegeben", sondern:

– frei bei der Wahl bestimmter Schwerpunkte;
– frei bei der Zeitgestaltung;
– frei, Fehler zu machen, aber auch
– frei, sich Rat und Hilfe zu holen.

Man könnte etwas hochtrabend formulieren: Frei bedeutet frei, Verantwortung zu übernehmen. Konkret bedeutet das: Anleitung und Kontrolle durch den Lehrer werden neu zu bedenken und zu organisieren sein. Der Lehrer hat Beraterfunktion, der Schüler hat die Freiheit, sich des Lehrers zu bedienen, seinen Rat einzuholen, oder aber darauf zu verzichten. Er kann sich selbst kontrollieren und überprüfen oder auch darauf verzichten.

2 Erste Konsequenzen

2.1 Wahl der Arbeitsbereiche

Freiheit im Bereich der Schwerpunktsetzung bedeutet: Das Materialangebot ist sehr breit und reichhaltig zu gestalten. Im Sinne schulartbezogener Zielsetzungen (die sich am Lehrplan zu orientieren haben) werden für alle Schüler verbindliche Minimalanforderungen gesetzt. Diese Anforderungen sind so zu wählen, daß sie jeder Schüler selbständig bzw. nach Beratung durch den Lehrer und im Rückgriff auf den parallel laufenden Unterricht erfüllen kann (sofern er an der richtigen Schule ist). Gleichzeitig aber muß das Angebot innerhalb der einzelnen Sparten so reichhaltig sein, daß der einzelne nach vorgenommener Schwerpunktsetzung die Möglichkeit hat, in dem einen oder anderen Arbeitsbereich weiter vorzudringen, zu vertiefen, sich zu profilieren, nicht nur quantitativ mehr zu tun, sondern auch eine qualitativ höhere Stufe zu erreichen, als sie gemeinhin angestrebt werden kann. Beispiel: Es wird im Bereich des Erzählens von jedem Schüler und jeder Schülerin gefordert, daß er oder sie aus den angebotenen Erzählkernen einen auswählt und eine Erzählung gestaltet. Dazu muß er nach Beratung mit dem Lehrer bzw. nach Erinnerung an das, was er im Unterricht gelernt hat, ohne weitere Hilfe in der Lage sein. Auch eine Überarbeitung mit Hilfe des ersten Arbeitsblattes muß möglich sein. Für Schüler nun, die ihre Stärke im Bereich des Erzählens haben und sich hier besonders profilieren möchten, muß das Angebot angemessen differenziert und verbreitert werden. Es geht nicht nur darum, von diesen Schülern mehr Erzählungen zu fordern und ihnen mehr Erzählkerne anzubieten, sondern es geht auch darum, ihnen qualitativ andere Erzählkerne anzubieten (siehe dazu die Beispiele!) und darüber hinaus ihnen auf einem Arbeitsblatt auch eine dritte und vierte Überarbeitung abzuverlangen. (Sie müßten nun in der Lage sein, auch nach zwei Überarbeitungen allenfalls noch vorhandene Mängel wahrzunehmen und zu beheben.) Ihnen wird also eine Arbeit zugemutet, die weit über das hinausreicht, was „normalerweise" von einem Sechstkläßler erwartet werden kann.

2.2 Zeiteinteilung

„Frei" bedeutet auch frei in der Ausgestaltung der Arbeitszeit bzw. der Zeiteinteilung und Organisation der einzelnen Arbeitsphasen. Das bedeutet für den Schüler: Er muß Erfahrungen sammeln über Zeiteinteilung, auch über die Notwendigkeit von Pausen. Hier werden zunächst völlige Freisetzungen notwendig. Es wird aber von Fall zu Fall für den Lehrer unumgänglich sein, bestimmte Pausen gewissermaßen zu erzwingen, etwa dadurch, daß man anfängt zu erzählen, daß Arbeitsblätter ausgeteilt werden usw. Erste Beobachtungen haben ergeben, daß die Nettoarbeitszeit in jedem Fall (von wenigen „Trödlern" einmal abgesehen) deutlich über den Aufmerksamkeitsphasen im Normalunterricht liegt. Um eine

Überforderung zu verhindern, müssen daher gelegentlich „Pausen" durch den Lehrer angesteuert werden. In der Regel aber ergeben sich bei den Schülern solche Pausen bzw. Schwankungen in der Arbeitsintensität von selbst – zumindest beim Wechsel von einem Thema zum andern. Auch die Wechsel von Einzelarbeit zur Arbeit in der Gruppe oder mit einem Partner sollten hier genutzt werden.

Zum Grundkonzept

1 Die Jahrgangsstufen 5 und 6 als „Einheit"?

Die Klassen 5 und 6 werden in gewisser Weise als Einheit betrachtet. Allerdings wird versucht, den jeweiligen Gegebenheiten dahingehend Rechnung zu tragen, daß in Klasse 5 mehr der Schwerpunkt auf eine Integration und Aktivierung aller gelegt wird, während in Klasse 6 mehr und mehr der individuellen Förderung Rechnung getragen werden soll. Dahinter steht die Absicht, dem Kind zunächst einmal den Übergang zur weiterführenden Schule zu erleichtern, ihm zu helfen, in einer Gruppe zurechtzukommen, ihm Möglichkeiten zu bieten, sich in der Gruppe zu profilieren, den eigenen Standort zu bestimmen und eigene Fähigkeiten angemessen zu entfalten. In der sechsten Klasse soll dann etwas mehr differenziert werden nach Neigungen und Fähigkeiten der Kinder, d.h. es wird mehr individuell orientiertes Arbeiten geplant. Das ist besonders wichtig im Hinblick auf eine Schullaufbahnentscheidung. Eine solche Orientierung und die in diesem Zusammenhang notwendig werdende Beratung fällt gewiß leichter, wenn eine angemessene Differenzierung und eine den Fähigkeiten des Kindes entgegenkommende Förderung stattgefunden hat, als wenn nur auf der Basis eines alle (und damit keinen persönlich) berücksichtigenden Unterrichts und der aus ihm hervorgehenden Klassenarbeiten bzw. sonstigen Leistungsfeststellungen entschieden wird. Wenn im folgenden dann doch zwischen Klasse 5 und 6 unterschieden wird, so ist darin keine grundsätzliche Differenzierung zu sehen sondern lediglich eine Akzentsetzung bzw. Akzentverschiebung. Oft wird eine genauere Trennung nach Klassen von der in Frage stehenden „Sache" her überhaupt nicht möglich sein, sondern lediglich eine Stufung nach Schwierigkeitsgraden vorgenommen werden können. Die stufenorientierte Grundentscheidung zieht Konsequenzen für das praktische und – nennen wir es vorläufig einmal so – unterrichtsmethodische Vorgehen nach sich. „Stoffentscheidungen" bleiben davon weitgehend unberührt, insofern es die Absicht ist, sich weitgehend im Rahmen der Lehrpläne zu bewegen und die zentralen Lehrplanzielsetzungen angemessen zu realisieren. Verändert werden soll gegenüber dem „üblichen" Unterricht das „Wie" der Realisierung, und konsequenterweise werden die wesentlichen Akzentverschiebungen zwischen Klasse 5 und 6 sich gerade im Bereich dieses „Wie" feststellen lassen. Freilich: Nimmt man die Differenzierung entsprechend der Neigungen der Schüler ernst, so wird es sich in Klasse 6 nicht vermeiden lassen, daß mehr und mehr nach „Inhalten" zu differenzieren sein wird. Dann aber wird es nicht darum gehen, verschiedene Schüler verschiedene Inhalte bearbeiten zu lassen, sondern darum, zunächst einen Standard zu gewährleisten und dann über diesen Standard hinaus bestimmte Vorlieben zu entdecken und sie angemessen zu fördern. Es werden nun folgende Schwerpunkte gesetzt:

–Klasse 5: Schwerpunkt: Projektarbeit in Gruppen
–Klasse 6: zwei Schwerpunkte: a) projektorientiertes Arbeiten und der individuelle Beitrag zum Endprodukt der Gruppe; b) die individuelle Neigung und die Förderung des Leistungsvermögens.

2 Zur Frage der Methodik

Es steht zu befürchten, daß das klassische Methodenraster nicht mehr greift, wenn es darum geht, konkrete Abläufe, Verhaltens- und Verfahrensweisen zu beschreiben. Begriffe wie Gruppenarbeit, Partnerarbeit, Einzelarbeit, Frontalunterricht „passen" nicht mehr, da die jeweiligen „Gegenbegriffe" fehlen bzw. so weit außerhalb dessen liegen, was in Frage kommt, daß kein vernünftiges Begriffssystem zustande kommen kann. Die komplexen Abläufe bzw. Prozesse, die während des Arbeitens sowohl gruppenintern als auch gruppenübergreifend und auch ganz individuell ablaufen, können mit den vorläufig zur Verfügung stehenden Begriffen nur notdürftig beschrieben werden. Möglicherweise macht das Konzept, wie es hier beschrieben und erprobt wird, eine unterrichtsmethodische Neubesinnung notwendig. Zumindest wird es notwendig werden, eingefahrene Standards neu zu fassen, Begriffe gegebenenfalls neu zu definieren und Begriffsinhalte angemessen zu modifizieren. Es erscheint unumgänglich, „Methode" neu zu definieren.
Ich gehe bei der Konzeption und Planung von folgendem Begriffsinhalt aus: Unter „Methode" verstehe ich den Weg, der zu einem Ergebnis führt. Der Begriff erscheint zunächst etwas banal, sieht man jedoch genauer hin, so werden wesentliche Unterschiede deutlich: Es geht nicht mehr nur um „Vermittlungsstrategien", es geht nicht mehr (nur) um Unterrichtsformen, es geht auch nicht mehr (nur) um den fachmethodischen Zugriff. Die von mir ins Auge gefaßte Definition integriert vielmehr die genannten Aspekte und noch weitere Faktoren(gruppen) und sieht sie neu bzw. relativiert ihre Bedeutung auf einen neuen Bezugspunkt hin. Gleichzeitig bleibt zu beachten: Die so verstandene „Methode" kann sich nicht verselbständigen, sie bleibt immer auf das Ziel bzw. Ergebnis bezogen, ja sogar ihm untergeordnet. (Also: „Der

Weg ist das Ziel" kann so nicht mehr aufrecht erhalten werden.) Welche Faktoren und Aspekte machen nun den Inhalt des neu definierten Begriffs aus?

2.1 Arbeitsweise

Damit ist die gesamte Art und Weise des Zugriffs auf ein Problem, eine Fragestellung, eine Aufgabe gemeint. Die Arbeitsweise ist bestimmt

– durch die Aufgabe;
– das Vorwissen, die Kompetenz usw. des Arbeitenden;
– die Einstellung des Arbeitenden;
– die Rahmenbedingungen (Arbeitsplatz, Geräuschpegel...).
– Das, was vermittelt (im eigentlichen Wortsinn) werden soll, ist schon etwas verschieden von dem, was im „normalen" Unterricht vermittelt wird. Zwar geht es auch hier um „fachrelevante" Gegenstände, wie sie die Lehrpläne enthalten. Allerdings: Aus diesen Gegenständen wird hier etwas anderes. Beispiel: Aus der üblichen „Ausgestaltung eines Erzählkerns", an dessen Ende eine Klassenarbeit steht, wird hier „Die 6b erzählt", ein Buch mit Erzählungen aus der Klasse. Was kommt also dazu?
– neue Zielorientierung der Schüler;
– neue (andere) Form von Verantwortung;
– qualitativ anderes Produkt. Daraus ergibt sich eine immer wieder zu beobachtende Rückwirkung auf den Prozeß, der zu dem Produkt führt.

2.2 Bearbeitung

Damit ist im engeren Sinn die Art und Weise gemeint, wie eine Aufgabe ausgeführt wird. Es geht hier vor allem um den fachmethodischen Aspekt des Arbeitens. Die Bearbeitung ist u.a. bestimmt durch

– das Material, das bearbeitet werden soll;
– das Werkzeug, das zur Verfügung steht;
– die Zielvorgaben (Welche Genauigkeit wird erwartet usw...);
– die fachmethodischen Kenntnisse (Verfahrensweisen, Techniken, Begriffe usw.).

2.3 Erarbeitung

Damit wird der subjektive Aspekt angesprochen, d.h. die Art und Weise, die Einstellung usw., die auf der Seite des Arbeitenden den Arbeitsprozeß bestimmen. Die Erarbeitung wird u. a mitbestimmt durch

– die persönliche Einstellung des Arbeitenden zur Aufgabe (Material, Werkzeug...);
– die Motivation, die von Situation, Sache und auch von Personen ausgeht / ausgehen kann.

2.4 Zusammenarbeit

Damit werden soziale Faktoren angesprochen, die bestimmte Teile des Arbeitsprozesses bestimmen. U.a. wirkt sich hier aus:

– Zusammensetzung der Gruppe / Sympathie bzw. Antipathie usw;
– individuelle Vorlieben (manche tun sich schwer beim Zusammenarbeiten...);
– Aufgabenstellung (manche Aufgaben sind mehr, andere weniger geeignet);
– bisherige Erfahrungen mit Sozialformen des Arbeitens.

Wird nun nach den Methoden im vertrauten Sinn gefragt, so möchte ich lieber von verschiedenen Problemfeldern sprechen, die sich wie folgt gliedern:

a) Formen und Wege der Vermittlung
b) Gesprächsformen
c) Arbeitsformen
d) Formen der Präsentation
e) Formen der Bewertung.

Auf all diese Problemfelder wird im folgenden noch einzugehen sein.

3 Arbeit im Projektverfahren

Es wird deutlich, daß der Arbeit an Projekten bzw. in projektorientierten Gruppen besondere Bedeutung zukommt. Deshalb soll zunächst geklärt werden, was hier unter „Projekt" und „projektorientiertem Arbeiten" verstanden werden soll. Immer häufiger taucht in der methodischen wie didaktischen Literatur der letzten zwanzig Jahre der Begriff „Projektverfahren" bzw. „Projektarbeit" auf. Die Häufigkeit des Wortgebrauchs allerdings garantiert noch nicht den „richtigen" Gebrauch. Bei kaum einem anderen Unterrichtsverfahren wird die Interdependenz der Unterrichtsfaktoren so deutlich sichtbar wie bei der Projektmethode, eine mögliche Hohlheit einer Zielformulierung wird bereits im Unterrichtsverfahren als solche entlarvt. Die Projektmethode schließt per se bereits bestimmte Unterrichtsziele aus, andere fordert sie geradezu.

3.1 Von der Methode geforderte Ziele

– Statt Informationsvermittlung: Kooperative Arbeitsformen;
– Aufhebung des „Informationsmonopols" des Lehrers;
– Partieller Informationsvorsprung des / der jeweils Lehrenden;
– Ausgleich der verschiedenen Informationsniveaus, so weit es die „Sache" verlangt; damit:
– Erweiterung der Sachkompetenz,
– Erweiterung der sozialen Kompetenz,
– Verstärkte Motivation durch Mitbestimmung des / der Ziels(e.)
– Vor Einsetzen der Arbeit: Beteiligung an der Festlegung des Ziels wie des Arbeitsrahmens.
– Während der Arbeit: Sachgerechtes Variieren der Zielbereiche und damit: Förderung einer sachorientier-

ten Entscheidungsfähigkeit;

–Folge: Identifikation der Gruppe bzw. der Mehrheit einer Gruppe mit „ihrem" Projekt.

–Das Ergebnis der Projektarbeit sollte einen gewissen „Realitätsbezug" haben;

–Rein theoretische Erörterungen sind zu wenig greifbar und genügen nicht;

–Das „gegenständliche" Werk als Ergebnis der Projektarbeit kann in schriftlicher und / oder bildlicher Form die Ergebnisse darstellen oder als „Aktion" die Ergebnisse in „Handlung" umsetzen und einen „Eingriff" in die (auch: außerschulische) Wirklichkeit bedeuten oder ganz einfach in einem (gemeinsamen) Erlebnis bestehen. Solche Ergebnisse, werden sie ernsthaft angestrebt, sprengen in aller Regel den Rahmen des „normalen" Unterrichts, führen aber gleichzeitig aus dem „Raum Schule" hinaus in das Leben selbst.

3.2 Zum Begriff „Projekt"

Es mag aufgefallen sein, daß der Begriff nicht zu Beginn schon definiert wurde. Auch jetzt soll keine Definition versucht, sondern vielmehr der Begriffsgebrauch beschrieben werden. *W. Klafki* hält vier Merkmale der Projektarbeit für unabdingbar:

a) Schüler nehmen auf Auswahl und Gestaltung der Aufgabe entscheidenden Einfluß.

b) Planung und Durchführung ist gemeinsame Leistung der Gruppe.

c) Ergebnis eines Projekts muß ein gegenständliches Werk sein.

d) Die Impulse zur Inangriffnahme eines Projekts können aus verschiedenen Richtungen kommen. (Vgl. Wolfgang Klafki, Unterrichtsbeispiele der Hinführung zur Wirtschafts- und Arbeitswelt; Düsseldorf 1970) Grundsätzlich lassen sich zwei Gruppen von Merkmalen unterscheiden:

3.2.1 Merkmale, die Struktur und Zielsetzung betreffen:

a) Nach Struktur und Zielsetzung sind Projekte nicht in den (schulorganisatorischen) Rahmen der Schulfächer zu pressen. Sie zwingen bisweilen zum fächerübergreifenden Vorgehen.

b) Problemlösungen stehen im Mittelpunkt; alle relevanten Disziplinen sind heranzuziehen.

c) Die Zielsetzungen liegen nicht selten am Rand oder gar außerhalb der (lehrplanorientierten) Lernsituation, wie sie der schulische Rahmen „normalerweise" vorgibt, und sie wirken verändernd auf diese zurück.

3.2.2 Merkmale, die die Organisationsform betreffen

a) Die Organisationsform der Projektarbeit ist gekennzeichnet durch kooperative Arbeitsformen. Die Gruppenmitglieder sind prinzipiell gleichberechtigt, haben aber verschiedene Sachkompetenzen (bzw. können / müssen sich eine solche erwerben) und treten je nach Informationsvorsprung oder auch innovativen Einfällen als Lehrende, als Impulsgeber usw. auf.

b) Daraus leitet sich die Forderung nach gemeinsamer Planung, Durchführung und Auswertung ab. Ziele müssen flexibel (nicht aber: willkürlich!) gehandhabt werden können entsprechend den jeweils erreichten Zwischenergebnissen.

c) Die Projektarbeit benötigt ein Mehr an Zeit. Es ist daher zu überprüfen, ob nicht im Sinne eines Epochenunterrichts mehrere Fächer zu beteiligen sind, zumal von der Sache her eine solche Beteiligung wohl in der Regel wünschenswert wäre.

3.3 Schwierigkeiten

Nun lassen sich auch erste erwartbare Schwierigkeiten genauer beschreiben:

3.3.1 Der (schul-)organisatorische Rahmen:

a) Der durchorganisierte Plan der Schule läßt wenig Zeit für eine Arbeit im beschriebenen Verfahren.

b) Konventionelle Lehrpläne, Auffächerungen in Schulfächer, kurz: tradierte Organisations-, Operations-, Vermittlungs- und Systematisierungsschemata wirken hemmend. (Man denke hier z.B. einmal an die tradierten und vom Lehrplan geforderten Aufsatzarten im Fach Deutsch.)

3.3.2 Lehr- und Lerngewohnheiten

a) Noch bestimmt weitgehend lehrgangsorientierter, auf den Lehrer zugeschnittener Unterricht das Bild vom Lehren und Lernen (nicht zuletzt auch in den Augen der Schüler und ihrer Eltern!). Dem gegenüber ist der Sozialzusammenhang bei projektorientierter Arbeit komplexer und vielschichtiger.

b) Sowohl Lehrende als auch Lernende (diese Trennung orientiert sich jetzt mehr und mehr an der Sache bzw. Sachkompetenz im konkreten Fall) müssen sich auf gruppendynamische Prozesse einlassen und zu echter Kooperation bereit sein.

c) Die Rolle des Lehrenden wird teilweise neu zu definieren sein: Es kann keinen „Lehrer im klassischen Sinn" mit institutionell abgesichertem Informationsmonopol geben. Lehrender ist derjenige, der im konkreten Fall einen Informationsvorsprung besitzt. Andere müssen bereit sein, sich ihrerseits in anderen Teilbereichen solche Vorsprünge zu verschaffen, um dann dort als Lehrende auftreten zu können.

3.3.3 Arbeit mit Material

Eine Arbeit wie die hier vorgesehene ist auf vielfältiges Material angewiesen, das die Schule nicht immer zur Verfügung stellt. Auch technisches Gerät wird bisweilen notwendig, das in der Schule nicht verfügbar ist. Schließlich wird es notwendig, den „Raum Schule" immer wieder zu verlassen, um sachorientiert arbeiten zu können.

10

3.4 Zur Methodik bei der Arbeit im Projekt

Es könnten sich an verschiedenen Stellen Schwierigkeiten ergeben, die recht einfach und mittels weniger Hilfsmittel zu beheben sind.

3.4.1 Sich kennenlernen

In der fünften Klasse werden die Klassen in der Regel neu zusammengesetzt. Die Schüler kennen sich nur zu einem geringen Teil untereinander. Bei der Zusammensetzung von Arbeitsgruppen soll zwar die individuelle Neigung die entscheidende Rolle spielen, allerdings können auch persönliche Faktoren bei der Wahl eines Partners für die Partnerarbeit wichtig werden. Deshalb ist es zu empfehlen, zu Beginn der fünften Klasse die Schüler sich selbst vorstellen zu lassen in Form eines kleinen „Steckbriefs", der die wichtigsten Angaben enthält, die die anderen interessieren könnten. Einen solchen Steckbrief wird man wohl im Klassenverband entwerfen, indem man zunächst die Fragen zusammenträgt, die interessieren, und sich dann überlegt, wie man diese Fragen beantworten sollte, um auf möglichst knappem Raum die interessantesten Informationen mitzuteilen. Sofern man in der Klasse die Möglichkeit hat, mit einer „Wandzeitung" zu arbeiten, wird man eine Abteilung reservieren für diese Steckbriefe.

3.4.2 Zuordnung zu einer Arbeitsgruppe

Will man nach Neigung differenzieren, so ist es notwendig, etwas genauer die jeweiligen Teilbereiche, die in einem Projekt anstehen, anzugeben und den Schülern die Möglichkeit zu geben, sich für den einen oder anderen Teilbereich bzw. das eine oder andere Teilprojekt zu entscheiden. So empfiehlt es sich dann, so etwas wie „thematische Landkarten" zu erstellen und zu jedem der angebotenen Teilbereiche knapp zu sagen, was da zu machen sein wird (sofern sich das aus der Problemstellung nicht selbst ergibt). Gleichzeitig wird man bei jedem Projekt, soweit dies möglich ist, Felder offen lassen für eigene Ideen und Teilprojekte der Schüler. Die Schüler können sich dann angesichts einer solchen „Landkarte" genauer orientieren, ehe sie sich entscheiden. Im Materialteil findet sich für das Projekt „Hilfen für den Anfänger" eine solche Landkarte im „Skelettzustand". Es kann übernommen, aber auch modifiziert und an die jeweiligen Bedürfnisse angepaßt werden. Bei den meisten Projekten finden sich auch erste Arbeitsblätter, die den Schülern auf dem Weg der Entscheidungsfindung helfen wollen, zu einer reflektierten Entscheidung zu kommen. Diese Blätter müssen nicht unbedingt bearbeitet werden, doch sollten sich die Schüler mit ihnen beschäftigen, da sie durch sie angeleitet werden, sich in einer ersten Annäherung mit dem jeweiligen Thema / Problem auseinanderzusetzen.

3.4.3 Problem des Informationsaustausches / Informationsflusses

Natürlich wird vieles einfach angekündigt, besprochen, erklärt, gefragt usw., ohne daß dafür ein besonderer institutioneller Rahmen geschaffen werden muß. Gerade darauf wird der Lehrer sein besonderes Augenmerk zu richten haben, daß nicht durch Formalisierung der persönliche Kontakt zum einzelnen Schüler gefährdet wird. Dennoch aber wird es auch darum zu gehen haben, Organisationsformen zu finden und einzuüben, die eine Arbeit an Projekten erst ermöglichen. Dabei geht es vor allem um Formen des Informationsaustauschs. Nicht immer wird alles im direkten Gespräch geklärt, abgestimmt, gefragt, überprüft werden können. Nicht alle Zuordnungen können durch mündliche Weisung erfolgen, nicht alle Entscheidungen sind sofort und aufgrund einer mündlichen Mitteilung möglich bzw. sinnvoll. Es ist in diesem Zusammenhang dringend zu empfehlen, gewissermaßen „projektbegleitend" eine Wandzeitung (bzw. pro Projekt eine größere Abteilung einer solchen) zu gestalten, an der

– Projekte bzw. Teilprojekte angekündigt,
– Probleme anderen bekannt gemacht,
– Informationen zu Teilthemen veröffentlicht,
– Zuordnungen vorgenommen,
– schließlich auch Ergebnisse allen zugänglich gemacht werden können.

(Eine solche Wandzeitung sollte entweder an einer Seitenwand oder an einer eigenen „Stelltafel" ihren Platz finden.) Im Verlauf des Arbeitens in der fünften Klasse wird es bald offenkundig werden, daß das Chaos an den Aufhängevorrichtungen bzw. Bekanntmachungstafeln (sofern man solche zur Verfügung hat) mehr und mehr überhand nimmt. Die Schüler werden so gewissermaßen „von selbst" zur Einicht in die Notwendigkeit einer gewissen Ordnung gelangen, wie sie durch die Einrichtung einzelner Sparten gewährleistet wird. Man wird deshalb an entsprechender Stelle eine kurze Sequenz im Klassenverband einschieben, in der der künftige „Rahmen Wandzeitung" etwas einläßiger behandelt wird. Diese Überlegungen werden sich zunächst auf den „Ordnungsrahmen", d.h. also auf formale Bereiche beziehen, dann aber könnten auch einzelne Textarten in die Überlegungen einbezogen werden, die im Rahmen einer Wandzeitung eine besondere Rolle spielen. Vor allem aber, und das ist besonders wichtig, wird die Wandzeitung als „Veröffentlichungsort" für die einzelnen Arbeiten und auch für andere Informationen anzusehen sein.

Exkurs: Wandzeitung

Hinweise zur Durchführung:
Einstieg: Überlegungen zur gegenwärtigen Situation
Entweder es ist schon so etwas wie eine Wandzeitung im Entstehen bzw. in Gebrauch (verschiedene interessierende Informationen werden „irgendwo" aufgehängt) oder ein solcher Ort des Informationsaustauschs fehlt noch. Im ersten Fall wird man gleich in Überlegungen der Art „Was ist die Aufgabe eines solchen Brettes? Wie / unter

welchen Bedingungen kann das Brett diese Aufgaben am besten erfüllen?" einsteigen. Im zweiten Fall wird man sich überlegen: „Wie könnte man es anstellen, daß solche Mitteilungen / Informationen, die alle angehen, auch alle erreichen?" Auf eine dritte Möglichkeit sei noch hingewiesen: Jede Schule hat in der Regel ein „Schwarzes Brett", an dem es mehr oder weniger chaotisch zugeht. Ein kurzer Unterrichtsgang zu diesem Brett vermag den Schülern einen Eindruck zu vermitteln und bewußt zu machen, welche Möglichkeiten ein solches Brett bietet, aber auch, welche Verwirrung entstehen kann.

Zweiter Schritt:
Überlegungen: Wofür konkret wird in der Klasse eine Wandzeitung gebraucht? Es werden einzelne Stichpunkte gesammelt. Dabei ist es nicht erforderlich, daß schon gegliedert und nach übergeordneten Gesichtspunkten geordnet wird. (Es sollten also sowohl Details als auch übergeordnete Gesichtspunkte notiert werden.) Natürlich kann dabei auch einiges von dem aufgenommen werden, was man am Schwarzen Brett der Schule festgestellt hat.

Dritter Schritt: Gruppieren / Gliedern
Nach welchen Gesichtspunkten läßt sich die Wandzeitung übersichtlich anlegen? Es geht nicht darum, ein starres Gliederungsschema oder gar kategorial einheitliche Rubriken zu entwerfen, vielmehr soll entsprechend den Bedürfnissen im konkreten Fall überlegt und dann auch entschieden werden. Zu überlegen wird z.B. sein:

– Kann man nach Schreibanlässen bzw. -haltungen (also etwa unterschieden nach „Textsorten") ordnen?
– Sollte man nach den Gegenständen bzw. Ereignissen ordnen (also etwa jedem Projekt eine Spalte reservieren)?
Beide Möglichkeiten sollten überlegt, vielleicht auch ausprobiert werden. Man wird vermutlich zu einer „zweckmäßigen Mischung" kommen.

Vierter Schritt: Hinweise zum Verfassen von Informationen
Wahrscheinlich wird man bei Gelegenheit im Laufe des Arbeitens auch Allgemeineres zu sagen haben zum Verfassen von informierenden Texten. Man könnte die wichtigsten Voraussetzungen, aber auch wichtige Gesichtspunkte, die das Abfassen selbst betreffen, besprechen. Die wichtigsten Voraussetzungen lassen sich unter den Gesichtspunkten zusammenstellen:

– Worüber willst du informieren?
– Was willst du mit deiner Information erreichen?
– Was erwarten deiner Meinung nach deine Leser im konkreten Fall?

Aus diesen Überlegungen lassen sich allgemeine Hinweise ableiten:

Der Leser erwartet:	*Du mußt berücksichtigen:*
○ Sachbezogenheit – Genauigkeit:	Wenn du über eine Sache, ein Ereignis, einen Zusammenhang, einen Plan berichten willst, mußt du deinen Redegegenstand möglichst genau darstellen. (Der Leser weiß ja noch nicht Bescheid).
○ Unmißverständliche Information über eine Sache oder ein Ereignis	Deine persönliche Meinung solltest du nicht mit der sachlichen Darstellung vermischen. (Du brauchst nicht ganz auf sie zu verzichten!)
○ Information ohne Umschweife	Fasse dich kurz, und konzentriere dich auf das Wesentliche
○ Geordnete, übersichtliche Information	Ordne die Einzelheiten nach einem erkennbaren Prinzip (zeitliche Abfolge; Ursache - Wirkung; Absichten - Folgen...), und hebe das besonders Wichtige eindeutig hervor.
○ Verständlichkeit	Wenn du willst, daß deine Leser deinen Text verstehen, mußt du dich an dem orientieren, was deine Leser verstehen können. (Nicht jeder ist ein Fachmann, nicht jeder kann sich alles gleich richtig vorstellen!)

3.5 Und trotzdem...
Angesichts dieser Zielsetzungen, Forderungen, organisatorischen Notwendigkeiten und erwartbaren Schwierigkeiten ist man geneigt, sich auf das Übliche zurückzuziehen und auf die Arbeit im Projektverfahren wenn nicht ganz zu verzichten, so doch sie auf die „Projektwochen" zu verlagern. Allerdings: Die motivatorischen Möglichkeiten und pädagogischen Perspektiven, die sich bieten, bleiben dabei ungenutzt. Und deshalb soll hier versucht werden, im Rahmen der organisatorischen Vorgaben (Stundenplan...), im Rahmen der bildungspolitischen Bedingungen (Fachunterricht und Lehrplan) und im Rahmen der materiellen „Normalbedingungen" (fehlendes Material, fehlende finanzielle Mittel, keine räumlichen Möglichkeiten usw...) dennoch an Projekten zu arbeiten, die dem oben ausgeführten Anspruch wenigstens

halbwegs gerecht werden. Dabei werden natürlich im Interesse einer wirklichkeitsnahen Ehrlichkeit an vielen Stellen Abstriche zu machen sein und Modifikationen notwendig werden, aber ich halte nicht viel vom Entwurf eines Idealmodells, einer „Modellschule" o.ä., von dem wir zwar gerne träumen, das aber in der Wirklichkeit unter „Normalbedingungen", wie sie die Lehrerinnen und Lehrer im Durchschnitt antreffen, nicht realisierbar ist. So sind wir schon dann zufrieden, wenn wir statt Einzelstunden wenigstens einen wöchentlichen Zweistundenblock im Stundenplan haben. Über einen abschließbaren Schrank sind wir bereits glücklich, eine Korktafel oder eine Stellwand basteln wir selbst (der Hausmeister hat vielleicht einige handwerkliche Fähigkeiten und hilft...), Cassettenrecorder können die Schüler mitbringen, und wenn wir gar noch gelegentlich den Computerraum benutzen dürfen, sind wir schon fast restlos befriedigt. Vielleicht läßt sich dann noch von Fall zu Fall ein Kollege oder eine Kollegin (etwa der Kunsterzieher) dazu überreden, an dem einen oder anderen Gegenstand mitzuarbeiten...

4 Arbeit in Gruppen

Zur Arbeit in Gruppen bleibt zu vermerken: Zunächst einmal ist daran gedacht, daß sich in Klasse 5 die Gruppen immer wieder freiwillig und themenbezogen zusammensetzen können. Gelegentlich wird der Lehrer wohl leicht steuernd eingreifen, um das einzelne Kind zu schützen bzw. um ihm auch die Möglichkeit zu sichern, sich und sein Können auch positiv in die Gruppe einbringen zu können. (Ein etwas schüchternes Kind hätte z.B. in einer starken Gruppe kaum eine Chance, zu Wort zu kommen.) Hinsichtlich des Zusammenhangs von Gruppenarbeit und Projektarbeit sind verschiedene Strukturen konzipiert:

4.1 Erstes Konzept: Ein thematisch orientiertes Projekt – verschiedene Arbeitsgruppen
Während das Projektthema klar abgegrenzt und festgelegt ist, befassen sich verschiedene Arbeitsgruppen mit verschiedenen Problemen bzw. Teilbereichen. Beispiel (Materialteil): *Projekt: Hilfen für den Anfänger.*

Der Rahmen ist durch das Thema eindeutig abgegrenzt. Innerhalb des Rahmens werden Teilbereiche ausgewiesen, mit denen sich die einzelnen Gruppen auseinandersetzen. Dabei können die Gruppen im Rahmen der Gesamtorientierung und ihres Teilaspekts eigene Ziele entwerfen und realisieren. Mögliche Arbeitsgruppen: Der Übersichtsplan läßt erkennen, welche Einzelbereiche vorgesehen sind. Je nach Verlauf der Eröffnung können hier natürlich Veränderungen vorgenommen werden. Innerhalb der Gruppen werden die ausgegliederten Teilbereiche bearbeitet, wobei es den Gruppen überlassen bleibt, im Verlauf des Arbeitens Modifikationen vorzunehmen.

4.2 Zweites Konzept: Ein lockeres Rahmenthema – die Gruppen arbeiten eigenständiger
Während hier der thematische Rahmen recht offen gehalten ist und sich u.U. „nur" auf den methodischen, organisatorischen und nur im weitesten Sinn auf den inhaltlichen Rahmen bezieht, grenzen die Gruppen ihren genaueren Arbeitsbereich ab und fixieren ihr Projektziel genauer. Beispiel: *Projekt: Märchenspiel*

Der Rahmen ist noch offen gehalten (man könnte ihn weiter eingrenzen auf „Puppenspiel" oder „Hörspiel" oder...). Man wird aber doch wohl auch noch einige (geeignete) Märchen vorschlagen, schon um den allzuschnellen Rückgriff auf schon Bekanntes zu vermeiden.

Gruppenarbeit: Die Gruppe legt den Rest fest, das reicht dann von der Auswahl des konkreten Märchens über die Wahl des Darstellungsmediums (u.U.), über den Entwurf des Spieltextes und über die Inszenierung bis hin zur Aufführung selbst.

4.3 Drittes Konzept: Lockeres Rahmenthema
Gruppen übernehmen präzise abgegrenzte Projekte. Innerhalb der Gruppe arbeitet der einzelne weitgehend eigenständig. Hier handelt es sich um eine weitere Differenzierung der zweiten Struktur. Der einzelne zeichnet nun für seine Arbeit selbst verantwortlich und bleibt auch der „Autor" dieses Teils. Darüber hinaus gibt es natürlich auch Teile, die von der gesamten Gruppe verantwortet werden. Das betrifft dann neben inhaltlichen Aspekten auch organisatorische und formale Bereiche. Beispiel: *Projekt: Bücher lesen, vorstellen, beurteilen.*

Die Inhaltsgruppen setzen sich nach Autoren zusammen. Innerhalb der Gruppen bearbeiten jeweils zwei Schüler die Biografie eines Autors und jeweils ein Schüler zwei Bücher eines Autors. Die Gruppe selbst ist für den Teil der Ausstellung verantwortlich, der sich mit ihren Autoren beschäftigt. Darüber hinaus gibt es Gruppen, die sich mit organisatorsichen Dingen beschäftigen (Briefe abschicken, Termine klären, Raumfrage...). Aber auch eine technische Gruppe und eine Redaktionsgruppe werden eingerichtet. (Genaueres hierzu siehe in: Pädagogisches Zentrum des Landes Rheinland-Pfalz (Hrsg.): Handreichung zum Lehrplanentwurf Informationstechnische Grundbildung Gymnasium. Friedel Schardt: Heft 1 : Deutsch – Textverarbeitung. Bad Kreuznach, 1993, S.47 – 56)

4.4 Beabsichtigte Lernprozesse
Die Schüler sollen mehr und mehr Strukturen kennenlernen, die das Arbeiten im Team, in der Gruppe bestimmen. Dabei wird zunehmend Wert darauf gelegt, daß sie einsehen, warum an dieser oder jener Stelle Einzelarbeit sinnvoller ist, aber auch erkennen, daß sich aus der Arbeit in der und für die Gruppe eine soziale Verpflichtung ergibt. Wichtig wird dann auch, daß sie sich mehr und mehr selbst an der Konstitution der jeweils konkret zu entwickelnden Struktur beteiligen , d.h. die Pläne, die als

„Landkarten" das jeweilige Thema erkennenn lassen, lassen sich auch als die Arbeit mitbestimmende Strukturen lesen, auf deren Modifikation die Schüler zunehmend Einfluß nehmen sollten, und sei es auch nur, indem sie neue Gruppen oder ergänzende bzw. alternative Aufträge entwerfen. Natürlich wird man als Lehrer hier auch Experimente zulassen und vor allem das Scheitern als ein den Lernprozeß förderndes Element begreifen. Es sei noch einmal besonders darauf hingewiesen, daß auch hinsichtlich der Verbindlichkeit der Inhalte zwischen einzelnen Projektvorhaben zu unterscheiden ist. Die Unterscheidungen decken sich annähernd mit den jetzt dargestellten Strukturen. Die Inhalte, die für alle Schüler als verbindlich betrachtet werden, sollten in Projekten des Typs 2 bzw. 3 (vergl. 4.2. u. 4.3.) erfaßt werden. Man wird gelegentlich auch verbindliche formale Unterrichtsgegenstände im Bereich des Typs 1 (vergl. 4.1.) unterbringen können, so etwa bestimmte Schreib- und Gesprächsformen.

5 Einzelarbeit und individuelle Leistung: Zur „Orientierung nach Neigung"

Wird die Entscheidung für eine Gruppe bzw. für ein Projekt oder Teilprojekt ernsthaft betrieben und bedacht, so findet bereits hier eine erste Orientierung entsprechend der Neigung statt. Es empfiehlt sich aber, immer auch Angebote bereitzuhalten, die eine individuelle Arbeitsform vorsehen und damit eher eine Neigungsentscheidung erkennbar werden lassen. (In anderen Fällen können „sachfremde" Motive die Entscheidung für eine Gruppe doch zu sehr beeinflussen.) Gerade darum werden auch Arbeitsbereiche bzw. Arbeitsfelder und Hilfen angeboten, die eine individuell geprägte Arbeit erfordern und gleichzeitig noch genügend Raum für Schwerpunktsetzungen lassen. Der Lehrer wird in diesem Zusammenhang gelegentlich die Arbeitspläne seiner Schüler durchsehen, um solche Schwerpunktsetzungen feststellen zu können. Es ist bei der Materialauswahl und -zusammenstellung darauf geachtet worden, daß einerseits ein gewisser „Standard" von allen erledigt werden kann, ehe weitere Arbeiten vertiefend fortgeführt werden können. (So ist z.B. die erste Überarbeitung der Erzählung von allen Schülern zu erwarten, die weiteren Überarbeitungen aber werden je nach Neigung mehr oder weniger gründlich durchgeführt.)

6 Funktionen des Lehrers / der Lehrerin

6.1 Methodisches Geschick
Vom Lehrer wird pädagogisches Geschick und unterrichtsmethodische Fantasie erwartet. Da eben kaum von „Wegen der Vermittlung" gesprochen werden kann, greifen auch die üblichen Verfahrensweisen nicht. Der Lehrer ist hier vornehmlich und über weite Strecken „nur" Berater. Seine Aufgabe ist eher als „Menschenführung" denn als „Erziehung" zu beschreiben. Das heißt: Schüler sollen zu eigenständigem Tun angeleitet werden. Mehr nicht. Für diese Beratertätigkeit werden notwendig:

– Zurückhaltung (Grundsatz: nicht vorsagen, sondern helfen beim Entdecken);
– Flexibilität: schnelles Umstellen/ Sich-Einstellen auf ganz verschiedene Fachgebiete und/oder ganz verschiedene Frageniveaus; schnelles Sich-Einstellen auf ganz verschiedene Schülerpersönlichkeiten, die individuell, entsprechend ihren Fragen (nicht mehr!) und gemäß ihren Möglichkeiten beraten werden müssen;
– Fingerspitzengefühl: Gerade weil in der Regel individuelle Gespräche zu führen sind, muß der Gesprächspartner ernst genommen und gleichzeitig geleitet werden. Oft wird es notwendig, hinter den Fragen der Schüler die eigentlichen (nicht selten persönlichen, familiären, sozialen) Probleme aufzuspüren und – ohne aufdringlich zu werden – auch hier direkt oder indirekt Hilfe anzubieten. (Oft genügt eben schon eine intensivere Beachtung, eine verstärkte Aufmunterung usw.).

6.2 Der Lehrer / die Lehrerin als Organisator
Er baut den organisatorischen Rahmen auf und achtet auf seine Aufrechterhaltung, d.h.

– er / sie sorgt für die Erfüllung minimaler räumlicher und sachlich-materieller Bedingungen des Arbeitens.
– Er / sie achtet darauf, daß einzelne Schülerinnen und Schüler sowie Gruppen durch andere nicht allzu sehr bei ihrem Arbeiten gestört werden.
– Er / sie achtet darauf, daß einmal initiierte Lernsituationen durchgehalten werden, es sei denn, ein Scheitern wird plausibel begründet.

6.3 Der Lehrer / die Lehrerin und das Fach
Der Lehrer ist als „Fachmann" gefragt. Das betrifft sowohl die Sache als auch die Arbeitsmethodik, aber auch die Pädagogik. Im einzelnen bedeutet das:

– Sie / er wird in einzelne Arbeitsbereiche einführen.
– Sie / er wird Arbeitsmethoden vorstellen.
– Sie / er wird Anregungen zur Sache geben.
– Als fachkundiger Berater sollte sie / er souverän in allen anfallenden Fragen sein.

Natürlich wird niemand von ihm umfassendes Lexikonwissen erwarten. Aber: Sach- und Fachkenntnisse müssen schon in ausreichendem Maß vorhanden sein. Außerdem will der Schüler natürlich zumindest präzise Hilfen beim Beschaffen von Informationen. Fachmethodische Sicherheit wird erwartet. Die enge Verzahnung von Fach und Erarbeitungsmethode machen die sichere Beherrschung der einschlägigen Fachmethoden (Plural!) unabdingbar.

6.4 Der Lehrer / die Lehrerin als „Bewunderermeister" (*A.Schütt*)

Das bedeutet: Der Lehrer
–bestätigt Lernerfolge und Fortschritte;
–sorgt für eine weitere Publizierung wichtiger Teile;
–stellt aus und sammelt;
–macht grundsätzlich Lernprozesse und vor allem Lernerfolge sichtbar, indem sie / er die Arbeitsergebnisse angemessen hervorhebt.

6.5 Der Lehrer / die Lehrerin als der Beobachtende

Vielleicht wird es möglich sein, einmal die Aktivitäten eines Schülers während einer Arbeitseinheit von 90 Minuten genau aufzuzeichnen, um ein Bild davon zu gewinnen, wie der Einzelne sich seine Arbeitsmethodik schafft als eine aus der Sache und den persönlichen Bedürfnissen heraus sich ergebende, für ihn eben sinnvolle, zweckmäßige Art und Weise des Arbeitens. Es wird dabei etwa zu fragen sein:

–Wann greift ein Schüler / eine Schülerin zur Selbsthilfe?
–Wann holt er / sie sich Rat?
–Lassen sich da bestimmte Schüler/innen"typen" unterscheiden?

Es wäre auch einmal zu untersuchen, wie weit Gruppenidentifikation sich auf die Arbeitsprozesse auswirkt (fördernd, hemmend...). Ein eigener Arbeitsbereich könnte der Untersuchung gruppendynamischer Prozesse sein. Dabei könnte sowohl deskriptiv gefragt bzw. untersucht werden (Wer macht was?), als auch im Sinne einer Erforschung von Ursachen und Absichten gefragt werden (Wozu dient die einzelne Aktion? Was veranlaßt Aktionen? Was verhindert Aktionen? Welche Ziele werden mit einzelnen Aktionen verfolgt?).

7 Problem der „Kontrolle"

Bisherige Erfahrung: Annähernd alle Lehrer fragen zunächst nach der Notengebung und dann aber auch gleich nach Möglichkeiten der Kontrolle.

7.1 „Ebenen der Kontrolle"

Welche „Ebenen der Kontrolle" sind zu reflektieren:

1) Ebene der „sachlichen Richtigkeit"

2) Ebene der „Akzeptanz": Es gibt Fälle, die zwar sachlich einwandfrei sind, das Ergebnis der Arbeit aber doch nicht unbedingt akzeptiert werden kann, da es nicht in den vorgegebenen Rahmen „paßt". (Beispiel: Eine Anleitung beachtet bei der Wahl der Darstellungsmittel nicht genügend die Kompetenz der „Abnehmer".)

3) Ebene der Qualität: Selbst bei sachlicher Richtigkeit und akzeptabler Darstellung (auch der Inhaltsaspekt kann unter der Fragestellung „Akzeptanz" gesehen werden) gibt es Qualitätsunterschiede, die einer „Kontrolle" unterliegen können.

7.2 Kontrolle im vorliegenden Konzept

Vorgaben:

–Wenn überhaupt, so sollte zunächst nur das „Daß", nicht aber das „Wie" einer Kontrolle unterliegen. Diesem Zweck dienen die Arbeitsbögen, in denen die Schüler / die Schülerinnen Datum und Arbeitszeit notieren. In der letzten Spalte sollten die Minimalziele festgehalten werden, die in einem überschaubaren Zeitraum von allen erreicht werden müssen.
–Es muß geklärt werden, was – genau! – kontrolliert werden soll und vor allem:
–Welchem Zweck soll die Kontrolle dienen? (Hier wird es wohl nicht ganz einfach sein, im Rahmen der didaktischen wie pädagogischen Zielsetzungen eine Kontrolle zu rechtfertigen.)

Grundsätzlich:

–Der Lehrer / die Lehrerin ist vorläufig nur Berater und nicht Kontrolleur.
–Der Lehrer hilft, gibt Tips und Hinweise (auf Nachfrage!).
–Er oder sie achtet darauf, daß alle ungestört arbeiten können. Eine Kontrolle, besser wäre hier wohl der Begriff „Korrektur", läßt sich verschiedenen „Instanzen" zuweisen. Welcher „Instanz" die jeweilige Korrektur zufällt, ist – vermutlich in den meisten Fällen – sachabhängig. Es kommen vornehmlich folgende Instanzen in Frage:

7.2.1 Erste Instanz

Der Schüler / die Schülerin kontrolliert sich selbst. Eine solche Selbstkontrolle setzt voraus:

–Bereitschaft, auch das eigene Tun korrigierend zu überdenken;
–Fähigkeit, vom eigenen Tun Abstand zu nehmen, um es überblicken zu können;
–Fähigkeit, geeignete Hilfsmittel zu benutzen.

Als Sachbereiche kommen hier vor allem in Frage:

–Rechschreibung (hier wird mithilfe eines Rechtschreibwörterbuchs regelmäßig überprüft. Die Hilfe des Lehrers ist wohl nur im Anfangsstadium notwendig.)

–Namenkunde: Das Nachschlagen im Lexikon sollte hier Basis der Arbeit wie der Überprüfung sein. Geben zwei Lexika verschiedene Auskünfte, so wird der Lehrer beratend eingreifen und empfehlen, mehrere Positionen mit Quellenangabe aufzunehmen.

–Erzählen: Beim Überarbeiten sollte der Schüler die Arbeitsblätter selbständig heranziehen können. Der Lehrer wird nur bei Bedarf Hinweise geben. Problematisch: Viele Schüler halten eine Überarbeitung für nicht notwendig. Hier ist wohl ein beratendes Eingreifen – und auch eine Demonstration am Beispiel! – unumgänglich.

–Anleiten: Über die Brauchbarkeit eines Anleitungstextes entscheidet der Schüler zunächst selbst, indem er die Anleitung auf ihre Anwendbarkeit hin überprüft. Bei der Überarbeitung wird er sich an die Arbeitsblätter halten. Auch hier halten viele Schüler eine Überarbeitung für überflüssig. Sie müssen die sachgerechte Anwendung der Ratschläge, die die Arbeitsblätter enthalten, erst erlernen. Das bedeutet: Der Lehrer muß sie dazu anleiten, sich selbst korrigierend zu überprüfen.

7.2.2 Zweite Instanz

Der hier anzusprechende „Sachverhalt" ist folgender: Der Schüler / die Schülerin überprüft, korrigiert bzw. überarbeitet seine / ihre Arbeit mit Hilfe von Hinweisen, Korrekturvorschlägen, Anregungen und Übungen, die dem jeweiligen Arbeitsblatt zu entnehmen sind. Das ist nicht immer ganz leicht, da vor allem erwartet wird, daß der Schüler einsieht, daß seine bisherige Arbeit noch zu keinem optimalen Ergebnis geführt hat. Er darf deshalb das Arbeitsblatt keineswegs als besserwisserischen Eingriff verstehen, sondern sollte in ihm einfach nur eine Hilfe sehen, die es ihm erlaubt, seine Ergebnisse zu optimieren. Solche Einsichten stellen sich ebensowenig von selbst ein wie die Fähigkeit, ein Arbeitsblatt sachgerecht heranzuziehen. Hier wird der Rat des Lehrers gelegentlich gefragt sein. Bei der Beratung ist aber darauf zu achten, daß nicht zu viel an Hilfe geboten wird. In der Regel genügt es, wenn der Lehrer am konkreten Fall aufzeigt, wie ein Tip in die Tat umzusetzen ist. Wichtig ist, daß die Schüler mehr und mehr in die Lage versetzt werden, die eigenen Schwächen und Stärken zu sehen und das eine zu verbessern, ohne das andere verkümmern zu lassen.

7.2.3 Dritte Instanz: Partner / Nachbar

In einigen Fällen wird es unumgänglich, einen Partner zu suchen, um mit seiner Hilfe die Brauchbarkeit des eigenen Entwurfs zu überprüfen. Dies kann z.B. notwendig werden, wenn es gilt, ein Spiel durchzuspielen, um seine Brauchbarkeit zu überprüfen, es kann aber auch um ganz konkrete Hilfen gehen. Hier kann der Nachbarschaftshilfe der negative Beigeschmack des „Abschreibens" genommen werden.

7.2.4 Vierte Instanz: die Gruppe

In einigen Fällen wird bewußt die Kontrolle bzw. Beratung und Verbesserung durch die Gruppe vorgesehen. Gerade wenn es z.B. darum geht, andere zu unterhalten oder sie zu belehren, wird man den „Ernstfall" als Kontrollmöglichkeit zumindest simulieren. Im Bereich Erzählen" könnte z.B. die jeweilige Gruppe als Zuhörer und als Berater auftreten. So wird dann jeder zum Helfer bzw. Kritiker, aber jedem wird auch geholfen, jeder wird kritisiert.

7.2.5 Fünfte Instanz: die Klasse

Im Projekt „Spielszenen aufführen" ist vorgesehen, daß die ganze Klasse als „Jury" agiert.

7.2.6 Sechste Instanz: der Lehrer / die Lehrerin

Der Lehrer, das sei nochmals betont, sollte sich weitestgehend zurückhalten. Er sollte strikt verschiedene „Tätigkeiten" trennen:

–Beratung: Als Berater wird der Lehrer immer wieder bereitstehen. (Man wird sich gelegentlich behutsam in einzelne Arbeitsprozesse „einfädeln", sollte sich aber weder aufdrängen noch allzu weit zurückhalten. Grundsätzlich gilt: Der Rat muß erwünscht bzw. erbeten werden. (Das sollten die Schüler und Schülerinnen auch wissen!)

–Kontrolle: Erstrebenswert wäre, daß der Lehrer auf diese Funktion ganz verzichtet. Sollte es aber unumgänglich sein, daß kontrollierend eingegriffen wird, so sollte sich der Lehrer auf einzelne Schüler konzentrieren, bei denen eine Kontrolle notwendig erscheint.

–Bewertung / Benotung: Sich zurückhalten heißt nicht: etwas nicht zur Kenntnis nehmen. Natürlich wird man immer wieder den Fortschritt der in Gang gekommen Lern- und Arbeitsprozesse zur Kenntnis zu nehmen haben. Das bedeutet, man wird sich immer wieder einzelne Ordner vorlegen lassen und sie durchsehen. Dabei sollte der Schüler anwesend sein, oder aber man wird mit ihm einige Details durchsprechen, die beim Durchsehen aufgefallen sind. (Dabei sollte man sich nicht auf die Monita beschränken. Lob wirkt sich motivierend aus!) Eine Bewertung ist erst möglich, wenn jeweilige Einschnitte erreicht sind, also gegen Ende des jeweiligen Halbjahres. Dies ist deshalb so, weil es ja ins Belieben des Schülers gestellt bleiben sollte, was er wann bearbeitet. Erst am Ende wird es möglich, die Schwerpunktsetzungen des Schülers festzustellen, seine Arbeiten in ihrer Gesamtheit und auch in den einzelnen Teilen angemessen zu würdigen.

–Diagnose: Am Ende der Jahrgangsstufe 6 könnte eine Beratung hinsichtlich der weiteren schulischen Laufbahn der Schülerinnen und Schüler stattfinden. Die Arbeit im Rahmen des hier vorgelegten Projekts erweist sich als eine recht valide Diagnosebasis, insofern es jetzt möglich wird

–aufgrund der Schwerpunktsetzungen Genaueres über die Neigungen der Schülerinnen und Schüler zu sagen;

–aufgrund der Arbeitsweise über besonderen Fähigkeiten der Schülerinnen und Schüler Aussagen zu treffen;

–aufgrund der genaueren Untersuchungen der einzelnen Teilbereiche Zuverlässiges über Stärken und Schwächen der Schüler zu sagen.

Zwar wird man auch jetzt noch vorsichtig sein bei einer zu einseitigen Bewertung einzelner Leistungen, doch kann davon ausgegangen werden, daß in den vorliegenden Ergebnissen sich das Leistungsvermögen der Schüler spiegelt, insofern

– er / sie selbständig (ohne Hilfe der Eltern, des Nachhilfelehrers usw.) gearbeitet hat;
– er / sie über einen längeren Zeitraum und ohne Druck (wie er z.B. bei Klassenarbeiten entsteht) gearbeitet hat;
– er / sie über eine Schwerpunktsetzung selbst entscheiden konnte.

8 Zu Fragen der Organisation

8.1 Stundenplan

Freiarbeit und Stundenplan, d.h. eine Segmentierung des Vormittags in Einheiten zu 45 Minuten, schließen sich nach der landläufigen Meinung genauso aus wie Freiarbeit und der Versuch, Lehrplanziele bzw. -inhalte zu realisieren. Bei einer entsprechenden Füllung des Begriffs „Freiarbeit" mag der hier skizzierte Gegensatz tatsächlich so existieren. Nun gibt es aber auf der Skala von „Frei" bis „Arbeit" wohl verschiedene Positionen und verschiedene Möglichkeiten, Schwerpunkte zu setzen. Ich habe meine Auffassung von „Freiarbeit" schon skizziert. Hier geht es nun darum zu zeigen, daß es nicht unbedingt erforderlich ist, auf Freiarbeitsperspektiven zu verzichten und den Stundenplanmachern die Schuld in die Schuhe zu schieben. Gleiches gilt für die angesprochene Problematik einer Realisierung von Lehrplanzielen bzw. -inhalten. Es kann also hier keineswegs erwartet werden, daß ein Idealkonzept entworfen wird, wie es an idealen Schulen unter idealen Bedingungen mit einem idealen (oder besser noch: ohne einen) Stundenplanmacher und auch ohne am Ende dann doch verbindliche Lehrpläne entworfen wird. Vielmehr soll all dem Rechnung getragen werden, was im „Normalfall" ins Haus steht. D.h. wir gehen von einem „ganz normalen" Stundenplan aus, wir gehen davon aus, daß unsere Schüler in ihrem späteren Leben mit einer Gesellschaft konfrontiert werden, die von ihnen erwartet, daß sie bestimmte Kenntnisse, Fähigkeiten und Fertigkeiten mitbringen, daß sie also nach Lehrplänen unterrichtet und ausgebildet wurden, und wir gehen davon aus, daß die Schulen so gut wie gar nicht für Vorhaben, wie sie hier vorgestellt werden, ausgestattet sind und die Schulträger kaum bereit sind, Mittel zu investieren. Die einzige optimistische Voraussetzung, die hier gemacht wird, ist: Wir setzen eine Lehrerin oder einen Lehrer voraus, deren / dessen „pädagogischer Eros" noch nicht ganz flügellahm geworden ist, für den die Schüler und gelegentlich auch die Unterrichtsgegenstände im Mittelpunkt der Überlegungen stehen, der oder dem es darauf ankommt, bisweilen auch einmal an einer „Sache" zu arbeiten, die nicht ihr Ende findet in der nächsten Klassenarbeit und der

anschließenden Notengebung. Freilich: Die organisatorischen Gegebenheiten, wie wir sie antreffen, müssen nicht alle so hingenommen werden. Im Rahmen des Möglichen lassen sich Verbesserungen erreichen. So sollte wenigstens eine Blockstunde verfügbar sein. Das aber wird sich ohne allzu große Probleme bewerkstelligen lassen. Es brauchen ja nur zwei Fachstunden geblockt zu werden.

8.2 Klassenraum

Wünschenswert, wenn nicht unabdingbar ist, daß die Klasse einen Klassenraum zur Verfügung hat, der nur für sie da ist und nicht von anderen Klassen mitbenutzt wird. Der Raum sollte gegebenenfalls auch abgeschlossen werden können. Die Wünsche, die die Ausstattung des Raums betreffen, sind natürlich recht vielfältig. Allerdings können auch hier bei Bedarf Abstriche gemacht werden. Der Raum sollte wenigstens ein Regal sowie einen abschließbaren Schrank enthalten. Außerdem wäre es gut, wenn man über einige Stellwände bzw. Korktafeln verfügen könnte, an denen über die jeweiligen Vorhaben bzw. Arbeitszwischenergebnisse informiert werden kann. Wichtige Bücher sollten ständig verfügbar sein, vor allem mehrere Exemplare eines Rechtschreibwörterbuches, Schülerlexika, etymologisches Wörterbuch, Atlas, Sprachatlas; nach Möglichkeit sollten auch Sammlungen verschiedenster Art bereitgestellt werden, etwa Sagensammlungen, Lügengeschichten, Schwänke, Märchen, Gespenstergeschichten usw. Gegebenenfalls wird hier der Lehrer seinen eigenen Bücherschrank einmal durchforsten, aber über die Taschenbuchverlage sind auch recht preisgünstige Sammlungen greifbar geworden. Übrigens: Die „Ramschtische" der Buchabteilungen einiger Kaufhäuser halten bisweilen recht kostengünstige Sammlungen bereit.

8.3 Die Arbeitspläne

Das vorliegende Konzept ist so angelegt, daß im Idealfall 1/3 bis 2/3 des gesamten Deutschunterrichts in Freiarbeit ablaufen kann. Das bedeutet: Zum einen müssen Minimalanforderungen ausgewiesen werden, die für jeden Schüler / jede Schülerin verbindlich sind, darüberhinaus aber gibt es dann ein breites Feld von Möglichkeiten, intensiv und eigenständig zu arbeiten. In diesem Zusammenhang haben die Arbeitspläne ihre wichtigste Funktion: Sie sind offen für eine differenziertere Festlegung. Die vorgesehenen Pläne sehen eine solche Festlegung durch den Lehrer bzw. die Klasse vor, d.h. es wird zunächst ganz offen umrissen, was angestrebt werden soll, erst dann wird mittelfristig ein Plan festzulegen sein, nachdem erste Erfahrungen gesammelt wurden. In die Arbeitspläne tragen die Schüler die jeweiligen Daten und Arbeitszeiten ein. Es wird dann am Ende für den Lehrer einfach, die vom Schüler vorgenommene Schwerpunktsetzung zu überschauen. Empfehlenswert erscheint, jedem Kapitel bzw. Teilkapitel ein (zunächst leeres) Blatt vorzuschalten, auf dem die Kinder immer wieder notieren, was sie bereits erledigt haben. Solche „Rechenschaftsberichte" haben eine andere Aufgabe: Sie sollen dem Kind erlauben, sich selbst Rechenschaft abzugeben über das, was schon erreicht ist, um nicht nur immer das noch lange nicht erreichte Ziel, sondern auch einmal das bereits Erledigte vor Augen zu haben.

8.4 Freiarbeit und „Normalunterricht"

Wenn die Hälfte bzw. zwei Drittel des gesamten Deutschunterrichts nach dieser Konzeption ablaufen, so wird eine enge Verzahnung von Normalunterricht und Freiarbeit unumgänglich. Eine solche Verzahnung kann sich einmal so darstellen, daß ein im Normalunterricht kurz und knapp behandelter Gegenstand so viel Interesse findet, daß man sich etwas intensiver mit ihm beschäftigen möchte. (Bei der Entwicklung des vorliegenden Materials war dies z.B. der Fall bei der „Namenkunde".) Oder aber die Kinder arbeiten im Rahmen der Freiarbeit an einem Projekt, und es zeichnen sich Probleme ab, die in allen Gruppen gleicherweise auftreten. Es hat sich in diesem Zusammenhang bewährt, in der Anfangsphase eines jeden Projekts wie auch zu Beginn der Bearbeitung eines Problemfeldes von jedem Kind auf einem eigenen Blatt notieren zu lassen, welche Probleme auftauchen und welche besonders schwierig erscheinen. Gelegentlich wird man dann diese Zettel einsammeln, um sich zu orientieren. So wird es dann recht einfach festzustellen, ob es Fragen gibt, die von allgemeinem Interesse sind und die deshalb schon aus ökonomischen Gründen im Klassenverband besprochen werden sollten. Auf einen dritten Aspekt der Verzahnung sei noch hingewiesen. Natürlich müssen auch im Deutschunterricht Klassenarbeiten geschrieben werden, in manchen Bundesländern sogar im Fach Deutsch mehr als in den übrigen Fächern. Es hat sich als praktikabel erwiesen, auch diese Klassenarbeiten im Zusammenhang mit der Freiarbeit auszuwählen und die eine oder andere Arbeit in fast unmittelbarem Zusammenhang mit der Freiarbeit zu schreiben. So ist es beispielsweise möglich, Erzählungen und Anleitungen als Klassenarbeiten zu schreiben, nachdem die Kinder im Bereich der Freiarbeit sich intensiv mit der jeweiligen Textart beschäftigt haben.

8.5 Fächerübergreifende Zusammenarbeit

Für alle Projekte und Arbeitsfelder, die im Rahmen der Freiarbeit bearbeitet werden sollen, gilt: Im Vordergrund steht nicht das Fach, sondern die ins Auge gefaßte Sache, das ins Auge gefaßte Problem. D.h. es wird sich von Fall zu Fall als notwendig erweisen, auch Randgebiete des Faches oder Bereiche, die besser von anderen Fachlehrern behandelt würden, in den Arbeitsablauf zu integrieren. Die einfachere Form der Zusammenarbeit wird wohl sein, daß man von Fall zu Fall einen Kollegen um Unterstützung, vielleicht auch um eine entsprechende Schwerpunktverschiebung im Rahmen seines Lehrplans bittet. (Das könnte z.B. die Fächer Biologie oder Naturkunde betreffen. Auch der Musiklehrer könnte bei Gelegenheit, etwa im Zusammenhang mit dem Märchenspiel, zu Rate gezogen werden.) In anderen Fällen aber, wie etwa im Fall der Zusammenarbeit mit dem Kunsterzieher im Rahmen des Projekts Märchenspiel, handelt es sich um eine

längerfristige Angelegenheit, und entsprechend muß auch die Planung langfristig ins Auge gefaßt werden. Es empfiehlt sich in einem solchen Fall, einen „Stundenpool" zu bilden, in den alle beteiligten Fächer ihre Stunden einbringen, um dann jeweils diejenigen Stunden an sich zu ziehen, die sachbedingt erforderlich sind. Es wird dann z.B. möglich und notwendig werden, die eine oder andere Deutschstunde „zu opfern", um das Bühnenbild zu erstellen oder die Puppen sachgerecht anzufertigen. Anschließend könnte der Deutschunterricht wieder einige Stunden mehr für sich beanspruchen, wenn es um das schriftliche Fixieren der Texte oder um das darstellende Spiel selbst geht.

Auf einen letzten Aspekt sei in diesem Zusammenhang noch hingewiesen. Es hat sich als sehr zweckmäßig herausgestellt, im Sekretariat der Schule bzw. im Lehrerzimmer einen Schlüssel zu den entsprechenden Schränken usw. zu deponieren und die Kollegen und Kolleginnen für den Fall von Vertretungsstunden auf die Möglichkeit der Freiarbeit aufmerksam zu machen. Sie werden so zum einen entlastet vom überfallartigen Zwang, ad hoc Unterricht aus dem Ärmel zaubern zu müssen, zum anderen wird die Zeit sehr sinnvoll genutzt.

8.6 Zusammenarbeit mit den Eltern

Der Aspekt „Frei" in der Wortfügung „Freiarbeit" bedeutet auch – und das hat sich immer wieder gezeigt – sich frei zu machen vom Druck, den das Elternhaus manchmal ausübt. Es scheint mir äußerst sinnvoll und zweckmäßig, die Materialien und Unterlagen zur Freiarbeit ausschließlich im Klassenraum aufzubewahren, d.h. den Schülern nicht zu gestatten, außerhalb des dafür vorgesehenen Zeitrahmens das eine oder andere zu erledigen. (Es sei denn, es handelt sich um spezifische Aufgaben wie etwa Befragungen usw.) Nur so können wir gewährleisten, daß sich die Eltern zurückhalten und dem Kind alle Aktivitäten allein überlassen. Allerdings setzt das „vertrauensbildende Maßnahmen" voraus. So wird es vor allem notwendig, möglichst bald nach Beginn der Freiarbeit im Rahmen eines Elternabends ausführlich über die Projekte, die man vorhat, sowie über das Gesamtunternehmen „Freiarbeit" und über die pädagogischen und didaktischen Absichten zu informieren. So wird auf der Basis der Entscheidungen der Kinder, beispielsweise etwa auch anhand der Arbeitsbögen, eine fundierte Beratung möglich, und es fällt nicht allzu schwer, den Eltern den einen oder anderen Gesichtspunkt einsichtig zu machen, ihnen die Begabungen ihrer Kinder anhand der Arbeiten, die ja jetzt vorliegen, zu verdeutlichen und so kindgemäße Schullaufbahnentscheidungen herbeizuführen. Auf eine besondere Möglichkeit der Zusammenarbeit mit Eltern sei hier hingewiesen: Bei vielen Projekten wäre die Mitwirkung von Fachleuten besonders willkommen. Wir können davon ausgehen, daß unter den Eltern unserer Schülerinnen und Schüler Fachleute anzutreffen sind. Das betrifft nicht nur den Bereich der Akademiker. Auch Handwerker sind hier besonders gefragt. So wäre es z.B. gut, wenn beim Aufbau der Bühne für das Märchenspiel ein Handwerker mit Rat und Tat zur

Seite stünde. Auch Werbefachleute, Grafiker usw. werden gebraucht und könnten in den Arbeitsprozeß eingebunden werden.

8.7 ...und wie kommt man zu Noten?

Wenngleich die Notengebung nicht unmittelbar etwas mit Freiarbeit zu tun hat, so ist doch immer wieder erstaunlich, daß eine der ersten Fragen, die gestellt werden, lautet: „Wie bewertet man? Wie komme ich zu Noten?"
Es ist verständlich, daß die Lehrer, die selbst permanent unter „Notendruck" stehen, auch an ihre Verwaltungsaufgabe, sprich: Notengebung, denken.
Für die Freiarbeit allerdings gelten hier besondere Bedingungen. Selbstverständlich sind die Ergebnisse der Freiarbeit bewertbar. Aber diese Ergebnisse müssen eben erst einmal abgewartet werden, d.h.: Eine Bewertung ist erst am Ende eines Arbeitsprozesses durchführbar. Eine Bewertung „auf freier Strecke" ist besonders problematisch, da sie der individuellen Schwerpunktsetzung nicht Rechnung tragen kann. Eine Bewertung sollte sich am vorher festgelegten „Minimalstandard" orientieren und von da aus die weiterreichenden Vertiefungen beurteilen. M.a.W.: Man wird zunächst feststellen, ob ein Schüler / eine Schülerin die festgelegten minimalen Anforderungen erfüllt hat. Was darüber hinausreicht, sollte positiv zu Buche schlagen. Weiterhin sollte die Bewertung auch den persönlichen Forschritt berücksichtigen. Dieser persönliche Fortschritt wird beobachtbar anhand der jeweiligen Arbeitsergebnisse und der fortschreitenden Ausarbeitungen bzw. Überarbeitungen. Grundsätzlich ist zu beachten: Die individuelle Leistung korrespondiert auch mit der Leistung der jeweiligen Gruppe, d.h.: Auch wenn Projekte im Rahmen einer Gruppenarbeit in Angriff genommen werden, ist es sehr wohl möglich (die Arbeitsunterlagen sind entsprechend konzipiert!), auch die individuelle Einzelleistung zu erfassen. Darüber hinaus sollte aber auch die Fähigkeit in die Bewertung mit einfließen, in der Gruppe positiv mitzuarbeiten. Das bedeutet, daß der Lehrer auch als bewertender Beobachter in den Gruppen präsent sein sollte. Die Kriterien der Bewertung sind nun nicht allein von einem vorgegebenen Maßstab her abzuleiten. Gerade, wenn die Sache, das Produkt, im Mittelpunkt des Arbeitens steht, wird dieses Produkt auch bei der Entwicklung von Bewertungskriterien mitzuberücksichtigen sein. So ist es beispielsweise möglich, wichtige Kriterien des darstellenden Spiels aus dem üblichen fachwissenschaftlichen Kontext abzuleiten, allerdings: Einige Aspekte werden auch von den jeweiligen „Schöpfungen" der einzelnen Gruppen her zu entwickeln sein: Es handelt sich hier eben um spezifisch ästhetische Kriterien.

Zu den Projekten

Kapitel 1
Projekt: Märchenspiel

Didaktische und methodische Hinweise

Es ist hier wohl möglich, den Kindern auch das Medium freizustellen, d.h. zu entscheiden, ob ein Handpuppen- oder ein Marionettenspiel, ein Hörspiel oder ein Bühnenspiel entworfen werden soll. Allerdings erscheint es doch empfehlenswert, auf die Herstellung eines Hörspiels zu verzichten, da hier zu schnell Rückgriffe auf handelsübliche Cassetten zu befürchten sind, die dann wichtige Einsichten im Bereich Dramaturgie und des Dramatischen verhindern, da in der Regel solche Cassetten weniger als Hörspiele denn als (billig produzierte) durch kurze Dialoge unterbrochene Erzählungen konzipiert sind. Um in tatsächliche und mögliche Strukturen des Genres „Hörspiel" einzuführen, erscheint aber die Zeit wohl im 5./6. Schuljahr noch nicht reif. (Wichtige Strukturen wie etwa Zeitparallelen, Raumstrukturen / Innenräume usw. können m.E. noch nicht begriffen werden.)
Für das Puppenspiel spricht vor allem:

– die sich ergebende Möglichkeit, auch märchenhafte Elemente relativ problemlos in Szene setzen zu können;
– mit Bühne und Bühnenbild weniger Probleme zu haben (Die Kinder können das Bühnenbild selbst anfertigen, auch die Herstellung einer Bühne dürfte nicht allzu schwierig sein.);
– Gestaltungsmöglichkeiten, wie sie sich im Rahmen der Möglichkeiten der Kinder ergeben, besser nutzen zu können.

Ob man dann aber Handpuppen oder Marionetten benutzt, sollte vielleicht in Absprache mit dem Kunsterzieher entschieden werden, wobei ich hier davon ausgehe, daß sich der Kunsterzieher zumindest partiell am Projekt beteiligt und den Kindern mit Rat und Tat zur Seite steht, wenn es darum geht,
– die Puppen zu entwerfen;
– die Puppen anzufertigen und zu gestalten;
– das Bühnenbild bzw. die Bühnenbilder zu entwerfen und auszugestalten.

Es ist vorgesehen, daß jede Gruppe in eigener Verantwortung den Spieltext entwirft und das Spiel bis zur Inszenierung aufbereitet. Das setzt voraus, daß sich der Kunsterzieher und vielleicht auch der Musiklehrer wenigstens als Berater am Projekt beteiligen.
Welche Märchen sind nun auszuwählen? Wir machen hier einige Vorschläge. Es können selbstverständlich auch andere Texte, auch Fabeln, Schwänke usw. gewählt werden. Allerdings sollten die Texte, die den Schülern zur Auswahl vorgelegt werden, einige Bedingungen erfüllen:

1) Sie sollten eine klar segmentierbare Handlungs-
struktur haben.
2) Sie sollten nicht an zu vielen, aber doch an deutlich
unterscheidbaren Orten spielen.
3) Es sollten nicht zu wenige Figuren beteiligt sein (2-3
sind m.E. zu wenig). Es sollten aber auch nicht zu
viele Figuren vorkommen. Das würde zu viel Arbeit
bei der Herstellung der benötigten Puppen machen.

Zur Frage einer möglichen Binnendifferenzierung

Wenn man will, so läßt sich im Rahmen der Projektarbeit
gut nach Leistungsfähigkeit differenzieren.

a) Es wäre z.B. möglich, einen Spieltext vorzugeben
und ihn inszenieren zu lassen. Eine schwache
Schülergruppe könnte auch so zu einer eigenständigen Aufführung gelangen.
b) Hat man eine Gruppe schwacher Schüler, die möglicherweise mit einem selbständigen Entwurf eines
Szenariums überfordert wäre, so sollten auch sie ein
eigenes Spiel schreiben, allerdings wird man ihnen
einfachere Voraussetzungen schaffen. Sie könnten
etwa das vorgegebene Szenarium ausarbeiten und in
ein Spiel umsetzen. Das sollte dann möglich sein, da
die jetzt noch fehlenden Dialoge zum einen im
Szenarium selbst schon weitgehend vorstrukturiert
sind und der restliche Teil aus dem Basistext abgeleitet werden kann. So wird es dann möglich, auch
schwächeren Schülern das Erlebnis eines eigenständig erarbeiteten Erfolgs zu vermitteln, ohne sie auf
die Hilfe besserer Schüler zu verweisen.
c) Ein vorgegebener Text könnte umgesetzt werden in
ein Szenarium und in ein Spiel, das dann inszeniert
wird. Auch innerhalb dieser Möglichkeit ließe sich
noch weiter differenzieren entsprechend den Anforderungen eines mehr oder weniger komplexen
Textes (Text mit komplexer Handlung; Text mit vielen Dialogvorgaben; Text, bei dem große Teile der
Verknüpfungen zu ergänzen sind, usw.).
d) Schließlich könnte man ohne Textvorgabe arbeiten
und das Finden des Stoffes auch den Schülern überlassen.

Wir haben uns hier für die „mittlere Möglichkeit" entschieden und geben Texte vor, die umgesetzt werden sollen. Dabei ist es allerdings möglich, nach Schwierigkeitsgrad zu differenzieren. Allerdings sollten die Schüler zunächst die Möglichkeit haben, sich für den einen
oder anderen Text zu entscheiden. Vielleicht wird man
aber – nach einer ersten Anlaufphase eine Umorientie-
rung zulassen, u.U. sogar fördern, wenn es sich herausstellen sollte, daß der eine oder andere Schüler oder die
eine oder andere Schülerin sich zu viel vorgenommen
hat.

Hinweise zur Durchführung

a) Nachdem man kurz das Vorhaben angekündigt und
umrissen hat, sollten die Schülerinnen und Schüler
erst einmal alle Texte lesen.
b) Die Gruppenlisten werden ausgehängt. Jeder Schüler
trägt sich in zwei Listen ein und gibt eine Priorität
an. Anschließend werden die Gruppen festgelegt.
Erfahrungsgemäß entscheiden sich die Schüler schon
entsprechend ihren Möglichkeiten. Über die Angabe
eines „Zweitwunsches" hat der Lehrer die Möglichkeit, leichte Veränderungen und Zuordnungen zu beeinflussen. Die beiden Märchen „Rumpelstilzchen"
und „Bremer Stadtmusikanten" sollte man schwächeren Gruppen zuweisen. Zum einen ist zu vermuten,
daß die Schüler schon die eine oder andere Dramati-
sierung dieser beiden Texte kennengelernt haben
(etwa in Form eines Hörspiels), zum andern enthalten
beide Texte von ihrer Struktur her (Handlungsaufbau,
Figuren, Dialoge) nur wenige Schwierigkeiten.
c) Zum Umfang der Gruppen: Es hat sich gezeigt, daß
eine arbeitsfähige Gruppe doch mindestens fünf bis
sechs Mitglieder haben sollte. Sollten die Schüler
noch keine oder nur wenig Erfahrung mit der Arbeit
in Gruppen haben, so wird man sie zunächst für einige Zeit sich selbst überlassen. Sie sollten dabei wichtige Erfahrungen hinsichtlich einer notwendigen Ge-
sprächsdisziplin, aber auch hinsichtlich einer möglichen Arbeitsaufteilung sammeln. Daß in dieser Phase
Irrtümer nicht ausgeschlossen und ein gewisses
„Durcheinander" geradezu vorprogrammiert sind,
versteht sich von selbst. An dieser Stelle wäre es
dann möglich, im Klassenverband gemeinsam Überlegungen anzustellen, wie man die Arbeit in solchen
Gruppen sinnvollerweise (und natürlich auch: zweckmäßig!) gestalten könnte.
d) Nach der Gruppenkonstitution sollte das erste Arbeitsblatt (1/1) zunächst in Einzelarbeit bearbeitet
werden.
Erst in einem zweiten Schritt wird ein Gruppengespräch angestrebt, in welchem Vorstellungen ausge-
tauscht, gemeinsame Interessen festgestellt, Absichten erklärt und Fragen gesammelt werden. Vor allem
aber sollte in diesem Gespräch die Gruppe enger zu-
sammenwachsen, d.h.: Jetzt haben die Gruppenmitglieder sich – bezogen auf die Partner – kennen- und
einschätzen zu lernen. Natürlich wird man hier gegebenenfalls vorsichtig eingreifend eine grundlegende
„Gesprächskultur" zu entwickeln haben. Der Lehrer
oder die Lehrerin wird sich immer wieder vorsichtig
einschalten und u.U. die eine oder andere „Regel"
entweder nennen oder in Erinnerung rufen. Insbe-
sondere könnte dabei eine Rolle spielen:
- gleichmäßige Verteilung der Gesprächsanteile in der
  Gruppe;
- Zuhören, wenn andere sprechen;
- zur Sache, nicht zur Person sprechen;
- nicht unfair-emotional reagieren.
e) Im Mittelpunkt des nächsten Schrittes steht das
Grundproblem: Wie macht man aus einer Erzählung

ein Spiel? (Arbeitsblatt 2/1f.) Das Arbeitsblatt ist so konzipiert, daß die Schüler eigenständig schrittweise Erfahrungen machen und diese reflektieren und auswerten können. Der Lehrer sollte hier weitgehend im Hintergrund bleiben. Allerdings muß er darauf achten, daß gerade die besseren Schüler nicht zu schnell (und damit oberflächlich vereinfachend) das Arbeitsblatt „abhaken". Hinweis: Da hier öfter das Ausprobieren als Erkenntnishilfe eingesetzt wird, ist mit einer gewissen „Geräuschentwicklung" zu rechnen. Besonders günstig wäre es, wenn man durch bewegliche Raumteiler für jede Gruppe einen eigenen kleinen Raum abtrennen könnte. Oder aber man reserviert einen Bereich des Klassenraums für eine solche Erprobung.

f) Nach den grundlegenden Überlegungen zu Problemen, die bei der Umsetzung entstehen, wird man nun darangehen, den Aufbau des ins Auge gefaßten Stückes zu konzipieren (Arbeitsblatt 3/1ff.). Das Arbeitsblatt ist so angelegt, daß die Schüler beim unmittelbaren Erproben wichtige Struktureinsichten in ein dramatisches Geschehen sowie in den Aufbau eines Dramas gewinnen. Da eine übersichtliche, gegliederte Zusammenstellung des Aufbaus nur sehr schwer zu konzipieren wäre, gibt das Arbeitsblatt S.3ff zunächst einen Text und dann ein umgesetztes Szenarium vor, das den Schülern als Beispiel für ihren eigenen Entwurf dienen sollte. Auch hier wird darauf zu achten sein, daß das Beispiel sorgfältig bearbeitet wird. Hinweis: Sollte man eine besonders schwache Gruppe vor sich haben, so könnte man ihr empfehlen, die Vorgabe als Grundlage für die weitere Arbeit zu benutzen und als Spiel auszuarbeiten.

g) Die Figuren des ins Auge gefaßten Spiels müssen nun „Gestalt gewinnen". Arbeitsblatt 4/1f. geht (vielleicht etwas konkretistisch) vor und versucht, über das Problem einer äußeren Gestaltung der Figur zur Frage nach ihrer Funktion, ihren Eigenschaften und Merkmalen vorzudringen. In dieser Phase ist daran gedacht, die Gruppe weiter aufzugliedern und die Arbeit an einzelne Gruppenmitglieder zu verteilen, die sich zwar gegenseitig beraten können, ansonsten aber individuell für eine Ergebnis zuständig sind. In diesem Zusammenhang könnte dann auch die Frage der Handlungsorte und die Beschreibung derselben in Angriff genommen werden. Angestrebt wird dabei eine erste Begegnung mit dem Problem der Beschreibung eines Ortes.

h) Ein besonderes Problem im Rahmen der Entwicklung eines Spiels stellt die Frage dar: Wie kann man (ohne Erzähler!) auf der Bühne darstellen, wer und was eine Figur ist? Arbeitsblatt 5 geht dieser Frage nach. Gleichzeitig werden jetzt die Ergebnisse der Einzelarbeit wieder in die Gruppenarbeit integriert. Die vorgegebenen Ausschnitte aus Theaterstücken können als Hilfen angesehen werden. Es ist nicht unbedingt erforderlich, daß alle Gruppen alle Texte bearbeiten. (Die Texte lassen recht verschiedene Schwierigkeitsgrade erkennen und sind so auch als Indikatoren an-

zusehen für die Bereitschaft und Fähigkeit eines Schülers, sich auch schwierigeren Problemen zu stellen.

i) In Fortsetzung des Arbeitsblattes 4 sollte nun auch das konkrete Verfertigen der Puppen in Angriff genommen werden (6/1ff.) Natürlich wäre hier eine Zusammenarbeit mit dem Kunsterzieher äußerst wünschenswert. Ist dies nicht möglich, so könnten vielleicht auch einmal die Eltern helfend in ein Projekt einbezogen werden. Wichtig dabei ist aber immer, daß die Kinder mehr und mehr selber tätig werden und dann das, was sie getan haben, auch sprachlich darstellen.

Das Arbeitsblatt 6 geht von einer bestimmten Technik des Verfertigens aus. Diese Technik wird in Teilschritten vorgestellt und ist nachzuvollziehen. Daran schließt sich unmittelbar eine schrittweise sprachliche Darstellung an. Möglicherweise wird der Kunsterzieher andere Techniken (Pappmaché usw.) verwenden. Dann werden wohl vergleichbare Arbeitsschritte durchgeführt und dargestellt werden.

k) Vor einer Inszenierung könnte man sich, sofern der Musik unterrichtende Kollege oder die Kollegin dazu bereit ist, auch noch über die eine oder andere musikalische Begleitung verständigen. Auf keinen Fall aber sollte man auf eine tatsächliche Aufführung der Stücke verzichten. Dabei könnten die Eltern oder auch Parallelklassen als Publikum in Frage kommen.

Kapitel 2
Projekt: Bücher lesen, vorstellen, besprechen

Didaktische und methodische Hinweise

1 Zur Sache
Im Mittelpunkt dieses Projekts stehen die Bücher, die die Kinder lesen, und alles, was mit diesem Lesen zu tun hat bzw. zu tun haben könnte. Aus dem Gesamtprojekt lassen sich verschiedene Teilprojekte ausgliedern, die jeweils eine gewisse Eigenständigkeit beanspruchen und auch entsprechend gehandhabt werden können.

Insgesamt ist hier eine enge Verzahnung zwischen dem der individuellen Freizeitgestaltung zuzurechnenden Bereich des Lesens und dem Bereich, der sich in der Schule gewissermaßen „professionell" mit dem Lesen und dem Gelesenen beschäftigt, beabsichtigt. Von der Arbeitsmethodik her werden alle Formen von der Einzelarbeit über Partnerarbeit bis hin zu komplexer strukturierten Formen der Gruppenarbeit in Frage kommen. Man kann das Projekt in einem Teilbereich sogar so weit ausbauen, daß von ihm aus der „Frontalunterricht" über einen gewissen Zeitraum hin gesteuert werden kann, sofern man es riskiert, den einzelnen Gruppen genügend Verantwortung zu übertragen und ihnen dann jeweils die Gestaltung eines Unterrichtsabschnitts überläßt. (Es versteht sich, daß hierfür eine gewisse Vorbereitung notwendig ist. Im Rahmen dieser Vorbereitung hat der Lehrer immer wieder die Möglichkeit, beratend einzugreifen.)

2 Zur inneren Struktur des Gesamtbereichs

Die innere Struktur wird zum einen von der in Frage stehenden „Sache" – und das bedeutet hier das Lesen eines bzw. die Begegnung mit einem Buch im weitesten Sinn – bestimmt, zum andern aber spielen zwei weitere Aspekte eine wichtige Rolle. Einmal soll klar getrennt werden zwischen Einzelarbeit und der Arbeit mit einem Partner / einer Partnerin bzw. in Gruppen, weiterhin soll unterschieden werden zwischen Pflicht- und Wahlbereich. Um den Schülern und Schülerinnen einen Überblick über die komplexe Struktur des Vorhabens zu erleichtern und ihnen Wahlentscheidungen wie auch die Konzentration auf gewisse Arbeitsschwerpunkte zu ermöglichen, sollte ihnen die Gesamtübersicht, wie sie das erste Arbeitsblatt vorgibt, zugänglich sein. Möglicherweise wird man als Einstieg in dieses komplexe Projekt die Übersicht zusammen mit den Schülern durchgehen und die eine oder andere Frage erläutern. Es wird dabei klarzumachen sein, daß an den Pflichtbereichen kein Weg vorbeiführt, während der Wahlbereich nur insofern „verpflichtend" ist, als eines der jeweils vorgeschlagenen Themen (oder auch ein neues, mit dem Lehrer zu vereinbarendes Thema) zu wählen ist. Die Gruppen werden entsprechend der Neigung der Schüler konstituiert. Empfehlenswert erscheint es, daß die Schüler zunächst einmal über ihre Lieblingsbücher sprechen. Es bleibt dabei dem Lehrer unbenommen, auch selbst auf das eine oder andere ihm wichtig erscheinende Buch hinzuweisen bzw. aufmerksam zu machen (Vielleicht stellt er auch einmal ein Buch selbst vor.). Man wird sich dann auf vier bis sechs Bücher konzentrieren, die zur Wahl gestellt werden. Die Schüler und Schülerinnen können sich für ein Buch entscheiden, sie sollten aber eine zweite Wahl mit angeben. So wird eine ausgeglichenere Gruppenbesetzung möglich. Die letzte Entscheidung sollte sich hier der Lehrer vorbehalten. Es empfiehlt sich, in etwa leistungshomogene Gruppen zu bilden.

3 Die Arbeitsbereiche im einzelnen

a) Voraussetzung für ein sinnvolles Gespräch über ein Buch ist natürlich, daß die Gesprächsteilnehmer das Buch gelesen haben. Das Führen eines Lesetagebuchs sollte schon im fünften Schuljahr mehr und mehr zur Gewohnheit werden. Es hat sich gezeigt, daß selbst im Literaturunterricht der Sek. II ein Lesetagebuch nicht nur eine äußerst sinnvolle Bereicherung des Deutschunterrichts darstellt, sondern daß es auch dem Schüler eine Erinnerungsstütze sein kann und, gerade wenn es darum geht, im Wirkungsgespräch erste Eindrücke zu äußern, besonders gut in ein Eröffnungsgespräch einbezogen werden kann. In der 5./6. Jahrgangsstufe stellt das Führen eines Lesetagebuchs eine sehr gute Möglichkeit dar, mehrere Aufgabenbereiche des Deutschunterrichts integrativ zu vertiefen. Gerade bei schwachen Schülern könnte ein intensiv geführtes Lesetagebuch, bei dessen Entstehung die Eltern bereit sind, angemessen mitzuwirken, manches Defizit beseitigen, ja sogar manche Nachhilfestunde ersetzen.

b) Exkurs: Lesetagebuch
Mit dem Lesetagebuch werden mehrere Ziele verfolgt:
– Die „äußeren" Gegebenheiten des Buches werden festgehalten (Titel, Autor, Verlag, vielleicht auch: Anmerkungen zur Aufmachung, Bebilderung...).
– Für eine späteres Sich-Erinnern könnte auch von Interesse sein, wie man zu dem jeweilgen Buch gekommen ist, auf wessen Empfehlung hin man es gelesen hat, wer es geschenkt hat usw.
– Ehe man mit dem Lesen beginnt, sollte man sich schon überlegen (und auch festhalten), was man von dem Buch eigentlich erwartet. (Bekanntlich steuern ja die Erwartungen zu einem erheblichen Teil das Verstehen dessen, was dann tatsächlich angeboten wird.) Man sollte unterscheiden zwischen Erwartungen, die man im Zusammenhang mit dem Autor oder einer Buchreihe (vielleicht auch schon: einem Verlag) hegt, Erwartungen, die sich vom Titelbild bzw. der Aufmachung eines Buches her ergeben, Erwartungen, die vom Titel selbst (oder auch einer Titelfigur usw.) hervorgerufen werden, aber auch Erwartungen, die sich ergeben aufgrund einer Empfehlung.
– Am Ende wird man zu so etwas wie einer „Gesamtbeurteilung" kommen und sich noch einmal überlegen: Welche Erwartungen wurden erfüllt? Welche nicht? Welche wurden übertroffen?
– Den eigentlichen Tagebuchteil bestimmt das am jeweiligen Tag Gelesene. Auch da wird man zunächst einmal den Inhalt des Gelesenen kurz zusammenfassen. Neben dem Inhalt wird man aber auch in ein, zwei Sätzen das besonders Wichtige festhalten und hervorheben. Schließlich sollte das Gelesene „beurteilt" werden. Dabei geht es vor allem darum, den Eindruck, der sich beim Lesen hergestellt hat, festzuhalten. Vielleicht läßt sich da auch schon sagen, warum man das eine oder andere gut oder weniger gut findet, was so besonders fesselnd war, was man langweilig gefunden hat.

c) Die Buchempfehlung ist ebenfalls als Einzelarbeit vorgesehen. Es ist zu empfehlen, in diesem Zusammenhang eine eigene Pinnwand zu reservieren, an der diese Empfehlungen ausgehängt werden. Alternativ könnten die Empfehlungen in einem Ordner in Folien abgeheftet und allen zugänglich gemacht werden. Arbeitsblatt 1 geht aus von der Erwartung des Lesers und seinen Fragen, die hier zu sammeln sind, und geht dann dazu über, nach einem Perspektivenwechsel diese Fragen auch zu beantworten. Die Buchvorstellung ist zum einen als Arbeitsgrundlage zu sehen (vergl. die entsprechenden Arbeitsaufträge), gleichzeitig aber kann sie auch als eine Mustervorlage für etwas schwächere Schüler herangezogen werden. Arbeitsblatt 2 setzt sich die vertiefende Überarbeitung zum Ziel. Eine solche Überarbeitung kann nicht von allen Schülern erwartet werden. Die hier geforderte Spracharbeit (Sammeln von Wörtern, Unterscheiden von Bedeutungen und Funktionen) wird manche Schüler und Schülerinnen überfordern, wenn sie die Arbeit selbständig durchführen sollen. Guten Schülern allerdings bietet sich hier die Möglichkeit, Textmaterial zu beschaffen und gezielt auszuwerten. Vielleicht könnte man entsprechende Wortlisten dann schwächeren Schülern zugänglich machen, um auch ihnen die Gelegenheit zu bieten, die Sprachgebung ihrer Texte zu überarbeiten.

d) Der Wahlbereich läßt den Schülern einige Freiheit bei der „Reaktion" auf ein Buch. Die hier vorgeschlagenen Möglichkeiten stellen nur eine Auswahl dar. Sollten Schüler eigene Ideen vorschlagen, so wird man ihnen weitgehend entgegenkommen. Die vorgesehenen Arbeitsblätter enthalten Anregungen für die Schüler, die nicht so genau wissen, was sie tun sollen. Der Lehrer wird u.U. darauf zu achten haben, daß nicht einfach die Arbeitsblätter der Reihe nach „stur" ausgefüllt werden. Er wird mehr auf eine Konzentration auf eine Aufgabenstellung hinarbeiten, die dann ausführlicher bearbeitet werden sollte. Gerade im Bereich der kreativen „Reaktionen" (z.B. Illustration von Textstellen...) wird sich der Lehrer gelegentlich auf Gespräche einlassen müssen, in denen er nach Gründen fragt, vielleicht auch den einen oder anderen Hinweis gibt, um Erläuterungen bittet usw. Selbstverständlich wird man als Lehrer auch dafür zu sorgen haben, daß die Ergebnisse der Arbeit den anderen zugänglich gemacht werden.

e) Gruppenarbeit: Pflichtbereich
Es ist hier beabsichtigt, die Gruppen in eine intensivere Auseinandersetzung mit einem Buch zu führen und ihnen Gelegenheit zu geben,

- die Ergebnisse ihrer Auseinandersetzung mit dem Buch vorzutragen;
- weitere Zusatzinformationen anzubieten;
- mit der Klasse in ein Gespräch zu kommen über Themen, die sich aus dem Buch heraus ergeben. Es wurde bewußt auf die Vorgabe von Arbeitsblättern verzichtet. Zum einen enthält bereits der Überblick Hinweise, die ausreichen, um die Arbeit in den Gruppen grob zu strukturieren. Darüber hinaus ist beabsichtigt, den Schülern die Gelegenheit zu geben, ihre eigenen Arbeitsprozesse mehr und mehr selbst zu bestimmen, indem sie lernen, Ziele konkret zu entwerfen, Fragestellungen zu finden und Wege zu erproben, wie Probleme gelöst werden können. Man wird die Schüler natürlich darauf hinweisen, daß vieles von dem, was sie in anderen Zusammenhängen schon kennengelernt haben (etwa im Bereich der Einzelarbeit dieses Projekts), auch hier wieder berücksichtigt werden kann. Auch einige der Fragestellungen, die im Zusammenhang mit den Geschichten aus alten Zeiten bearbeitet werden, könnten sich hier als tragfähig erweisen. Die Frage der Präsentation der Ergebnisse sollte schon in der vorbereitenden Arbeit innerhalb der Gruppen immer

wieder mitreflektiert werden. Dabei können die auf dem Überblick unter 2. genannten Hinweise und Aufträge als Grundlage einer Gesamtkonzeption herangezogen werden.

f) Zum Wahlbereich: Gerade die hier vorgeschlagenen Möglichkeiten lassen erkennen, daß sich in diesem Bereich ein weites Feld für Aktivitäten der Schülerinnen und Schüler eröffnet. Innerhalb dieses Feldes wird es in besonderem Maße möglich, nach Leistungsfähigkeit zu differenzieren. Wenn man genügend große Gruppen hat, läßt sich natürlich in diesem Zusammenhang eine Untergliederung bewerkstelligen. Die Vorschläge unter 4., 5. und 6. könnten zu eigenen Projekten ausgebaut werden und über das gegenwärtige Projekt hinaus von u.U. neu zusammengesetzten Gruppen längerfristig in Angriff genommen werden. Sollten diese Punkte aber im Rahmen des hier konzipierten Projekts bleiben, so wird man die Erwartungen vor allem hinsichtlich des Umfangs reduzieren. Hinweis zur Praxis: Der Begriff Verantwortung spielt gerade dann, wenn es um die Präsentation von Gruppenergebnissen geht, eine große Rolle und wird auch – das zeigt die Erfahrung – von den Schülerinnen und Schülern sehr ernst genommen. Es läßt sich immer wieder ein völlig verändertes Schülerverhalten beobachten: Es besteht gerade beim gemeinsamen Vortrag kein „Konkurrenzdruck" mehr, im Gegenteil: Jeder ist bestrebt, das Ergebnis der Gruppe zu optimieren, jeder ergänzt zwanglos, ohne zu drängeln oder sich in den Vordergrund zu spielen. Die Schüler sind mit einem im „normalen Unterricht" kaum zu beobachtenden Ernst bei der Sache, sofern sie nur selbst ernst genommen werden. Dieses „Ernstnehmen" zeigt sich vor allem in der Bereitschaft des Lehrers, Verantwortung zu übertragen, konkret aber auch darin, daß er sein Wissen und seine Überlegenheit einfach einmal zurückhält und die Schüler ihre Sache darbieten läßt ohne Hektik und ohne zu drängeln. Das fällt bisweilen recht schwer, da es gelegentlich einige Zeit „kosten" kann.

Kapitel 3
Projekt: Hilfen für den Anfänger

Didaktisch-methodische Hinweise:
Das sachliche Ziel des Projekts
Wir gehen davon aus, daß ein Neuling in der 5. Klasse ganz bestimmte Schwierigkeiten hat

– mit dem Gebäude, das in der Regel größer ist als die Grundschule, in die er bisher ging;
– mit den neuen Gruppierungen, in die er kommt;
– mit dem, was er jetzt als Unterricht erlebt;
– mit den neuen Organisationsformen.

Für viele Schüler und Schülerinnen ist dieser Übergang nicht ganz unproblematisch. Wer könnte ihnen da besser bei der Lösung auftretender Probleme helfen als jene, die diese Probleme erst vor kurzer Zeit am eigenen Leibe erfahren haben? So steht im Mittelpunkt dieses Projekts die Erstellung eines kleinen „Ratgebers" für Anfänger, angefertigt von solchen, die gerade keine Anfänger mehr sind. Die Realisierung einer solchen Broschüre dürfte im Kopierzeitalter zumindest in technischer Hinsicht kaum Probleme mit sich bringen.

Die didaktischen Absichten

Unter pädagogischen Gesichtspunkten geht es im vorliegenden Projekt vor allem um die Bewältigung bzw. Aufarbeitung einer für die Kinder neuen Situation, die ihnen beim Eintritt in die neue Schule begegnete, die sie zwar de facto jetzt mehr oder weniger bewältigt haben, deren rationale Aufarbeitung aber vermutlich noch nicht ganz vollzogen ist. Die hier gewählte Form der Aufarbeitung vermag die Einsicht zu vermitteln,

– daß sich Probleme in einer solidarisch orientierten Gruppe besser bewältigen lassen;
– daß Probleme schon dadurch, daß man über sie spricht, an Kontur gewinnen und viel von ihrer angsteinflößenden „Wucht" verlieren;
– daß man als jemand, der bereits im Besitz von Erfahrungen (und damit von Informationen) ist, auch soziale Verantwortung übernehmen und anderen, die diese Erfahrung eigentlich brauchen, helfen kann.

Sachansprüche und Binnendifferenzierung

Natürlich sollen die Schülerinnen und Schüler, ehe sie sich mit diesem Projekt beschäftigen, schon einiges an Erfahrung in der neuen Schule gesammelt haben. Es empfiehlt sich, das Projekt gegen Ende des zweiten Schulhalbjahrs in Angriff zu nehmen. (Vielleicht wäre es noch besser, damit bis in die zweite Hälfte des sechsten Schuljahres zu warten.) Grundbedingungen sind:

– die Schüler / Schülerinnen haben schon genügend Erfahrungen mit den anstehenden Themen gesammelt;
– der Schulleiter oder die Schulleiterin hat bereits festgelegt, wer in welchen Fächern die künftigen fünften Klassen unterrichtet. (Hinweis: Diese Bedingung muß nicht unbedingt im gesamten Umfang erfüllt sein. Die Klassenlehrer sollten allerdings schon feststehen, vielleicht auch die Hauptfachlehrer.) Übrigens: Sollte in Parallelklassen das gleiche Projekt in Angriff genommen werden, so läßt sich ein Wettbewerb organisieren. Man könnte festlegen: In die am Ende zu erstellende Broschüre werden die jeweils besten Versionen aufgenommen. (Oder aber: Die Lehrer legen schon vorher eine gewisse Arbeitsteilung zwischen den Klassen fest.)

Innerhalb der Klasse wird der Lehrer die Gruppenbildung dahingehend beeinflussen, daß sich die Schüler entsprechend ihren Fähigkeiten einer Gruppe zuwenden. Die Themen der Gruppen sind so gewählt, daß deutliche Unterschiede im Anspruchsniveau erkennbar werden, daß aber auch schwächere Schüler eigenständig zu angemessenen Erfolgen gelangen können.

Zur praktischen Durchführung: Der Arbeitsplan

Der Arbeitsplan (s. 1/1) ist so konzipiert und im Layout fixiert, daß mit seiner Hilfe Schüler erste Einsichten auch in kompliziertere Arbeitsabläufe, Arbeitsprozesse, Arbeitsverteilung und in die Planung solcher komplexen Zusammenhänge und Abläufe gewinnen können. Deshalb empfiehlt es sich, den Schülern im Lehrervortrag gewissermaßen als Einführung knapp den Organisations- und Arbeitsplan zu erläutern und sie dann einfach einmal sich selbst zu überlassen. Als wichtigste Aspekte sollten erläutert werden:

– der äußere Rahmen, die Klasse: Hier geht es um den Erfahrungsaustausch, vielleicht auch schon um erste Überlegungen. Aufgrund des Erfahrungsaustauschs und der ersten Überlegungen sollten Entscheidungen fallen, die zu einer Gruppenbildung führen.
– Diese Gruppenbildung allerdings sollte vom Lehrer behutsam gesteuert werden, zumal es sich hier um eindeutig nach Leistungsfähigkeit zu konstituierende Gruppen handeln wird. Die schwächsten Schüler werden in der ersten Gruppe tätig werden. Ihre Aufgabe wird es sein, Räumlichkeiten zu erkunden, Wege zu beschreiben, Örtlichkeiten zu identifizieren und für Neulinge „auffindbar" zu machen. An die zweite Gruppe werden bereits höhere Anforderungen gestellt. Sie müssen eine Vielzahl von einzelnen Fächern zusammenstellen und jeweils notieren und beschreiben, was Besonderes an diesen einzelnen Fächern ist. Noch schwieriger wird es für die dritte Gruppe, die den komplexen „Gesamtraum Schule" als Darstellungsgegenstand hat. Innerhalb dieses Raums sollen Orientierungshilfen über Institutionen, Arbeitsgruppen, Aktivitäten usw. gegeben werden. Die schwierigste Aufgabe wartet auf die vierte Gruppe. Von ihr wird besonderes Können und vor allem auch „Fingerspitzengefühl" erwartet, ist es doch ihre Aufgabe, den Neulingen ihre künftigen Lehrerinnen und Lehrer vorzustellen, vielleicht auch einige Eigenheiten zur Sprache zu bringen, ohne die betreffenden Personen zu beleidigen.
– Der Organisationsplan läßt erkennen, daß die Gruppen nicht „bis zum bitteren Ende" auf sich gestellt bleiben und für sich isoliert arbeiten sollen. Es wird vielmehr darum gehen, ihre Texte in die Klasse einzubringen, sie in der Gesamtklasse zu diskutieren, vielleicht auch Anregungen zu bekommen, um dann die Texte korrigieren zu können. Nach der Korrektur werden die Texte wiederum in die Klasse zurückgeführt. Dort werden sie „verabschiedet". Insofern trägt dann die Klasse insgesamt die Verantwortung für die Broschüre.
– Im Mittelpunkt des Organisationsplans steht das Ziel der Arbeit, die Broschüre für den Anfänger. (Natürlich wird man sich einen eigenen, auf die örtlichen Verhältnisse bezogenen Titel ausdenken.) Aus dem Gespräch bzw. der Hilflosigkeit, die wohl entstand, als man die Schülerinnen und Schüler mit dem Organisationsplan alleingelassen hat, könnte sich ein weiteres Gespräch entwickeln, wie es im Arbeitsblatt 2 angestrebt wird. Das Arbeitsblatt gibt Anregungen für das Ge-

spräch, zeigt Richtungen an, in die das Gespräch sich entwickeln könnte, gibt aber auch Hinweise für ein Festhalten in Stichpunkten. Die Arbeit mit diesem Arbeitsblatt wird wohl zu unterbrechen sein, nachdem die einzelnen Ihre Notizen fixiert haben. Dies ist dann auch der Ort, an dem die Entscheidung für eine Gruppe fallen sollte. Im Zusammenhang mit der Gruppenzuordnung wird darauf zu achten sein, daß die Stichpunkte, die zwar gesammelt, aber jetzt u.U. nicht mehr verwertet werden können, an die jeweiligen Gruppen weitergereicht werden, die in Zukunft zuständig sein werden. Der Organisationsplan sieht vier Gruppen vor. Sollten sich weitere Gruppierungen ergeben, so können bei entsprechender Problemlage entsprechende Differenzierungen bzw,. Erweiterungen aufgenommen werden. Der folgende Arbeitsschritt ist so angelegt, daß die Schüler in das Entwickeln einer Problemlösungsstrategie einbezogen werden. Es geht darum, schrittweise zu beschreiben und beschreibend zu analysieren, wobei das Ordnen / Zuordnen eine große Rolle spielt. Da es sich hier um grundlegende Strategien handelt, sollten alle Gruppen angemessen eingebunden werden. Freilich ist damit zu rechnen, daß nicht alle Gruppen das gleiche Abstraktions und Reflexionsniveau erreichen werden.

Zur Arbeit in den Gruppen
Die Arbeitsblätter sind so angelegt, daß die Gruppen eigenständig ihre Aufgaben erledigen können. Im einzelnen sollte beachtet werden:

Gruppe 1 / Arbeitsblatt 3

Es dürfte keine allzu großen Probleme geben bei der Zeichnung der Grundrisse. Vielleicht wird man hier den Mathematik- oder den Zeichenlehrer in die Arbeit einbeziehen. Das am Ende vorgesehene Spiel „Eine Rallye durch's Schulhaus" sollte schon ausführlich vorbereitet werden. Die Aufgaben, die erfüllt werden müssen, könnten ebenso in die künftige Broschüre aufgenommen werden wie die Regeln und Hinweise, die entsprechend formuliert werden müssen.

Gruppe 2 / Arbeitsblatt 4

Hier wird der Lehrer zunächst mit den betroffenen Kollegen ein Gespräch führen müssen, um sie darauf vorzubereiten, daß Schüler und Schülerinnen bzw. eine Schülergruppe an sie herantreten und um Auskunft über konkrete Zielsetzungen des jeweiligen Faches bitten wird. Bei diesem Gespräch wird man behutsam darauf hinweisen, daß es nicht darum geht, Lehrplanzielsetzungen „herunterzubeten", sondern Fragen zu beantworten und grundlegende Absichten zu erläutern. Probleme, die auftauchen können, sind wohl von Fach zu Fach verschieden. Hier sollten die Schüler vielleicht auch eine kleine Umfrage in der eigenen Klasse und in der Parallelklasse veranstalten, um so die Basis ihrer Aussagen etwas zu verbreitern. Innerhalb der Gruppe wird man nach einer Phase des Stoffsammelns Erfahrungen austauschen und

vielleicht auch die Arbeit weiter aufteilen, so daß jeder Schüler zu einem oder zu zwei Fächern einen kleinen Text verfassen kann. Ehe die Schüler sich an das Schreiben dieses Textes machen, sollten sie aber in Stichworten festhalten, was sie schreiben möchten. Über diese Stichwörter wird man vor der Ausformulierung des Textes in der Gruppe beraten.

Gruppe 3 / Arbeitsblatt 5

Die Aufgabe dieser Gruppe ist recht komplex. Es werden zunächst viele Informationen zu beschaffen sein, die auf ganz verschiedenen Wegen gewonnen werden können. Es ist darauf zu achten, daß nicht einfach der Lehrer gefragt wird. Er sollte den Schülern nur Hinweise darauf geben, wie sie an die jeweiligen Informationen kommen könnten. „Übersetzungshilfen" allerdings wird er schon leisten, wenn Erlasse, Verordnungen usw. nicht so recht verstanden werden. Die Gruppe wird in stetem Wechsel von Einzelarbeit und gemeinsamen Überlegen in ihrer Arbeitsweise bestimmt. Es ist nicht zu empfehlen, längerfristige Arbeiten auszugliedern und an einzelne Gruppenmitglieder zu vergeben. (Das gilt zumindest für den ersten Teil des Arbeitsprojektes.) Im zweiten Teil könnte man schon entsprechend den verschiedenen AGs die Arbeit aufteilen. (Hier werden vielleicht auch einzelne Hinweise auf bestimmte Arbeitsgemeinschaften gegeben werden müssen.)

Gruppe 4 / Arbeitsblatt 6

Die Arbeit der Gruppe ist zweigeteilt, wenngleich es sich um einen Problemkomplex handelt. Zunächst geht es um die für die Schüler neue Situation: Alle 45 Minuten wechselt der Lehrer. Arbeitsmethodisch wird das Sich-Erinnern an das Erlebte und auch die Bewertung des Erlebten im Mittelpunkt stehen. Der Text, der entstehen könnte, kann gesehen werden als Mischung von Erinnerung, Erfahrung, Verarbeitung, Nachdenken und auch von Tips, wie man mit einer solchen Situation umgehen könnte. Aus dem Text heraus wird die Problematik entwickelt, die mit den einzelnen Lehrerpersönlichkeiten gegeben ist. Der die Gruppe betreuende Lehrer oder die Lehrerin wird wohl mit drei Aufgabenbereichen zu rechnen haben: Zunächst sollte er oder sie bei der Entstehung des Fragenkatalogs zum Interview beraten, dann sollte er / sie die Kollegen „auf das Gespräch vorbereiten", und schließlich sollte er / sie die Schüler beim Formulieren des Textes bzw. der Texte beratend unterstützen.

Rahmenthema:
Wir machen ein Buch mit Geschichten

Grundsätzliches zum Bereich „Erzählen"

Versucht man, fiktionale Texte von der Situation und der Schreibhaltung her zu bestimmen, so stößt man dabei auf Schwierigkeiten, da es nicht ganz einfach ist, die Situation, in die hinein erzählt wird, als „Kommunikationssituation" im üblichen Sinn zu bestimmen. Die Probleme rühren vor allem daher, daß in dieser Situation kein „Redegegenstand" existiert, sondern daß dieser Redegegenstand erst im Verlauf der Kommunikation entsteht, genauer gesagt: durch den Text, der entsteht, konstituiert wird. Damit wird es auch problematisch, den „Zweck" des entstehenden Textes genauer zu bestimmen. Wollen wir überhaupt von einem „Zweck" eines solchen Textes, etwa einer Erzählung, sprechen, so können wir es zum einen aus dem Produktionsprozeß heraus versuchen (dann könnte z.B. von einer „Befreiung durch Schreiben" gesprochen werden). Aber es besteht auch die Möglichkeit, aus dem Rezeptionsprozeß heraus eine Bestimmung des Zweckes in Angriff zu nehmen. Dann könnte es in einer Erzählung darum gehen, einem Leser bzw. Zuhörer eine Handlung, ein Geschehen, einen Vorgang so vorzuführen, daß er sich in das Geschehen hineinversetzen, es nachvollziehen bzw. miterleben kann. Aber mit dieser Bestimmung des Zwecks bleibt Wesentliches noch ungesagt. Wir müssen sie erweitern um einen ganz wesentlichen Gesichtspunkt: Es geht nicht in erster Linie um eine Information über ein Geschehen, sondern um den Leser, der durch den Text „unterhalten" werden soll im weitesten Sinne. Gelegentlich kann eine Erzählung dann auch in einer Diskussion verwendet werden. Sie kann u.U. etwas erläutern und dokumentieren. Schließlich können erzählende Texte auch eingesetzt werden, um Leser/Hörer zu belehren, um ihnen wichtige Erkenntnisse anschaulich vorzuführen oder um eine Einsicht, einen Grundsatz usw. einem Leser nahezubringen. Generell aber haben wir zu beachten, daß der „Inhalt" einer Erzählung nur durch die Erzählung selbst existiert und damit ganz vom Autor eines Textes abhängig ist. Fraglich bleibt nun aber, ob es überhaupt möglich ist, etwas so Subtiles wie das Erfinden eines Stoffes oder das Erzählen einer Geschichte zu lehren. Schauen wir uns also das Gegenstandsfeld, um das es hier geht, etwas genauer an.

1 Zur Textsyntax (Gliederung der Texte)

Beim mündlichen Erzählen geschieht vieles spontan. Es wird erzählt, wie der Augenblick es eingibt und die Situation es erfordert. Bisweilen wird da wenig gegliedert, da man beim Erzählen mehr von der Unmittelbarkeit der Situation, von den Reaktionen der Zuhörer ausgeht und auf solche Reaktionen selbst wieder unmittelbar erzählerisch reagieren kann. Beim schriftlichen Erzählen nun haben wir es mit einer veränderten Situation zu tun. Nicht nur, daß wesentliche Kanäle, die beim mündlichen

Erzählen zur Verfügung stehen, hier fehlen, so die Intonation, die Sprechgeschwindigkeit, Gestik, Mimik usw., wir haben auch den Zuhörer nicht unmittelbar vor uns, wir können seine Reaktionen nicht überprüfen und müssen also beim Konzipieren unserer Erzählung von einem „idealen Zuhörer" ausgehen, den wir uns vorstellen. Nun lassen sich für das schriftliche Erzählen viele Möglichkeiten des Gliederns entwickeln und erproben. Wir werden es aber immer mit drei oder vier Gestaltungsschwerpunkten zu tun haben, die annähernd in jeder Erzählung eine Rolle spielen. Diese Gestaltungsschwerpunkte sind:

1 Die Ausgangslage:

–Handlungsort und -zeit;
–Geschehensträger;
–wichtige Gegenstände und Umstände werden hier vorgestellt.

2 Der Geschehensablauf (er ist auf ein Erzählziel gerichtet) wird bestimmt:

–durch die Handlungsauslösung, die sich aus der Ausgangslage herausentwickelt;
–durch den Handlungsablauf, der wiederum in einzelne Erzählschritte gegliedert ist (Erzählschritte lassen sich bestimmen vom Ortswechsel her, vom Ab- bzw. Auftreten einer Figur her, vom Unterbrechen des Zeitflusses, von der Veränderung der mitwirkenden Gegenstände her und von der Veränderung bestimmter Umstände z.B.:Wetteränderung her).

3 Das Erzählziel

Als Erzählziel könnte in Frage kommen:

–Das Ende eines bestimmten Zeitabschnitts;
–das Resultat einer Handlung, eines Geschehens;
–der Umschlag bzw. Wendepunkt einer Handlung;
–die Lösung eines Konflikts;
–eine Pointe; – eine Lehre;
–...

4 Die Schlußphase

einer Erzählung kann mit dem Erzählziel zusammenfallen. Es kann aber auch eine Abrundung, eine Lehre, eine Schlußwendung am Ende stehen oder ein Ausblick, oder aber das Geschehen bzw. Erleben selbst klingt aus, zerläuft gewissermaßen in einer allgemeinen, offenen Sentenz („...das ist ein zu weites Feld."). Gelegentlich kann man auch den Schluß bewußt offen lassen.

2 Die Inhalte

Gegenstand des Erzählens ist ein Vorgang, eine Handlung, ein Geschehen. Dieses Geschehen kann frei erfunden, es kann aber auch erlebt sein. Ist es erlebt, so kann man es ausschmücken, erweitern, neu anordnen, man kann dazuerfinden oder weglassen, denn es geht nicht darum, sachgenau zu informieren, sondern spannend zu erzählen und damit zu unterhalten. Dennoch dürfen wir nicht willkürlich mit den Inhalten umgehen. Man kann folgende allgemeine Gesichtspunkte angeben, die gewisse Richtlinien für die Entfaltung der Inhalte einer Erzählung darstellen.

a) Soll der Leser die Handlung bzw. das Geschehen nachvollziehen können, so muß man ihn informieren über die Ausgangslage, d.h.: die wichtigsten „W-Fragen" werden zu beantworten sein. Dabei geht es um die Darstellung der Zeit und des Ortes des Geschehens. Die Beteiligten und deren wichtigste Eigenschaften müssen vorgestellt werden, aber auch die besondere Art und Weise des Geschehens. Natürlich wird man gelegentlich bewußt einige Informationen zurückhalten, um Spannung zu erzeugen. Man wird bei der Einführung einer Figur schrittweise vorgehen können und wichtige Umstände gegebenenfalls vorläufig verschweigen usw.

b) Soll der Leser die Handlung nachvollziehen können, so muß man ihm die Handlungsentwicklung verstehbar vorführen, d.h. es muß gesagt werden, welchen Anteil am Geschehen die einzelnen Beteiligten haben. Ihre Motive müssen offengelegt werden und ebenso die Gründe und Ziele ihres Handelns. Der Ansatz und die Entwicklung des Geschehens müssen nachvollziehbar werden. Dabei ist Folgerichtigkeit angebracht, d.h. die Erzählschritte müssen in einer sinnvollen Abfolge angeordnet sein. Das heißt nicht, daß es nur eine gültige Reihenfolge für die Abfolge der einzelnen Darstellungsteile gebe. Der Geschehensablauf muß in einer sinnvollen Reihenfolge dargestellt werden. Allerdings ist man nicht gezwungen, hier die zeitliche Reihenfolge exakt einzuhalten. Es ist sehr wohl möglich, zu kontrastieren, zu verzögern, vorauszudeuten, zurückzuschauen, gelegentlich auch mal in die Irre zu führen.

3 Erzählerische Mittel: Anschaulichkeit

Wenn es also bei der Erzählung nicht so sehr darum geht zu informieren, sondern zu unterhalten, dann kommt es weniger darauf an, was gesagt wird, sondern vielmehr darauf, wie es dem Leser nahegebracht wird, m.a.W.: Die Darstellungsmittel gewinnen eine besondere Bedeutung. Da der Leser die Handlung nachvollziehen soll, wird es besonders wichtig, ihm einzelne Handlungsteile besonders anschaulich darzustellen. Soll er sich in das Geschehen hineinversetzen können, so ist es weniger günstig, etwas zu benennen, besser ist es da, darzustellen, das heißt also z.B. Gefühlsregungen wie Freude, Ärger, Wut sollte man nicht einfach benennen (er freute sich, er ärgerte sich, er war wütend...), sondern man sollte darstellen, worin sich jeweils die innere Verfassung äußerlich zeigt, und damit dem Leser vor Augen führen, was tatsächlich geschieht: Er wurde rot vor Ärger, er sprang in die Luft vor Freude, er ballte wütend beide Fäuste... Was für die inneren Vorgänge gilt, gilt in ähnlicher Weise auch für äußere Abläufe: Auseinandersetzungen sollte

man direkt „in Szene setzen" (szenisches Erzählen) und sollte sie in direkter Rede wiedergeben. Hier wird man besonderes Augenmerk auf die jeweiligen Einleiteformeln verwenden. Schließlich handelt es sich nach wie vor, auch wenn wir einen Dialog wiedergeben, um eine Erzählung. Und die erzählerische Distanz wird besonders in der Einleiteformel der direkten Rede deutlich. Es lassen sich verschiedene Arten solcher Redeeinleitungen unterscheiden:

– neutral: sagte er, meinte er...;
– die Funktion im Dialog bezeichnend: antwortete er, erwiderte er...;
– die Art und Weise des Sprechens bezeichnend: murmelte er, schrie er, flüsterte er...;
– inhaltlich über Absichten, Stimmungen usw. informierend: „Wie konntest du nur!" entsetzte er sich...
Was für das Sprechen nach außen hin gilt, läßt sich in gleicher Weise für das Denken, Planen und Fühlen sagen: Wir haben im „inneren Monolog" die Möglichkeit, den Leser in eine handelnde Figur hineinhören zu lassen. Natürlich wird man nicht schon im fünften Schuljahr die verschiedenen Stufen der erzählerischen Darstellung solcher innerer Gedankenbewegungen erwarten können, aber die unmittelbare Form des inneren Monologs, die Wiedergabe als „wörtliche Rede", läßt sich ohne größere Probleme einführen, und warum sollten Kinder, die viel lesen, nicht auch diese Formen schon anwenden können? Es bedarf da nur kleiner Hilfen oder Hinweise, um das unbewußt Angewandte bewußt anwenden zu können.

4 Perspektive

Wenn wir erzählen, stehen wir an einem bestimmten Ort, der das „Ich – Jetzt – Hier" markiert, an einem Ort also, von dem aus die gesamte Erzählung ihre „Perspektive" erhält. Erzählen setzt einen Erzähler voraus, der aus einer bestimmten Perspektive erzählt. Die Perspektive sollte man bewußt wählen und dann bedenken, was der Erzähler aus der gewählten Perspektive wissen kann, wie sich ihm die Welt darstellt usw. So kann man in der Er- oder Sie-Form schreiben oder in der Ich-Form. Davon ist schon einmal abhängig, was der Erzählende wissen kann und was nicht. Der Ich-Erzähler, sofern er unmittelbar im Geschehen steht oder von ihm betroffen ist, weiß meist weniger als ein Er-Erzähler. Der Er-Erzähler kann anonym oder im Hintergrund bleiben, er kann aber auch als beteiligte Figur auftreten. Es ergeben sich drei grundlegende Formen des Erzählens:

– Allwissender Erzähler: Oft ganz unbeteiligt, mit grossem Wissen und Überblick; kann kommentieren und vorausschauen.
– Ich-Erzähler: erzählt als ein am Geschehen Beteiligter. Er kann nur so viel wissen wie die handelnde Figur an der jeweiligen Stelle weiß. Er sieht die Dinge mit den Augen und aus dem Blickwinkel der Beteiligten.
– Ich-Erzähler, der im Rückblick als beteiligte Figur erzählt. Er kann jetzt aus seiner Erfahrung sprechen und

kommentieren, kann, da er zurückblickt, auch beurteilen. Er nähert sich mehr und mehr dem allwissenden Erzähler.

Natürlich können diese einzelnen Perspektiven auch gemischt werden. Es sind eine Vielzahl von Mischformen denkbar, die dann aber recht kompliziert sind. Es ist wohl am besten, man konzentriert sich auf eine der genannten Formen und wechselt diese dann nicht ohne Grund.

5 Tempus

Wenn man erzählt, so ist das in der Fiktion Entstehende gedacht als etwas, das schon zurückliegt. „Geschichte" hängt mit „Geschehen" zusammen. Und so ist die Frage nach dem Tempus des Erzählens schnell beantwortet. Am häufigsten verwendet man das Präteritum als die geeignete Zeitform. Beim mündlichen Erzählen allerdings verwendet man meist das Perfekt. Will man beim schriftlichen Erzählen mündliches Erzählen nachahmen, dann ist es sinnvoll, im Perfekt zu erzählen. In beiden Fällen verwendet man das Plusquamperfekt für die Darstellung von Vorgängen, die zum Zeitpunkt des erzählten Geschehens schon vergangen waren. Gelegentlich wird man, um es besonders spannend zu machen, aus dem Präteritum ins Präsens wechseln, um den Eindruck der Unmittelbarkeit noch zu verstärken.

6 Zur Frage der Spannungserzeugung

Spannung und Unterhaltung hängen eng miteinander zusammen. Wer erzählen will, will unterhalten, und er hat die Möglichkeit, über den Weg der Erzeugung von Spannung zu unterhalten. (Das bedeutet allerdings nicht, daß die Erzeugung von Spannung die einzige Möglichkeit wäre zu unterhalten. Der gesamte Bereich des schildernden Darstellens kommt weitgehend ohne Spannung aus.) Das Erzeugen von Spannung ist auf zwei Ebenen möglich: einmal auf der Inhaltsebene, dann aber auch und vor allem auf der formalen, der Gestaltungsebene. Welche dieser beiden Ebenen vorzuziehen ist, ist schwer zu entscheiden. Es ist sehr wohl möglich, einen nichtssagenden Inhalt so spannend darzustellen, daß der Inhalt selbst fast völlig in den Hintergrund tritt. Welche Mittel können u.a. eingesetzt werden?

a) Auf der Inhaltsebene wird Spannung dadurch erzeugt, daß bestimmte Informationen gegeben, andere aber vorenthalten werden. Aus der Diskrepanz von Wissen und Nichtwissen entsteht der Wunsch, alles oder doch zumindest mehr wissen zu wollen. Es entsteht also Spannung in Hinblick auf den weiteren Verlauf und auf die Auflösung.

b) Spannung kann man erzeugen, indem man den Leser an den Reaktionen der handelnden Figur beteiligt.

c) Spannung kann man erzeugen, indem man Fragen stellt.

d) Spannung kann man erzeugen, indem man Wendungen benutzt, die das plötzliche Eintreten von etwas Neuem signalisieren: auf einmal...

e) Spannung kann man erzeugen, indem man mitten im Satz abbricht: ...er nahm Anlauf, sprang ab, und – ich wagte schon nicht mehr hinzusehen – aber da war es schon geschehen...

f) Spannung kann man erzeugen bzw. steigern, indem man unmittelbar vor dem Höhepunkt und der Auflösung nochmals verzögert (Retardierung).

7 „Erzählen" – Erzähler – Leser

Erzählen ist zwar in der Regel Sache eines einzelnen, auch wenn an einem schon vorliegenden Stoff weitergearbeitet, wenn umgestaltet, ausgestaltet, fortgesetzt wird. Aber: Eine Erzählung, die nur dem Papier anvertraut wird, ist im Grunde keine echte Erzählung. Eine Erzählung braucht den Leser/Hörer. So ist der Projektrahmen dann auch zu verstehen: „Wir machen ein Buch mit Geschichten"

Zur Frage der „stofflichen" Entlastung

Gerade das Finden/Erfinden des Handlungskerns könnte einige Schwierigkeiten bereiten. So nutzt das vorliegende Konzept verschiedene stoffliche und formale Möglichkeiten, die zum einen helfen, die zum andern aber noch genügend Raum zur freien Entfaltung lassen. Im ersten Teil (im Projekt 4 „Neue Geschichten von alten Bekannten") wird sowohl die Form (Schwank) als auch die zentrale Figur (Eulenspiegel) vorgegeben. Sogar den Kern der Handlung kann man hier – etwa in Form eines inhaltlich orientierten Titels – vorgeben, und dennoch gibt es noch genügend Möglichkeiten, eigene Ideen zu realisieren. Im zweiten Teil (mit Projekt 5 „Sachen gibt's: Erzählkerne ausgestalten") wird entweder der Stoff in Form eines Erzählkerns angeboten, oder der Erzählprozeß wird in Gang gesetzt (und auch weitgehend schon gesteuert) durch den Anstoß, der vom Erzählanfang ausgeht. Im ersten Fall wird der Schwerpunkt auf einer fantasiereichen Entfaltung und Ausgestaltung, aber auch auf einer wirkungsvollen Gestaltung liegen, im zweiten Fall kommt es mehr auf eine sinnvolle (und auch widerspruchsfreie) Weiterentwicklung an. Der dritte Teil (in Projekt 6 „Erzählen: Fantastisches und Verrücktes") setzt mit dem eben Gesagten ein. Die Vorzüge der Vorgabe eines Erzählanfangs werden zunächst genutzt. Gleichzeitig aber wird noch mehr freigesetzt. Hier gibt es dann nur noch erzählerische Grenzen. Maßgebliches Kriterium ist die Akzeptanz, im übrigen wird die Fantasie angeregt und freigelassen. Allerdings: Die Pflicht, wirkungsvoll zu erzählen und den Leser gewissermaßen „mitzudenken" wird sich – hoffentlich – regulierend auswirken. Der vierte Teil (im Projekt 7 „Von Erlebnissen erzählen") sollte wieder in die reale Erlebniswelt der Kinder zurückführen. Jetzt sollte das Leben den Stoff fürs Erzählen liefern. Aber eben nur den Stoff. Es muß auch hier dem Erzählenden gestattet sein, sich des Stoffs zu bedienen, ihn neu zu ordnen, zu ergänzen, zu modifizieren, wie es das erzählerische Konzept eben im aktuellen Fall erfordert.

Zur Frage der Überprüfung und Korrektur

Wenn nun das Erzählen wesentlich Einzelarbeit ist und wenn andererseits der Rahmen „Freiarbeit" nicht ganz aufgegeben werden soll, so entsteht für viele Lehrer ein entscheidendes Problem: Es geht um die Frage der Überprüfung, der Kontrolle, der Korrektur. Das vorliegende Konzept sieht hier verschiedene Möglichkeiten vor. Zum ersten stellen die Arbeitsblätter Hilfen dar, die einerseits in die „Produktion" der entsprechenden Texte einführen, die also – je nach Sachlage – zur Textanalyse anleiten, Aufbauprobleme behandeln usw., die andererseits dann auch Hilfestellung leisten wollen beim Überarbeiten. Die Arbeitsblätter sollten in allen Bereichen des Erzählens herangezogen werden. Sie geben Hinweise und enthalten auch einige Detailübungen, die einer Erweiterung der „erzählerischen Kompetenz" dienen. Voraussetzung für eine sachgerechte Anwendung dieser Arbeitsblätter (s. „Erzählungen überarbeiten") ist eine gewisse Fähigkeit zur distanzierten Betrachtung des eigenen Produkts. Diese Fähigkeit sollte gepaart sein mit der Bereitschaft, das eigene Produkt durchzusehen und nach möglichen Schwächen zu suchen. Hier wird der Lehrer immer wieder eine beratende Rolle übernehmen müssen, gelegentlich wird er auch einmal helfen oder sogar konkret das eine oder andere vorführen. Er muß aber darauf achten, daß sein Eingreifen als helfende Beratung und nicht als dirigistische Maßnahme verstanden wird. Gerade solche konkreten Exemplifikationen, das Eingehen also auf konkrete Gestaltungsprobleme des einzelnen Schülers, sollten immer wieder die am Ende doch abstrakten Ratschläge der Arbeitsblätter ergänzen. Eine zweite Möglichkeit der Korrektur (oder sollte man doch besser sagen: einer „Rückmeldung"?) könnte als Zwischenform genutzt werden: Die Gruppe (das muß nicht die ganze Klasse sein. Es könnte sich hier um ad hoc sich zusammenfindende Gruppierungen handeln) tritt als Zuhörer auf und äußert sich zum Erzählten. Sie kann natürlich beraten, Fragen stellen, Hinweise geben. Schließlich ist der Projektrahmen „Buch" als Möglichkeit ins Auge zu fassen. Von hier wird man eine wesentliche Motivation beziehen können, wenn es um Überarbeitung und Verbesserung geht. Allerdings: Der Lehrer sollte sich mit Korrekturen weitgehend zurückhalten. Die Texte stehen in der Verantwortung ihrer Verfasser, die Kapitel werden von einzelnen Gruppen redigiert und verantwortet, hinter dem Buch steht die Klasse. Selbst mit Rechtschreibkorrekturen sollte sich der Lehrer zurückhalten, wenngleich er natürlich darauf achten wird, daß mit Hilfe eines Rechtschreibwörterbuches Korrektur gelesen wird.

Zur Arbeit mit den Korrektur-/Überarbeitungsblättern

Die hier vorgesehenen Arbeitsblätter enthalten eine besondere Möglichkeit des korrigierenden Eingreifens und Überarbeitens. Es ist daran gedacht, in vier Phasen jede Erzählung durchzugehen und zu überprüfen bzw. sie korrigierend zu überarbeiten. Dabei muß nicht jeder Schüler und jede Schülerin jede Erzählung in allen Phasen überarbeiten. Allerdings: Wenigstens das erste Arbeitsblatt sollte von allen Schülern berücksichtigt werden. Die Arbeitsblätter selbst lassen wiederum eine Binnendifferenzierung nach Leistungsvermögen zu. Das erste Arbeitsblatt beschäftigt sich mit dem Aufbau und der Verteilung des Erzählstoffes. Dabei sind die Aufgaben, die die Überprüfung leiten sollen, steigernd angeordnet, d.h. die ersten beiden Aufgaben sollten von allen Schülern bearbeitet werden. Schwieriger wird die dritte Aufgabe. Mit der vierten Aufgabe werden einige Schüler und Schülerinnen Probleme haben. Das zweite Arbeitsblatt richtet das Augenmerk auf Erzähltechniken im engeren Sinn. In der ersten Arbeitsphase geht es um szenisches Erzählen und um das Einbringen von Dialogen in den Erzählverlauf. Die zweite Phase faßt die Redeeinleitungen ins Auge. In einem dritten Schritt wird nach der Darstellung von Denken, Planen und Fühlen gefragt. Auch bei diesem Arbeitsblatt ist eine Steigerung erkennbar, das bedeutet: Nicht alle Schüler und Schülerinnen müssen alle Aufgaben erledigen. Im Zusammenhang mit der zweiten Überarbeitung könnte auch das Arbeitsblatt 3 („Erzählungen überarbeiten III") gesehen werden: Der Leser wird noch stärker in die Überlegungen einbezogen. Zwar wird man nicht von allen Schülern die Nutzung aller Möglichkeiten der Spannungserzeugung erwarten können, allerdings sollten sie doch die eine oder andere Möglichkeit bewußt nutzen. Das vierte Arbeitsblatt ist so angelegt, daß erzähltechnische Details in den Vordergrund treten. Es geht um anschauliches Erzählen und um Möglichkeiten, Anschaulichkeit zu erreichen. Eingebunden ist ein ausführlicher Übungsteil. Hier ist darauf zu achten, daß die Schüler, sofern sie dieses Arbeitsblatt bearbeiten, nicht nach Substitutionen suchen (Beispiel: Statt „Marko ist zornig" -> „Marko ist erbost"), sondern versuchen, Handlungen, kleine Geschichten – gegebenenfalls in einem Satz – darzustellen, in denen die jeweilige Gemütsregung zum Ausdruck kommt (Beispiel: „Tina wurde rot vor Wut"). Es hat sich auch als gute Möglichkeit herausgestellt, jeweils leistungshomogene Gruppen zusammenzustellen, die ihre Arbeiten auf der Basis der Arbeitsblätter durchgehen und sich dann in der Gruppe gegenseitig Korrektur-/Verbesserungstips geben.

Methodische Hinweise zur Arbeit am Thema „Wir machen ein Buch mit Geschichten"

Es ist nicht zu empfehlen, das hier vorgesehene Projekt in einem Durchgang „durchzuziehen". Vielmehr erscheint es sinnvoll, das Vorhaben zum Schuljahresbeginn anzukündigen und von der Zielvorstellung her die phasenweise über das gesamte Schuljahr verteilte Arbeit zu motivieren. Es wäre sogar denkbar, die Arbeit über die beiden Schuljahre zu verteilen und das Buch z.B. als „Erinnerung an die Orientierungsstufe" zu konzipieren. Gerade eine solche Arbeit über einen längeren Zeitraum könnte auch für die Schüler und Schülerinnen den Lernfortschritt erkennbar werden lassen. Die einzelnen Phasen könnten durchaus jeweils abgeschlossen werden, indem die entsprechenden Texte -zumindest vorläufig – zusammengestellt werden.

Zum Verhältnis Einzelarbeit – Arbeit in Gruppen

Zwar steht beim Erzählen die individuelle Arbeit im Vordergrund, aber die Arbeit am gemeinsamen Projekt erfordert auch das Zusammenwirken mehrerer Schüler in einer Arbeitsgruppe. Es ist zu empfehlen, für jedes der vier Kapitel eine „Redaktionsgruppe" einzurichten, die schon früh (am besten schon während der Arbeit am ersten Kapitel) mit ihrer Arbeit beginnt. Aufgabe dieser Gruppen ist es vor allem, die Einzelarbeiten zu sammeln und zu sichten. Zwar sollen diese Gruppen nicht unbedingt als „oberste Kunstrichter" fungieren, dennoch aber können sie die angebotenen Texte kritisieren, die Autoren beraten, ihnen Änderungsvorschläge unterbeiten und vor allem redaktionell in die Texte eingreifen. Diese Eingriffe sollten sich aber weitgehend auf eine Korrektur offensichtlicher Fehler im Bereich der Grammatik oder der Rechtschreibung beschränken. Freilich hat die Gruppe auch das Recht, einen Text zur inhaltlichen Überarbeitung zurückzugeben. Der Lehrer wird darauf achten, daß von jedem Schüler wenigstens ein Text in jeder thematischen Gruppe vorhanden ist. Gleichzeitig sollte er verhindern, daß ein oder zwei besonders gute Schüler überrepräsentiert sind. Dabei ist es allerdings sehr wohl möglich, daß einzelne Schüler mit mehreren gelungenen Arbeiten vertreten sind.

Zur Frage des Layouts

Natürlich müssen die Texte nicht getippt sein. Aber angesichts der heutigen technischen Möglichkeiten sollte man es sich doch überlegen, ob man nicht eine Verbindung mit der ITG anstrebt und die Schüler und Schülerinnen dazu anleitet, ihre Texte mittels eines Computersystems zu erfassen und zu formatieren. (Vergl. hierzu: F. Schardt: Informationstechnische Grundbildung – Gymnasium, Heft 1: Deutsch (Textverarbeitung); in: Pädagogisches Zentrum (Hrsg.): Handreichungen zum Lehrplanentwurf; Bad Kreuznach 1993)

Kapitel 4
Projekt: Neue Geschichten von alten Bekannten

Die Arbeit in diesem Teil berührt zwei Aufgabenbereiche des Deutschunterrichts. Zuerst geht es um das Textverstehen im weiteren Sinne, man könnte sogar sagen um erste Schritte im Bereich einer inhaltlich wie formal orientierten Textanalyse. Daran schließen sich dann eigene Gestaltungsversuche im Rahmen der figurativen und strukturellen Vorgaben der erarbeiteten „Muster" an. Entsprechend sind die Arbeitsblätter konzipiert. Mit Hilfe der mehr auf das Lesen und Analysieren ausgerichteten Blätter sollen Grundstrukturen des Texttyps erkannt werden. Vor allem geht es darum, figurentypische Merkmale herauszuarbeiten, aber auch Grundstrukturen des Erzählens zu erfassen, wie etwa bestimmte textsyntaktische Gegebenheiten, so z.B. den Grobaufbau, indem unterschieden wird nach

– Darstellung der Ausgangslage;
– Abfolge der Erzählschritte;
– Erzählziel.

Die Arbeitsweisen werden erlernt, indem bei der Arbeit zum ersten Text jeweils sehr eng geführt wird. Vertieft und erprobt wird das Erlernte, indem weitere Texte desselben Genres herangezogen und mehr selbständig erarbeitet werden. Das bedeutet: Es müssen in der Leseecke Schwanksammlungen, zumindest aber eine Sammlung Eulenspiegelgeschichten (Vorschlag: Herrmann Bote: Till Eulenspiegel. Hrsg. v. Siegfried H. Sichtermann, Ffm 1978; Insel-Tb. 336) oder besser noch einige Schwanksammlungen (Vorschlag u.a.: Erich Kästner erzählt Münchhausen, Gullivers Reisen, Till Eulenspiegel, Die Schildbürger, Don Quichote, Cecilie Dressler Verlag: Hamburg, 1982) bereitgestellt werden. Die eigenen Gestaltungsversuche bauen auf dem anhand der Vorlagen Erarbeiteten auf. Die Themenvorschläge sind so gewählt, daß eindeutige Parallelen entstehen. Auch hier wird beim ersten Versuch recht eng geführt, ehe für weitere Gestaltungsversuche Raum gelassen wird.

Verzahnung mit dem übrigen Unterricht

Es liegt auf der Hand, daß gerade in diesem Arbeitsbereich eine enge Verzahnung mit dem übrigen Unterricht möglich, ja sogar erforderlich ist. So wird es ohne Probleme möglich, aus der Lesebucharbeit heraus in die Freiarbeit überzugehen, d.h. nach der ersten Textbehandlung im Klassenverband weitere Texte einer eigenständigen Bearbeitung zu überlassen. Es wäre z.B. möglich, eine Eulenspiegelgeschichte im Klassenverband genauer zu gliedern, die Funktion einzelner Erzählteile im Rahmen des Erzählganzen zu besprechen und dann die weitere Arbeit freizustellen. Vielleicht wird man noch darauf hinweisen, daß es da eine ganze Sammlung von solchen Geschichten gibt, die bearbeitet werden können, oder daß auch eigene Geschichten geschrieben werden können. (Es sollte also nicht die ganze Klasse direkt an die Arbeit mit den Arbeitsblättern „gehetzt" werden, wohl aber sollte die Möglichkeit einer weiteren Arbeit eröffnet werden.) Ergeben sich dann gehäuft Schwierigkeiten, tauchen bestimmte Fragen mehrfach auf, so wird man ohne Probleme aus der Freiarbeit zu einer Klärung im Klassenverband übergehen.

Kapitel 5
Projekt: Sachen gibt´s!
Erzählen – Erzählkern ausgestalten

Zur Didaktik

Viele Kinder zeigen sich sprachlich eigentlich schon recht gewandt und können gut erzählen. Das zeigt sich besonders dann, wenn sie eine Geschichte, die sie gelesen haben, nacherzählen sollen, wenn sie wiedergeben sollen, was in einem Buch an wichtigem Geschehen vorkommt, kurz: wenn sie etwas nachgestalten sollen, das ihnen im Stoff bereits vorgegeben ist. Sie haben aber immer wieder Probleme, wenn es darum geht, eine Geschichte vollständig selbst zu erfinden (Ähnliche Probleme haben sie übrigens auch, wenn sie etwas selbst erlebt haben, aber zunächst einmal das Erlebte aufarbeiten und sprachlich „in Form" bringen müssen.). Gerade solchen Kindern kann ein Erzählen, wie es hier in Frage kommt, weiterhelfen, geht es doch jetzt darum, vorhandene Fähigkeiten zu entwickeln und auszubauen, aber auch darum, bei vorgegebenen Ansätzen das Erweitern von Stoff, das Ausbauen von Vorhandenem, letztendlich damit dann auch das Erfinden von (neuem) Stoff zu erlernen und zu üben. Die vorgegebenen Erzählkerne liefern das Grundgerüst der Handlung von Geschichten, sie entlasten also ganz erheblich, soweit der Stoffaspekt betroffen ist. Auf's Ganze gesehen aber ist der von ihnen angebotene Stoff doch so dürftig, daß er gewissermaßen von sich aus schon nach Ergänzungen verlangt und genügend Anforderungen an die Phantasie, an die Bereitschaft (vielleicht auch: Freude), dazu zu erfinden und schließlich auch an das erzählerische Können stellt:

– Die einzelnen Handlungsteile bzw. Handlungsschritte sind – wenn überhaupt – nur in Ansätzen vorhanden.
– Die Exposition muß erst einmal erkannt und dann natürlich auch entwickelt werden.
– Die Handlungsschritte/-teile müssen isoliert und ausgebaut / ausgestaltet werden.
– Einzelne Handlungsteile müssen ergänzt bzw. dazu erfunden werden.

Dem Texttyp nach sind die meisten der hier vorgesehenen Erzählkerne aus Zeitungen entnommene Nachrichten, die ganz anderen Aufbau- und Versprachlichungsprinzipien folgen, als dies Erzählungen gemeinhin tun. Wenn wir uns anschicken, nach Erzählkernen zu suchen, sie entweder selbst konstruieren oder aus Zeitungen übernehmen, dann sollten wir uns an folgenden Gesichtspunkten orientieren:

– Der Erzählkern sollte ein „interessantes Geschehen" zum Gegenstand haben.
– Das Geschehen sollte „strukturierbar" sein, d.h.: es muß eine Handlung sein, die darstellbar ist als eine Entwicklung von einer Ausgangssituation über einzelne Schritte zu einem Ziel. Komplexere Verflechtungen könnten von den Kindern wohl kaum verarbeitet bzw. gestalterisch bewältigt werden.
– Die Handlung sollte „ausbaufähig" sein. Das bedeutet nicht, daß Nebenhandlungen als „Sprosse" aufgesetzt werden sollen, vielmehr soll die Handlung so geartet sein, daß einzelne Handlungsschritte, zusätzliche Figuren, weitere Ortswechsel, Retardierungen, Steigerungen, vielleicht auch einzelne Wiederholungen u. dergl. eingebaut werden können.
– Schließlich sollte der Erzählkern einen Stoff bieten, der nicht zu weit von der Vorstellungskraft und Erlebenswelt der Schüler entfernt ist. Das muß nicht immer eine lustige Geschichte sein, aber es sollte doch eine Handlung sein, die eine gewisse Spannungsentwicklung schon vom Stoff her zuläßt, die Identifikationsmöglichkeiten anbietet, kurz: die es dem Schreibenden erlaubt, sich gegebenenfalls mit einzelnen Figuren wenigstens etappenweise zu identifizieren, das Geschehen nach- bzw. mitzuerleben, vielleicht auch: einiges weiterzuerleben. Erzählkerne sollen also die Phantasie des erzählenden Kindes weniger einengen, als vielmehr anregen. So sollte es dann auch erlaubt sein, wenn es die innere Logik einer Geschichte zuläßt, über den vorgegebenen Kern hinaus Neues einzuführen, eigene Wege (etwa der Handlungsentwicklung oder auch der Lösung) zu beschreiten usw. Zwar wird die Phantasie nicht völlig freigelassen, wohl aber wird ihr ein Ansatzpunkt vorgegeben, von dem aus sie sich entfalten kann. Sie soll sich gezielt entfalten, d.h.: von einem gegebenen Punkt aus mögliche Ziele entwerfen und vor allem dann auch Wege suchen, über die diese Ziele erreicht werden können.

Zur Methodik

Die Arbeitsblätter sind so angelegt und aufgebaut, daß zunächst – recht eng geführt – anhand eines Beispiels Grundoperationen des Aufbaus, der Stoffanordnung und der Stoffergänzung erkannt und angewandt werden. Diese Verfahren sollten auch von den weniger guten Schülern und Schülerinnen sicher beherrscht werden. M.a.W.: Zumindest das zweite Beispiel (es gibt schon sehr viel vor) sollte eigenständig bearbeitet werden können. Die weiteren Erzählkernvorgaben sind so gehalten, daß „für jeden etwas" möglich ist.

Zur Frage der Differenzierung

Die Arbeitsblätter sind so angelegt, daß sich der Schwierigkeitsgrad in der Abfolge der Aufgaben bisweilen steigert. Es sollte deshalb beachtet werden, daß nicht alle Aufgaben unbedingt erledigt werden müssen. Wohl aber sollte jeder so weit kommen, daß er die ersten beiden Erzählkerne ausgestaltet. Dabei müssen nicht alle sich anbietenden Perspektiven genutzt werden. Es wird sich vielmehr herausstellen, daß sich gerade hierbei eine „automatische" Differenzierung ergibt. Die Schüler der mittleren Leistungsniveaus neigen in der Regel zu einer mehr auktorialen Erzählhaltung. Ihre Perspektive ist die des mehr „berichtenden" Erzählers. Sie sollten aber auch dazu ermuntert werden, weitere Perspektiven zu erproben. Die besseren Schüler neigen mehr zum personalen Erzählen oder zum Erzählen aus der Ich-Perspektive, wobei sie – oft im Rückgriff auf eigene Leseerfahrungen sich schon recht geschickt zeigen bei der Wahl geeigneter Wirkmittel. Hier sollte es darum gehen, durch Erproben das bewußte Tun zu fördern. Eine weitere Differenzierung ergibt sich aus dem Angebot der einzelnen Erzählkerne, die für die weitere Arbeit vorgesehen sind. Hier sollte der Lehrer lediglich darauf achten, daß sich schwächere Schüler nicht übernehmen und an recht schwierige Vorhaben wagen. Gute Schüler sollten ermuntert werden, Risiken einzugehen. Ihnen kann man auch gelegentlich den einen oder anderen Tip geben.

Zur Didaktik

1 Zum Begriff

Versucht man, den Begriff „Fantasieerzählung" definitorisch etwas genauer zu erfassen, so kann man recht schnell in Schwierigkeiten geraten. Auch die Lehrpläne geben da recht verschiedene und u.U. sogar gegensätzliche Merkmale für die entsprechenden Texte an. Das Spektrum kann reichen von der reinen Fantasterei an der Grenze zum Unsinnstext bis hin zur Realutopie, die eigentlich nur deshalb noch nicht Wirklichkeit geworden ist, weil bisher noch keiner auf die Idee kam, etwas dergleichen zu erproben und so zu verwirklichen. Wir wollen vorläufig unter der Fantasieerzählung einen fiktionalen Text verstehen,

–dessen Handlung frei erfunden ist;
–dessen Handlung nach eigenen Gesetzen unabhängig
  von der „Realität" abläuft;
–der dennoch in gewisser Weise glaubwürdig erscheint.

2 Ziele

Schon von diesen Grundgegebenheiten her können wir erste Zielvorstellungen entwickeln, die zumindest die beiden Bereiche „Verhältnis zur Wirklichkeit" und „Beherrschung von Erzähltechniken" betreffen. Gerade wenn wir die Entwicklung des Stoffes völlig von der Fantasie des erzählenden Kindes abhängig machen, können wir Grundstrukturen und -techniken des Erzählens besonders einleuchtend darstellen, erarbeiten und einüben. So wird es jetzt möglich, unabhängig von irgendeiner Rückbindung an Wirklichkeit den Spannungsaufbau eben nach eigenen Gesetzen zu erarbeiten und Handlungselemente diesem Spannungsaufbau unterzuordnen, ohne daß gefragt werden muß: „Ist das in der Wirklichkeit tatsächlich so abgelaufen?" Weiterhin wird es jetzt möglich, Konsequenzen einer bestimmten Erzählperspektive erfahrbar zu machen. Es wird nun möglich, aus allen möglichen Perspektiven ein Geschehen zu verfolgen, denn man ist nicht mehr gebunden an die Frage „Ist es überhaupt denkbar / möglich / wahrscheinlich, daß dieser oder jener Aspekt als „Erlebenszentrum" die Perspektive bestimmen kann?" Vielmehr erlaubt es nun die Grundgegebenheit der Verschiebung gegenüber der Realität, jede Perspektive, jeden Ort und jede Zeit als den Ich-Jetzt-Hier-Standort zu bestimmen, von dem aus wahrgenommen und erzählt wird.

3 Textartspezifische Probleme

Mit den Zielvorstellungen verbinden sich natürlich ganz bestimmte Probleme, wie sie die jetzt ins Auge gefaßte Textart mit sich bringt. Zwar soll die Handlung der Fantasieerzählung frei erfunden sein, allerdings muß sie doch im Rahmen der gesetzten Vorgaben als möglich erscheinen, das bedeutet: Die „Spielregeln", die für die Handlung gelten, müssen eingeführt, einsichtig dargestellt und anschließend auch eingehalten werden. Wenn auch der Hintergrund des Geschehens „magisch" oder „märchenhaft-fantastisch" ist, so muß doch das Geschehen selbst in gewisser Weise „realistisch" dargestellt werden, d.h. die einzelnen Handlungsteile müssen im Rahmen der Vorgaben wahrscheinlich erscheinen. Die einmal gesetzten Regeln dürfen nicht, weil sich das zufällig so ergibt, überschritten, außer Kraft gesetzt werden. In diesem Zusammenhang spielt die Perspektive und deren glaubwürdige Darstellung und Einhaltung eine große, wenn nicht die entscheidende Rolle. Vor allem wird es notwendig sein, zunächst einmal die Perspektive glaubwürdig anzulegen. Das wird am ehesten dadurch erreicht, daß die Konsequenzen, die sich aus der jeweiligen Perspektive ergeben, wohldurchdacht und strikt beachtet werden. Schließlich muß die Perspektive auch durchgehalten werden. Der Lehrer / die Lehrerin sollte vor allem darauf achten, daß eben nicht die auktoriale Erzählhaltung des allwissenden Er-Erzählers angewandt wird, sondern daß ein Ich, welches sich in die angenommene Situation hineinversetzt, vom eigenen „Erleben" erzählt.

Weitere Probleme, die regelmäßig auftauchen:
–Orientierung an gespeicherten Lese- und Fernsehstoffen (Fantasy-Literatur u.dergl.); Gegemaßnahmen: Wir integrieren die Lesestoffe und entwerfen Parallelgeschichten und Erweiterungen. Beispiel: „Gigi in MOMO erzählt." Auch ein Verändern der Perspektive bietet sich an. Beispiel: „Der 'graue Herr' in MOMO erzählt von seiner ersten Begegnung mit Momo." Auch die eigene Person kann in die Handlung eingesetzt werden. Beispiel: „Ich kam der Biene Maja in einer brenzligen Situation zu Hilfe." Man kann auch Parallel- bzw. Gegengeschichten ins Auge fassen. Beispiel: „Pipi Langstrumpf in unserer Klasse."
–Reine Übernahme von Märchenmotiven, ohne daß sie in den Handlungsverlauf integriert werden; Gegenmaßnahmen:
a) Genauere Untersuchung des Handlungsablaufs und der Handlungsmotivation. Dabei sollte an den entscheidenden Stellen überlegt werden: Läßt sich der neue Handlungsschritt aus dem bisherigen Ablauf bzw. vom Handlungsziel her begründen? Ist dies nicht der Fall, so könnte man fragen: Was muß noch in die Geschichte eingebaut werden, damit der neue Handlungsschritt auch ohne das Märchenmotiv sinnvoll und glaubwürdig erscheint?
b) Man erläutert den „Spielregel-Charakter" der Prämissen. Aus den in der Einleitung vermittelten Informationen, den Handlungsvoraussetzungen, dem Figureninventar und vor allem aus der gewählten Perspektive ergibt sich einRahmen, der für den Ablauf der Handlung bstimmte Festlegungen enthält, die nicht ohne weiteres mißachtet werden dürfen.

– Die Schüler zählen kleine Einzelhandlungen auf, ohne sie einem besonderen Höhepunkt zuzuordnen. Mit dieser Schwierigkeit haben wir in aller Regel auch bei den übrigen Formen des Erzählens zu tun. In der Fantasieerzählung aber taucht sie besonders häufig auf, da eben die Kinder zunächst einmal ihrer Fantasie freien Lauf lassen und so zu einer Vielzahl von Einfällen kommen, die nun noch recht unstrukturiert aneinandergereiht werden. Hier gilt es, helfend einzugreifen und auf Grundstrukturen des Erzählens (genauer: die Aufbaustrukturen) hinzuweisen. Das entsprechende Arbeitsblatt ist so angelegt, daß zunächst die vorhandenen Einzelhandlungen gesammelt und gesichtet werden, ehe eine Entscheidung für eine zentrale Handlung fällt. Gerade dieses Blatt wird wohl nicht von allen Schülern zu bearbeiten sein. Manche werden schnell darüber hinweggehen, andere werden nicht so recht verstehen, was eigentlich gemeint ist. Hier wird der Lehrer entweder helfend und erläuternd eingreifen müssen, oder aber er läßt das Blatt einfach überschlagen.

– Ursachen und Gründe, Handlungsmotive werden nicht genügend ausgeführt. Die Vorgaben werden zu spät bzw. überhaupt nicht eingeführt und nur noch ad hoc benutzt (der „deus ex machina" wird überstrapaziert). Auch hier liegen die Ursachen auf der Hand: Die Kinder glauben zunächst, Fantasieerzählung bedeute Willkür. Es fällt ihnen schwer, sich an einen Rahmen zu halten, auch wenn dieser Rahmen von ihnen selbst gesetzt wurde. Die Probleme der Handlungsmotivation sind noch nicht behandelt, und entsprechend werden die Gegenmaßnahmen zu organisieren sein:

a) Man gibt Erzählanfänge vor, die schon einen Teil der Handlungsmotivation erkennen lassen. Wird ohne solche Vorgaben gearbeitet, so wird man sich darum bemühen, gerade die Funktion der Einleitung, die den Rahmen für das ganze Geschehen festlegt, intensiver zu erörtern.

b) Man wird immer wieder Überlegungen anstellen: Welche Konsequenzen ergeben sich aus den Festlegungen? Und umgekehrt: Wenn ich bestimmte Handlungen haben möchte, muß ich sie in irgendeiner Art und Weise vorher motivieren und begründen. Hinweis: Auch hier sollte man den Kindern einen gewissen „Spielraum" lassen, zumindest bei den ersten Versuchen. Ein letzter Hinweis zu all den genannten Schwierigkeiten und Problemen sei gestattet: Man sollte die Übernahmen ebenso wie die Rückgriffe auf Märchenmotive oder die Strapazierung des „deus ex machina" nicht überbewerten. Entscheidend sollte immer sein: Gefällt die Geschichte? Unterhält sie? Unter diesen Gesichtspunkten nur sollten wir verbessernd in die Texte der Kinder eingreifen.

Exkurs: Fortsetzung einer Erzählung

Vorbemerkungen zur Didaktik:

Wenn wir die Kinder, die wir unterrichten, fragen, was ihnen beim Erzählen die meisten Schwierigkeiten macht, so werden uns in aller Regel zwei Antworten angeboten: Entweder sagen sie: Es fällt so furchtbar schwer, den Anfang zu finden. Oder aber sie sagen: Ich komm und komm nicht zum Schluß, wenn ich einmal angefangen habe. Das größere Problem ist wohl darin zu sehen, einen richtigen Anfang zu finden. Wenn erst einmal ein richtiger Anfang gefunden ist, läuft es bei den meisten Kindern schon von selbst einigermaßen weiter. Genau an dieser Stelle setzt „Fortsetzung einer Erzählung" ein. Es wird beseitigt, was den Schülern die größten Probleme macht. Gleichzeitig wird Konzentration auf wichtige Erzähltechniken ermöglicht. Wenn wir eine Geschichte angemessen weitererzählen wollen, dann müssen wir zunächst einmal in Erfahrung bringen, was der Erzählanfang alles bringt:

– Welche Aussagen macht er über Handlungsort und Figuren, deren Merkmale und Motive?
– In Ansätzen wird man sich wohl auch um das kümmern müssen, was man gemeinhin unter „Erzählstil" versteht, das heißt also um Satzbau, Wortwahl, um die Sprachebene und ähnliches, wie es im vorgegebenen Erzählanfang zu beobachten sein wird.
– Man wird sowohl danach fragen müssen, wie ein Erzähler erzählt, als auch danach, welcher Sprache etwa sich die handelnden Figuren bedienen. (Schließlich soll ja bei der Weiterführung der Geschichte kein Bruch eintreten.)

Wir werden auch mit einigen Schwierigkeiten zu rechnen haben: Die Schüler neigen dazu, einige Erzählteile sehr ausführlich darzustellen, andere wiederum extrem zu kürzen. Hier wird man am konkreten Fall immer wieder die Frage der Proportionen der einzelnen Abschnitte zu diskutieren haben. Nicht selten finden sich unmotivierte Brüche in der Entwicklung einer Figur bzw. in ihren Verhaltensweisen. Gerade hier werden wir dann auf die Lesebucharbeit zurückverwiesen, wo eben die Untersuchung der Handlungs- und Figurenentwicklung Gegenstand unserer Arbeit ist. Wir sollten allerdings auftretende stilistische Brüche in den Arbeiten der Schüler nicht überbewerten. Gerade dann, wenn wir extrem profilierte Erzählstile vorgeben, wird eine Fortsetzung bei Beibehaltung des jeweiligen Stils für die Kinder nicht immer ganz einfach sein.

Auf ein besonderes Problem sei hier noch hingewiesen: Die Schüler befürchten meist, nicht den „richtigen Schluß" zu finden. Hier muß ihnen deutlich gemacht werden, daß es bei fiktionalen Texten – und dazu gehören nun einmal auch die Texte der Schüler! – nicht darum gehen kann, den „richtigen Schluß" schlechthin zu finden, sondern einen Schluß, der angesichts einer gegebenen Lage sinnvoll erscheint. Der Schluß darf nicht im Gegensatz stehen zu Figurenmerkmalen und zur bisherigen Handlungsentwicklung – das ist alles. Es ist deshalb etwas problematisch, Lesebuchgeschichten zum Teil vorzugeben und dann am Ende den „richtigen Schluß" mitzuteilen. Besser ist es da, man erfindet selbst einen Anfang und überläßt den Schülern die weitere Entwicklung:

Dann gibt es eben vorläufig noch keinen endgültigen Schluß. Solche Erzählanfänge dürfen allerdings nicht einfach nur „Anstöße" sein. Sie müssen schon genügend Profil erkennen lassen, so daß auch eine angemessene Fortsetzung möglich wird. Sie müssen also:

– das Figurenprofil weitgehend genug ausgearbeitet haben;
– die wesentlichen Umstände vorgestellt haben;
– die Handlung muß schon so weit fortgeschritten sein, daß eine „Linie" erkennbar wird. (Das bedeutet nun freilich nicht, daß der Schüler exakt diese Linie „gradlinig" weiter zu verfolgen hat. Es ist sehr wohl möglich, der Handlung eine neue, überraschende Wendung zu geben, die allerdings motiviert werden muß.)

Im vorliegenden Konzept geben wir Erzählanfänge vor im Bereich der „Fantasieerzählung". Wir versuchen so, einmal die Vorteile der Vorgabe zu nutzen, zum anderen soll eine gewisse Erleichterung hinsichtlich der Probleme mit der Entfaltung eines „fantastischen Geschehens" aufgefangen werden.

Zur Methodik
Es bietet sich hier wiederum die Gelegenheit, den übrigen Unterricht, besonders die Arbeit der Schreiberziehung, mit der Freiarbeit zu verzahnen. So könnte man z.B. einsteigen über die Behandlung einer fantastischen Erzählung aus dem Lese- oder Sprachbuch, könnte dort den Aufbau und die Erzählperspektive untersuchen und zunächst eine Parallelgeschichte erzählen lassen. Anschliessend wird man einen Erzählanfang geben, der

– einen Übergang aus der realen in die fantastische Welt ermöglicht;
– eine besondere Perspektive erfordert;
– eine zentrale Handlung ansteuert.

Aus der Besprechung der Schülerarbeiten heraus könnten sich weitere Themen, Versuche, auch alternative Gestaltungen entwicklen, welche dann einen gewissermaßen „gleitenden Übergang" in die Freiarbeit gestatten. Die entstandenen Arbeiten sollten in Gruppen vorgelesen und besprochen werden. Aus der Arbeit solcher „Zuhörergruppen" könnte dann bei Bedarf wieder in den Unterricht im Klassenverband zurückgekehrt werden, um Probleme zu besprechen, die alle betreffen. Die Arbeitsblätter bieten einen Kurzlehrgang an, der davon ausgeht, daß bestimmte Grundgrößen des Aufbaus einer Erzählung (Ausgangslage, Handlungsentwicklung, Höhepunkt...) schon bekannt sind. Die Blätter sind z.T. kurzschrittig konzipiert, wo es darum geht, erste eigene Erfahrungen mit dem Entwickeln einer „fantastischen Welt" zu sammeln. Dann aber wird etwas mehr Freiheit gelassen, wo das Erarbeitete kritisch untersucht und überarbeitet werden soll. In diesem Bereich wird sich dann auch eine Differenzierung ergeben.

Kapitel 7
Projekt: Von Erlebnissen erzählen

Zur Didaktik
Wir sollten uns klar machen, daß entsprechend der sozialen und kulturellen Herkunft der Schüler die „schulaufsatzrelevanten" Erlebnisse verschieden – wenn überhaupt vorhanden! – sind. Wir müssen uns darüber hinaus stets bewußt sein, daß kindliche Erlebnisse anders ablaufen, als wir sie in unserem literarischen Erwartungshorizont fordern. Ein Beispiel mag das verdeutlichen: In aller Regel beginnt das Erlebnis eines Kindes gleich mit dem Höhepunkt und ebbt dann langsam ab, bis das Interesse völlig verschwunden ist. (Das wird besonders deutlich, wenn Kleinkinder aufgeregt erzählen, was sie gerade Wildes erlebt haben.) Wir aber geben eine bestimmte Form vor, in der der Höhepunkt im letzten Drittel der Erzählung auftaucht. Was bleibt dem Kind da anderes übrig, als mit Gewalt ein Erlebnis nachzustellen bzw. nachzuempfinden? So setzt es sich dann automatisch der Kritik aus, hier gehe es in seinem Erzählen an der Wirklichkeit vorbei. Wir könnten nun versuchen, die hier angesprochene Problematik in den Griff zu bekommen, indem wir unsere Themenstellungen auf „kleine Erlebnisse des Alltags" beschränken (Beispiele: Beinahe wäre ich erwischt worden. Oder: Wie ich mit einer schwierigen Situation fertig geworden bin). Ein Grundproblem bleibt allerdings bestehen: Bei Kindern aus sogenannten „bildungsfernen Schichten" ist nicht anzunehmen, daß sie in der von uns in der Schule erwarteten „Sprache" erleben. Sie müssen also immer noch in der Zwangssituation „Aufsatzschreiben" ihre Erlebnisse -falls überhaupt vorhanden – in eine vermutlich inadäquate Sprache umsetzen. Oder aber sie werden versuchen, möglichst schnell in der geforderten Sprache etwas „nachzuerleben". Daß sie dabei auf Sprach- und auch Handlungsmuster zurückgreifen, die ihnen aus den Medien geläufig sind, darf uns dann nicht verwundern. Kinder mit besseren Startchancen haben diese Schwierigkeiten nicht. Auf sie kommt allerdings die andere Schwierigkeit zu: Sie müssen mit ihrer Eloquenz fertig werden. Sie werden nicht selten dazu verleitet, verbal etwas nach- oder neu zu erleben (nach gewünschten oder aktuellen Mustern). Nun ist dagegen prinzipiell nichts einzuwenden, wenn da nicht die „Wahrheitskategorie" wäre, die immer bei der Beurteilung von Erlebnisaufsätzen mitspielt. Ein zentrales Problem der hier zu diskutierenden Aufsatzart wurde bisher noch nicht angesprochen bzw. tauchte nur immanent auf: Was ist überhaupt unter dem „Erlebnisaufsatz" zu verstehen, der in annähernd allen Lehrplänen fröhliche Urständ feiert? Sofern „Erlebniserzählung" gemeint ist, beinhaltet bereits der Begriff einen unlösbaren Widerspruch: „Erlebnis" verweist eindeutig auf eine direkt referentielle Darstellungsform, insofern das mitzuteilende Geschehen, eben das „Erlebnis", etwas ist, das in der Wirklichkeit abgelaufen ist und so die Form der Mitteilung bestimmen müßte. Das heißt also: Das, worum es im Text geht,

liegt außerhalb des Textes, ist als Ablauf in der Wirklichkeit vorhanden gewesen auch ohne den Text. Nun aber verweist der zweite Begriffsteil („-erzählung") deutlich in der Bereich fiktionaler Texte, d.h.: die sprachlichen Zeichen, der Erzählvorgang selbst bzw. die sich in ihm konstituierende Wirklichkeit / Möglichkeit steht im Mittelpunkt des Textes. Der Ablauf der Erzählung existiert nur durch die Erzählung, ohne die Erzählung gibt und gab es ihn nicht. Man mag das auf den ersten Blick als Haarspalterei empfinden, aber genau besehen macht es das Grundproblem besonders deutlich: auf der einen Seite eine Darstellungsform mit all ihren Implikationen – zentral ist dabei: der Redegegenstand wird erst durch den Text konstituiert! – , auf der anderen Seite ein schon in der Wirklichkeit vorhandener Ablauf. Legen wir nun den Schwerpunkt auf „Erzählung" und betrachten eine erlebte Wirklichkeit als „Steinbruch" aus dem einzelne Teile in die Erzählung als Anregung aufgenommen werden, dann – aber nur dann! – ist gegen die Form „Erlebniserzählung" wenig einzuwenden. Einige der oben vorgebrachten Argumente müssen wir allerdings immer noch beachten. Sie sind noch nicht entkräftet. Wir könnten so z.B. dafür sorgen, daß alle Kinder in etwa gleiche Startchancen haben, indem wir Stichpunkte liefern, die ein mögliches Erlebnis in Erinnerung rufen können. Auf keinen Fall aber darf dann das erzählte Geschehen in der Wirklichkeit überprüft werden. M.a.W.: Wir müssen den Kindern den Weg gestatten zwischen Wirklichkeit und Erlebtem einerseits und erfundenem Geschehen andererseits. (Die Kinder befinden sich da doch wohl in guter Gesellschaft: Da gab es schon mal einen, der zwischen „Dichtung und Wahrheit" seinen Lebensbericht suchte!). Mit anderen Worten: Wir sollten dem Schüler gestatten, im Sinne einer „poetischen Wahrheit" von der Wirklichkeit abzuweichen, d.h. wir sollten das Erzählen sehen als das, was es sein will und soll: als eine fiktionale Form. Eine Erzählung, und auch eine Erlebniserzählung, will zunächst unterhalten. Sie ist kein Zeugenbericht. Das bedeutet: Man muß sich nicht streng an das in der Wirklichkeit Abgelaufene halten. Allerdings: Das erzählte Geschehen sollte dem Anspruch nach Wahrscheinlichkeit gerecht werden. Wenn der schriftlich vorzulegende Erlebnisaufsatz als Erlebniserzählung nun einmal doch sein muß und einige Lehrplanmacher immer noch (oder wieder) glauben, es gehe nun einfach nicht ohne diesen Texttyp, dann sollten wir doch vielleicht einmal beim Altmeister Goethe kurz in die Lehre gehen und schauen, wie er das macht. Bezeichnenderweise schreibt er über all seine Erlebnisse „Dichtung und Wahrheit". Wir brauchen uns nicht den Kopf zu zerbrechen über die philosophischen Hintergründe und Zusammenhänge, über das, was Goethe ontologisch mit diesem Titel meinte, oder ähnliches. Es genügt, wenn wir uns vor Augen halten: Es gibt auf der einen Seite eine Wirklichkeit, die in irgendeiner Form wie auch immer abläuft, die sich im Ablauf vielleicht sogar festhalten, in Sprache fassen, beschreiben läßt. Es gibt aber auf der anderen Seite das diese Wirklichkeit erlebende Subjekt. Und bereits hier wird es äußerst problematisch, wenn wir so etwas wie eine „objektive" Darstellung erwarten. Fordern wir darüber hinaus gar eine unterhaltsame Erzählung, dann sollten wir einen zweiten Filter einkalkulieren, der bewußt auf den Anspruch „historische Wahrheit" verzichtet zugunsten eines jetzt übergeordneten Anspruchs: der „poetischen Wahrheit".

Wir können also festhalten: Es gibt einerseits ein Erlebnis in der Wirklichkeit. Dieses Erlebnis aber wird gewissermaßen nur als „Stoff", als „Kern", genutzt. Der Stoff wird zweckmäßig geordnet, gegebenenfalls im Interesse einer Erzählintention gefiltert und neu angeordnet. Dabei ist zu beachten, daß Ergänzungen möglich sind. Für diese allerdings gilt die Maßgabe: Sie müssen im Rahmen des Erzählkerns wahrscheinlich bleiben. Die zusätzlichen Erzählteile müssen also so geschehen sein können (das heißt nicht, daß sie so geschehen sein müssen!). Vor allem aber werden sich Abweichungen im Bereich Anordnung der einzelnen Geschehensteile ergeben. Der Geschehensablauf sollte allerdings zeitlich geordnet und in sich schlüssig dargestellt werden. Doch wird man die einzelnen Teile so anordnen, daß z.B. eine Steigerung bis hin zum Höhepunkt spürbar wird.

Zur Methodik
Gerade das Erzählen von Erlebnissen gibt dem Lehrer immer wieder Gelegenheit, Anknüpfungspunkte im Normalunterricht herauszuarbeiten, an denen im Rahmen der Freiarbeit die Arbeit wieder – und dann differenziert entsprechend den Neigungen und Fähigkeiten – aufgenommen werden kann.

Hierzu ist es nicht erforderlich, den Normalunterricht immer wieder zu unterbrechen. Es genügt in der Regel ein Hinweis auf die Möglichkeiten, die sich in der Freiarbeit eröffnen. Das hat sich vor allem dann bewährt, wenn einfach nicht genügend Zeit da ist, alle Schüler von ihren Erlebnissen erzählen zu lassen. Es muß dann allerdings gewährleistet sein, daß das schriftlich Erzählte nicht nur dem Papier anvertraut bleibt. Hier wird sich die „Pinnwand" als Forum recht gut eignen, abgesehen natürlich vom Gesamtvorhaben: Wir schreiben ein Buch... Wenn es beim Erzählen von Erlebnissen tatsächlich darum geht, das Erlebte als Stoff zu betrachten, der dann nach erzählerischen Gesichtspunkten aufbereitet, gegliedert, verarbeitet werden soll, dann empfiehlt es sich, zunächst das „Ausgestalten eines Erzählkerns" ins Auge zu fassen und dann erst zum Erzählen von Erlebnissen überzugehen. Gleichzeitig wird dann auch die Teilstruktur des Erzählprozesses erkennbar: Zunächst einmal sollte das Erlebnis sprachlich gefaßt und als „Stoffkern" formuliert werden. Dieser Kern wird in einzelne Handlungsteile zerlegt, die wiederum nach schon angedeuteten Prinzipien u.U. neu geordnet werden. Man wird eine geeignete Perspektive wählen (in der Regel die Ich-Perspektive). Dabei ist es möglich, aus der Distanz dessen zu erzählen, der zwar alles vor einiger Zeit erlebt hat, der aber im Augenblick des Erzählens bereits weiß, wie die Geschichte ausgeht, und von diesem Wissen her das eine oder andere kommentieren oder auch vorausdeuten kann. Es ist aber auch möglich, mitten aus dem Erleben heraus mit dem beschränkten Horizont des gerade Erlebenden zu erzählen und so den Leser noch näher an das Geschehen heranzuführen. Das erlebende Ich erscheint in jedem Fall besonders glaubwürdig. Die Perspektive gibt dem Erzähler die Gelegenheit, besonders genau Handlungsmotive, innere Vorgänge und Stimmungen darzustellen.

Zur Differenzierung

Ein Blick in die Arbeitsblätter macht deutlich, daß hier mehrere Wege zur Differenzierung beschritten werden können. Die schwächeren Schülerinnen und Schüler wird man von ihren Erlebnissen mit einem Tier erzählen lassen. Hierbei werden wohl schwache Schüler sich dem vorgegebenen Erzählanfang zuwenden. Aber auch sie sollten ihre Erzählungen dann wenigstens einmal überarbeiten mithilfe der Hinweise auf dem Arbeitsblatt. Das erste Arbeitsblatt versucht, über mehrere Wege einzusteigen. Von guten Schülern werden möglicherweise die ersten Aufgaben einfach übergangen oder im „Schnelldurchgang" erledigt. (Der Lehrer wird sie dazu noch ermutigen, denn das kurzschrittige Verfahren ist eigentlich mehr für Schüler der „mittleren Lage" gedacht.) Sie sollen hier lernen, sich zu erinnern, mit Erinnerungen umzugehen, das vergangene Erlebnis nochmals zu durchdenken und es so bewußter in die eigene Erfahrung zu übernehmen. Im Gestaltungsbereich ist an schrittweises Vorgehen gedacht. Über das Sammeln von Stichpunkten führt der Weg weiter zum Ausgestalten und schließlich zu einzelnen stilistischen Aspekten. Gute Schüler wird man auffordern müssen, sich auch diesen „stilistischen Feinheiten" mit einiger Intensität zu widmen. Möglicherweise müssen die Schülerinnen und Schüler daran erinnert werden, daß Arbeitsblätter zur Ausgestaltung eines Erzählkerns bereits vorliegen und daß das dort Erkannte natürlich auch jetzt gilt, insofern hier erzählt und unter Umständen auch ausgestaltet wird.

Kapitel 8
Namen: Woher sie kommen – was sie bedeuten

Zur Sache und zur Methode

„Namenkunde" stellt auf den ersten Blick einen nicht besonders attraktiven Unterrichtsgegenstand dar. Allerdings stößt man bei Schülern immer wieder auf großes Interesse, wenn es um die eigentliche „Bedeutung" ihrer Namen geht. Dabei sind Vor- und Familiennamen gleichermaßen interessant. Wir sollten dieses immer wieder beobachtbare Interesse nutzen und einige Probleme klären, die sich im angesprochenen Feld stellen. Darüber hinaus freilich lassen sich ohne allzu viel Mühe auch weiterreichende Arbeitstechniken – etwa das Nachschlagen im Wörterbuch, die Nutzung eines Fachlexikons usw. – einüben. Auch sprachgeschichtliche Überlegungen dürfen einge-

schaltet werden und stoßen bei den Schülern erfahrungsgemäß auf ein reges Interesse, wenn – nicht daraus gleich wieder „Unterrichtsstoff" wird.

1 Zur „Sache Namen":

Wenn es um Personennamen geht, sollten wir unterscheiden zwischen Familiennamen und Vornamen. Von ihrer Funktion her sind beide Namen annähernd gleich. Sie dienen der Identifizierung einer Person. Familiennamen wurden notwendig, als Vornamen zur Identifizierung nicht mehr ausreichten bzw. als gesellschaftliche Organisationsformen entstanden, die größere Gruppen umfaßten und angesichts der beschränkten Zahl von Vornamen nicht genügend Identifizierungsmöglichkeiten verfügbar waren. In Deutschland können wir seit ca. 1250 mit einer regelmäßigen Verbreitung von Familiennamen rechnen. Ihrer Bedeutung nach lassen sich verschiedene Gruppen von Familiennamen unterscheiden:

a) Benennung nach Beruf des zu Bezeichnenden (Beispiel: Müller, Bäcker....):
Hier ist zu bedenken, daß viele Berufe gewissermassen „in der Familie" bleiben, es also recht einfach war, eine Namenstradition auszubilden. So ist dann auch zu beachten, daß verwandtschaftliche Beziehungen nicht einmal zwischen Trägern des gleichen Namens im selben Ort bestanden haben mußten.

b) Benennung nach Herkunft: Gerade der „Neuzugezogene" wurde (und wird in dörflichen Lebensräumen noch heute) nach seinem Herkunftsort benannt. (Dies ist besonders auffällig dann, wenn der Betroffene noch besonders deutliche Kennzeichen (sprachlicher Art z.B., aber auch Kleidung...) seiner Herkunft erkennen läßt.

c) Vom Namen des Vaters abgeleitet (Patronymikum): Was in Island noch heute die Namengebung bestimmt (der Vorname des Vaters wird zum Nach-Namen des Sohnes – Reynir Viljalmsson = Sohn des V...), kann auch als Entstehungszusammenhang für viele Familiennamen im deutschen Sprachbereich angenommen werden (Jensen...).

d) Benennung nach charakteristischen Merkmalen, Eigenschaften: Bei der Benennung / Identifizierung seiner Mitbürger ist der Mensch gelegentlich recht grausam. Gerade Gebrechen eignen sich recht gut als identifizierende Merkmale. (Schardt = mit einer „Scharte"; das konnte eine Hasenscharte oder auch eine andere „Verunstaltung" etwa des Gesichts sein.)

Die Vornamen sind nach ihrer Entstehung noch vielfältiger zusammengesetzt. Wir können uns beschränken auf Fragen nach ursprünglicher Herkunft und ursprünglicher Bedeutung. Im wesentlichen haben wir es mit Namen aus der biblisch-christlichen Tradition und aus der germanisch-nordischen Tradition zu tun. Je nach „Modetrend" treten gewisse weitere Herkunftsbereiche hinzu (östliche Länder; romanische Namen...). Hinsichtlich der „Bedeutung" eines (Vor-)Namens sollten wir unterscheiden zwischen der (ursprünglichen) sprachlichen Bedeutung (die wir über ein Namenslexikon ermitteln können) und der von den Namensgebern „beabsichtigten" Bedeutung (die nur über Nachfrage zu erfahren ist). Die Namengeber können sich am reinen „Klang" eines Namens orientiert haben. Aber auch ein früherer (oder zeitgenössischer) Träger des Namens kann für die Wahl des Namens ausschlaggebend gewesen sein (Namenspatron...). In aller Regel wollte man wohl mit der Namengebung etwas zum Ausdruck bringen, das den künftigen Träger des Namens betraf bzw. ihn sogar in die Pflicht zu nehmen versuchte.

2 Hinweise zum methodischen Einstieg in die Arbeit

In einem „zwanglosen" Gespräch könnten Überlegungen angestellt werden zu den Fragenbereichen:

– Wie können Namen entstehen? (Impulse sollten in Richtung Übernamen, Schimpf- und Kosenamen gehen.)
– Wer gibt Namen? Was könnte der Namengeber mit der „Verleihung" eines Namens beabsichtigen? (Hier sollten die Kinder auch einmal ihre Eltern befragen...; Impulse könnten zu Vermutungen führen: Wunsch, Hoffnung; Magie; Mode...)
– Was haben Namen mit ihren Trägern eigentlich direkt zu tun? Hier könnte man von Indianernamen ausgehen: „Adlerauge" erhielt seinen Namen wohl schon, ehe er seine Sehkraft unter Beweis stellen konnte, aber: „Hinkender Wolf" erwarb sich wohl erst im Laufe seines Lebens seinen Namen. Man wird nun weiter überlegen: Ist es denkbar, daß der Wunsch der Eltern, der sich mit der Namensgebung verband, sich auch auf das spätere Leben des Namenträgers auswirkte? (Beispiel: Benennung nach einem „Idol", einem Namenspatron...). Man wird allmählich überleiten zu Fragen wie: Wie stellt man die Bedeutung eines Namens fest? Natürlich werden hierzu zunächst einmal die Namengeber zu befragen sein. Darüber hinaus aber wird man dann doch zwei grundsätzliche Möglichkeiten ins Auge fassen:

a) Benennung nach einem Namenspatron („Idol", Familienmitglied, Heilige/r, historische Gestalt...). Wurde der Name aufgrund einer Orientierung an einem Vorbild gegeben, so läßt sich die Bedeutung, die der Name nach Absicht des Namengebers haben sollte, über die Vita (Biographie, Legende...) des Namenspenders in Erfahrung bringen.
b) Die „sprachliche" Bedeutung eines Namens: Die Kinder sollten bei der Suche nach der ursprünglichen Bedeutung ihres Namens in die Handhabung einschlägiger Lexika eingeführt werden. Dabei sollten verschiedene (auch im Schwierigkeitsgrad verschiedene) Lexika zur Verfügung stehen. (Es bieten sich vor allem an: Gottschald, Max: Deutsche Namenkunde. Berlin (4.Aufl.), 1971; Bahlow, Hans: Deutsches Namenwörterbuch. Frankfurt a.M. 1972.) Hat man nicht die genannten Lexika zur Hand, so sollte man aber doch darauf achten, daß in jedem Fall mehrere Nachschlagewerke zur Verfügung stehen. Bei der Su-

che wird man sich zunächst einmal auf die Vornamen der Klasse beschränken. Wenn die Schüler möchten, können sie natürlich auch die Namen ihrer Verwandten oder Freunde untersuchen. (Die Arbeitsblätter beschränken sich auf die Namen der Klasse.) Bei der Untersuchung der Vornamen ist das Verfahren noch recht einfach. Die meisten Lexika geben direkt Auskunft über Herkunft und Bedeutung der Namen. Probleme gab es nur bei den Vornamen von Kindern mit nichtdeutschen Eltern. Aber gerade diese Fragen interessierten besonders, und die Eltern dieser Kinder zeigten sich in der Regel sehr kooperationsbereit und gaben selbst Auskunft über die Bedeutung der Namen. Etwas schwieriger wird es da schon bei der Untersuchung der Familiennamen. Hier wird man gegebenenfalls auf etymologische Wörterbücher zurückgreifen. Allerdings: Die Arbeit mit Kluge-Götze-Mitzka ist nicht von allen Schülern zu erwarten. Wohl aber kann mit einigen Interessierten versucht werden, der Etymologie eines Namens auf den Grund zu gehen. Dabei werden dann auch die verwendeten Abkürzungen interessant. In diesem Zusammenhang könnten Informationen über sprachgeschichtliche bzw. sprachgeographische Gegebenheiten gegeben werden. Freilich: Das sollte nicht allen Schülern zugemutet werden.

3 Ortsnamen...

Die Schüler werden täglich mit Orts- und Straßennamen konfrontiert. Auch hier sollte eine bewußte Wahrnehmung der sprachlichen Umgebung angestrebt werden. Bei der Identifizierung der Bedeutung von Straßen- und Ortsnamen muß als erstes geordnet werden (siehe hierzu die Vorschläge der Arbeitsblätter). In einem Gespräch könnten geeignete Ordnungsgesichtspunkte gesammelt werden. Bei vielen Namen wird nun der Griff zum etymologischen Wörterbuch unumgänglich. Oft ist aber ein Erfolg versagt. Übrigens: Gerade wenn es um Namen der unmittelbaren Umgebung geht, sollten weitere Informationsquellen genutzt werden (Gemeindeverwaltung, Lokalredaktion der Zeitung...)

Kapitel 9

Projekt: Aus alten Zeiten: griechische, römische und mittelalterliche Sagen

Didaktische und methodische Hinweise

1 Zur Didaktik

Der hier konzipierte Arbeitsbereich eröffnet den Schülern die Möglichkeit, zunächst einmal nach Lust und Laune zu „schmökern", wobei eben nur thematische „Grenzen" zu beachten sind. Dabei sind die Grenzen keineswegs allzu eng zu sehen. Es wäre sehr wohl denkbar, daß auch Sagen etwa aus dem biblischen Umkreis berücksichtigt werden. Aufgabe des Lehrers wird es sein, möglichst viel und möglichst vielfältigen Lesestoff zur Verfügung zu stellen. Natürlich wird man auf Gustav Schwab zurückgreifen. Aber auch moderne Nacherzählungen antiker Sagen sollten berücksichtigt werden. In einer „Leseecke" sollten genügend Sammlungen solcher Sagen bereitgestellt werden. Übrigens: Hier könnten auch alte Lesebücher noch einer sinnvollen Verwendung zugeführt werden! Die eigentliche didaktische Absicht bei der Setzung des – zugegeben: weiten – thematischen Rahmens läßt sich etwa so umschreiben: Die Schülerinnen und Schüler sollen mit Mythen und Sagen vertraut werden, wie sie in Kulturkreisen hervorgebracht wurden, die den Kulturkreis konstituieren, in den die Schüler gerade hineinwachsen.

2 Hinweise zu den Arbeitsblättern

Wenn auch auf dem „schmökernden Lesen" und dem „Sich-Verweilen mit Büchern" der Schwerpunkt liegen sollte, so wird doch auch hier – wenigstens phasenweise – ein kritisches Abstand-Nehmen, Verarbeiten, Nachdenken, Verdauen nicht ganz vernachlässigt. Die Arbeitsblätter sind nicht daraufhin angelegt, Interpretationen zu erzwingen. Vielmehr sind sie gedacht als Hilfen, die einen allerersten analytischen Zugriff unterstützen können. Allerdings ist zu betonen: Sie dürfen auf keinen Fall zum Selbstzweck werden. Natürlich wird man hier keine Vorschriften machen über die Anzahl der zu lesenden Texte. Bei Bedarf wird man eben die Arbeitsblätter entsprechend vervielfältigen. Die Arbeitsblätter sind so angelegt, daß sie für möglichst viele Sagen angewendet werden können. Das bedeutet aber gleichzeitig, daß nicht immer alle Abschnitte ausgefüllt werden können. So wird nicht immer ein Konflikt vorliegen. Wichtig aber ist wohl immer, daß sich die Schülerinnen und Schüler Gedanken machen über die beteiligten Figuren, vielleicht auch über ihre persönlichen Empfindungen den einzelnen Figuren gegenüber (Sympathie, Antipathie...). Vielleicht können sie sogar schon Gründe für diese Empfindungen angeben. Sie können auch schon behutsam dazu angeleitet werden, die Voraussetzungen einer Handlung aus einer Erzählung herauszulösen und sich die Ausgangslage klarzumachen. Auf dieser Ausgangslage bauen dann die einzelnen Handlungsschritte auf (Hier könnte sich eine unmittelbare Verzahnung mit dem eigenen Erzählen, dem Aufbau einer Erzählung usw. ergeben.). Am schwierigsten wird es für die Kinder wohl sein, den Konflikt, sofern vorhanden, zu beschreiben. Hier sollten sie gegebenenfalls auf die Hilfe des Lehrers zurückgreifen können. Im Zusammenhang mit der Beurteilung der Konfliktlösung könnte der Lehrer im beratenden Gespräch (entweder mit einzelnen Schülern oder in kleineren Gruppen) mehr und mehr darauf hinwirken, daß Urteile nicht nur abgegeben, sondern auch begründet werden.

3 Weiterführende Möglichkeiten

Als besonders interessant für Lehrer wie Schüler hat sich das im folgenden kurz skizzierte Projekt erwiesen (Vergl. hierzu: Stefan Waechter: Geschichten erzählen – Erfahrungen vermitteln; Mythen als Kristallisationen menschlicher Erfahrungen; Pädagogische Hausarbeit; vorgelegt am Studienseminar Speyer; 1994):

a) Didaktischer Ansatz:

– In Sagen und Mythen schlagen sich Lebenserfahrungen eines Kulturkreises nieder.
– Es gibt Themen und Problemkreise, die in verschiedenen Kulturkreisen wiederkehren und zu ähnlichen und / oder verschiedenen Mythen führen.
– Im Sinne einer Anbahnung eines historisch-kulturellen Bewußtseins sollen junge Menschen mit solchen Mythen vertraut gemacht werden, vor allem mit Mythen der Kulturkreise, die den gegenwärtigen Kulturkreis des jungen Menschen konstituieren.

b) Themen und Texte:

– Der Starke und der Schwache (Odysseus und Polyphem; David und Goliath; Roland; Das Riesenspielzeug)
– Im Kampf mit bösen Mächten (Herakles; Theseus und der Minotauros; Beowulf und der Drache; Herzog Ernst am Magnetberg; Simson und der Löwe)
– Hybris: Vermessenheit, Größenwahn (Turmbau zu Babel; Sisyphos; Phaeton; Tantalos; Daidalos und Ikaros)
– Geschichten vom Anfang (Schöpfungsgeschichten)
– Wie Helden erzogen wurden (Die Jugend des Mose; Herakles' Kindheit; König Tarquinius und der junge Servius; Parzivals Kindheit)

c) Zur Arbeit:

Es hat sich als zweckmäßig erwiesen, in leistungshomogenen Gruppen die einzelnen Themen anzugehen. Die Gruppen erhalten folgende Aufgaben:

– Durcharbeitung der Texte (entsprechend den Arbeitsblättern zu den Sagen);
– Auswahl von zwei oder drei besonders „typischen" Texten; weitere Bearbeitung mit der Zielsetzung, der Klasse zu vermitteln, um was es genauer geht. (Das kann hinauslaufen auf eine Nacherzählung, eine bildliche Darstellung, ein Hörspiel, eine Reportage...);
– Finden eines Titels für die Texte der Gruppe: Zu beachten ist, daß immer die ganze Gruppe verantwortlich ist, daß also nicht die Arbeit auf wenige abgewälzt wird. Auch bei der Präsentation der Ergebnisse in der Klasse sind immer alle beteiligt. Hinweis: Gerade das hat sich als äußerst positiv in seinen sozialen Auswirkungen erwiesen. Bei diesem Projekt war eine gute Zusammenarbeit mit den Religions-/Ethiklehrern möglich. Denkbar wäre nun auch eine Zusammenarbeit mit den Fremd-

sprachenlehrern (besonders Latein...). Vielleicht wagt es auch die Lehrerin oder der Lehrer für Bildende Kunst, mit den Schülern die eine oder andere Darstellung eines Mythos zu besprechen.

Kapitel 10
Projekt: Basteln und zum Basteln anleiten

Arbeitsbereich – Anleitungen – Hinweise zur Arbeitsmethodik

Von der Sache her empfiehlt sich hier grundsätzlich Einzelarbeit. Allerdings sollte der Lehrer doch so lange beratend eingreifen, bis der endgültige „Gegenstand" der jeweils zu schreibenden Anleitung feststeht. Es zeigt sich immer wieder: Gerade „lustlose", unmotivierte und schwer motivierbare Schüler bewegen sich gern zumindest zu Beginn des Arbeitens in diesem Arbeitsbereich, weniger aus Interesse als vielmehr, weil sie glauben, hier unkontrolliert und unkontrollierbar sich dem Arbeiten überhaupt entziehen zu können bzw. ihre Lustlosigkeit hinter „Pseudotätigkeiten" relativ einfach verbergen zu können. Man trifft sie dann immer wieder dabei, wie sie unermüdlich Papierflieger falten, diese starten und ihre Flugtauglichkeit überprüfen, neue Flieger falten, schließlich letztere aus dem Fenster werfen und so mehr und mehr die übrigen Schüler in ihr Tun integrieren. Nur: Wenn es an das Verfassen einer Anleitung geht, muß dringend noch etwas ausprobiert werden, oder: Das Arbeitsfeld wird – wenigstens vorübergehend – gewechselt. Mit ähnlicher Intensität malen andere unüberschaubare, unendliche Labyrinthe, zerschnippeln seitenweise Papier zu immer kleineren Schnippseln usw. Es versteht sich von selbst, daß es schon erwünscht ist, daß die Dinge, zu deren Herstellung angeleitet werden soll, auch tatsächlich zunächst einmal hergestellt werden, ehe ihre Herstellung schriftlich fixiert wird. Deshalb ist es zunächst zuzulassen, daß ein wesentlicher Teil der Zeit auch dem Basteln selbst gewidmet wird. (Es schadet überhaupt nichts, wenn der Lehrer sich dabei einmal das eine oder andere erklären läßt oder auch einmal den einen oder anderen Gegenstand selbst in den Unterricht mitbringt, den er irgendwann in grauer Vorzeit oder auch vor kurzem noch gebastelt hat.) Einige leichtere Steuerungen haben sich hier als unumgänglich erwiesen:

– Von Faltarbeiten ist dringend abzuraten. So schnell ein Papierflieger auch gefaltet ist, so hübsch das auch sein mag, wenn ein Stern, eine Tischserviette oder dergleichen entsteht, so schwierig ist es, die Falterei in Worte zu fassen.
– Auch allzu einfache, fantasielose Dinge, wie sie die Kinder z.T. noch aus ihrer Vorschulzeit kennen, sollten ausgeschlossen werden.
– Das Zusammenfügen bzw. -kleben von Plastikteilen zu einem Plastikmodell stellt keine besondere „Bastelleistung" dar und sollte als Möglichkeit ausgeschlossen werden.

Freilich: All diese Ausschließungen sollten nicht am Anfang stehen. Lassen wird die Kinder ruhig einmal probieren, einen Flieger zu falten. Bestehen wir aber dann auch darauf, daß sie eine Anleitung zum Falten zumindest versuchen. Sie werden dann schnell zur Einsicht kommen, daß sie sich da auf eine doch zu schwierige Sache eingelassen haben. Es hat sich immer wieder gezeigt, daß gerade im hier angesprochenen Arbeitsbereich die Fantasie der Kinder sehr schnell erschöpft ist bzw. der Förderung bedarf. Die Kinder können auf zu wenig eigene Erfahrung zurückgreifen. Hier bieten sich einige Auswege an:

– In Zusammenarbeit mit der Lehrerin / dem Lehrer für Bildnerisches Gestalten könnten vielleicht einige „Werkstunden" eingeplant werden, in denen es um das Arbeiten mit bzw. Bearbeiten von bestimmtem Material geht. Hier sollte dann vor allem darauf geachtet werden, daß altersgerecht verfahren wird, daß also nicht „Kinderkram" eine weitere „Infantilisierung" fördert, daß aber auch nicht durch eine Überforderung die Kinder eher abgestoßen als angezogen werden.
– Das Mitbringen von selbstgefertigten Gegenständen vermag in vielen Fällen entsprechende Anregungen zu geben.
– Schließlich können auch Abbildungen in Verbindung mit Zeichnungen die Basis für das Schreiben von Anleitungen sein. Diese Mischform stellt zum einen den fertigen Gegenstand vor, zum andern läßt sie wesentlich Aspekte seiner Entstehung erkennen. Das Arbeitsmaterial enthält u.a. einige solche Vorschläge. Auch die Phase der Überarbeitung des Textes besteht im Wesentlichen aus Einzelarbeit. Mithilfe der Anregungen und Hinweise, die das Arbeitsblatt anbietet, geht jeder seinen Text durch und überprüft, korrigiert, verändert und ergänzt. Erst nach der ersten Überarbeitung ist es zu empfehlen, den Nachbarn oder einen Partner in die Überprüfung einzubeziehen und den Text auf seine Praktikabilität hin überprüfen zu lassen, d.h. der Partner erprobt die Brauchbarkeit des Textes, indem er ihn anzuwenden versucht und dabei all diejenigen Stellen markiert, wo es bei der Anwendung Probleme gab. In einem Korrekturgespräch könnten dann beide Partner auf eine endgültige Fassung des Textes hinarbeiten. Dabei sollten wiederum die Hinweise des Arbeitsblattes in die Überlegungen einbezogen werden.

Ein Herbarium anlegen...

Für Schüler, die weniger technisch „begabt" sind bzw. mit der Technik wenig im Sinn haben, sollten vergleichbare Aufgaben aus Aufgabenfeldern entwickelt werden, die ihren Neigungen eher entsprechen. Beispiel: Konzipieren und Anlegen eines Herbariums. Die Abbildungen sind nur als Anregungen zu sehen. Als Lehrer sollte man nicht allzu viele Hinweise geben. Es wäre vielmehr sinnvoller, auf den Biologielehrer als Beratungsinstanz zurückzugreifen. Dort könnten sich die Schüler bestimmt sachgerechte Informationen und Hinweise holen. Im DU sollte dann darauf geachtet werden, daß die „Versprachlichung" dessen, was „getan" wird, nicht zu kurz kommt.

Es gibt wohl viele wissenschaftlich korrekte Hinweise zur Anlage eines Herbariums, aber für Schülerinnen / Schüler gibt es kaum Anweisungen, wie ein solches Ding sachgerecht anzulegen ist. Es bleibt auch hier stets darauf zu achten, daß das, was in Worten beschrieben wird, zuvor gemacht wurde, daß also der Schreiber bereits genügend Sachkompetenz besitzt. Noch eine Alternative sei hier angedeutet: Es ist natürlich auch möglich, biologische Versuche und Beobachtungen durchzuführen und dabei Anordnung, Durchführung und Ergebnis schriftlich zu fixieren. Beispielsweise könnten Versuche aus dem Biologieunterricht direkt übernommen und fortgesetzt werden. Es können aber auch eigene Experimente durchgeführt und Beobachtungen angestellt werden. (Auch hierbei sollten die Fachlehrer als Berater hinzugezogen werden.)

Kapitel 11
Projekt: Spielen und zum Spielen anleiten

Hinweise zur Didaktik und Methodik

1 Zur Sache
Unter fachlichen Gesichtspunkten ist dieser Bereich in Zusammenhang zu sehen mit dem Bereich „Basteln und zum Basteln anleiten". Man wird deshalb die Schüler bei Bedarf auch auf die dortigen Arbeitsblätter hinweisen dürfen. Auch hier geht es um das Verfassen von Anleitungstexten, ergänzt nun durch Regeln. Allerdings – und das unterscheidet das Freiarbeitskonzept wesentlich vom „üblichen" Konzept – die Anleitungen stehen eindeutig im Dienste des Spiels, d.h. sie spielen nur eine „untergeordnete Rolle", wenngleich unter fachlichen Gesichtspunkten das Schreiben wohl die größere Mühe macht. Insgesamt geht es in dem hier zu umreißenden Bereich einerseits um individuell-kreative Prozesse, andererseits um eine sachorientierte Beschreibung der Ergebnisse dieser Prozesse, genauer gesagt: um ein Finden und Erfinden von Regeln einerseits und um eine eindeutige schriftliche Fixierung dieser Regeln andererseits, um das Abstecken eines Rahmens und um die Beschreibung dieses Rahmens.

2 Einzelarbeit und Kooperation
Ursprünglich war dieses Kapitel als Einzelarbeit konzipiert, doch baten gerade hier immer wieder sehr schnell die Schüler darum, mit einem Partner zusammenarbeiten zu dürfen. Dem wurde stattgegeben, und es stellte sich bald heraus, daß die kreativen Prozesse keineswegs behindert, sondern geradezu gefördert wurden durch das partnerschaftliche Gespräch und die sich immer wieder überbietende Freude am Erfinden. („Einzelgänger" allerdings sollten auch weiterhin die Gelegenheit haben, allein zu arbeiten, ohne diskriminiert zu werden). Wenn es aber darum geht, das Spiel zu testen, werden auch sie auf Partner angewiesen sein, die erproben, ob die gefunde-

nen und formulierten Spielregeln sinnvoll sind, die Anleitung brauchbar ist. Je nach erfundenem Spiel wird sich diese Partnerarbeit ausweiten zur Gruppenarbeit, wenn es darum geht, das Spiel und vor allem die mitzuliefernde Spielanleitung auf ihre Brauchbarkeit (und auch: Lesbarkeit) hin zu überprüfen. Hier haben wir eine besonders gute Möglichkeit, einmal den Zweck und die Notwendigkeit verschiedener Aspekte einer Spielanleitung direkt erfahrbar zu machen, wenn etwa ein Spiel und seine Anleitung den andern zur Erprobung gegeben werden, ohne daß mündliche Kommentare mitgeliefert werden. So wird sich aus der Partnerarbeit zwanglos ein Gruppengespräch entwickeln, in dem sich Anleitungen überprüfen, korrigieren und modifizieren lassen. Das bedeutet nun, daß die entwickelten Spiele in der Klasse , zumindest aber in einzelnen Gruppen, erprobt werden.

3 Hinweise zum Einstieg
Man wird zunächst einfach nur den Auftrag geben, ein Spiel zu erfinden. Außerdem sollen sich die Schülerinnen und Schüler Notizen machen zu einer später zu formulierenden Spielanleitung. Die Schüler werden zunächst etwas hilflos sein. Sie werden fragen: „Ein Würfelspiel?" „Ein Kartenspiel?"... Der Lehrer wird sich jetzt nicht festlegen, sondern die Schüler einfach sich selbst überlassen. Es wird sich zeigen, daß nach ersten, etwas simplen Versuchen recht schnell gute, bisweilen auch nicht ganz einfache Spielideen entwickelt werden. Hie und da wird man dann helfend eingreifen, oft wird es weniger auf eine inhaltliche Beratung ankommen als vielmehr auf technische Hinweise (etwa: Welche Größe sollte vernünftigerweise ein Spielplan z.B. für ein Würfelspiel haben? Wie stellt man geeignete Spielkarten mit bestimmten Aufträgen usw. her? usw.). Begrüßenswert wäre es, wenn auch der Kunsterzieher bereit wäre, mit den Kindern über ein angemessenes Layout zu sprechen. Es könnte sehr wohl im dortigen Unterricht der entworfene Spielplan in eine ansprechende äußere Form gebracht und vielleicht auch auf Holz oder Pappe aufgezogen werden.

4 Hinweise zur weiteren Arbeit
Die Schüler und Schülerinnen sollten schon zu Beginn darauf hingewiesen werden, daß sie sich Notizen machen sollen für eine später zu schreibende Anleitung. Man wird feststellen, daß die Schüler sich zunächst darauf konzentrieren, mit viel Akribie den Spielplan zu entwerfen, Spielkarten herzustellen usw. Sie werden dann das Spiel auch öfter durchprobieren. Spätestens an dieser Stelle wird man leicht steuernd eingreifen dürfen, um die Schüler zu veranlassen, die ins Auge gefaßte Anleitung zu entwerfen. Hier könnte der Hinweis auf das erste Arbeitsblatt unterstützend wirken. Das erste Blatt gibt eine Anleitung für ein bekanntes Spiel vor, nennt den Grundzweck und die daraus sich ergebende Gliederung. Es ist daran gedacht, daß die Schüler / Schülerinnen analog den Vorgaben ihre eigene Anleitung gliedern. Auch bei Ergänzungen und Erweiterungen könnten die Hinweise des Arbeitsblattes Hilfen bieten. Bei der Überprüfung der

Brauchbarkeit der Anleitung durch einen Partner oder durch Gruppen könnten die Anregungen des Arbeitsblattes genutzt werden, wenn es darum geht, dem Autor der Anleitung konkrete Tips zur Verbesserung zu geben. Das zweite Arbeitsblatt regt dazu an, ein Geländespiel zu erfinden. Es erscheint sinnvoll, dieses Arbeitsblatt heranzuziehen, wenn ein Wandertag oder ähnliches ins Haus steht, denn das hier zu entwerfende Geländespiel sollte auf jeden Fall auch im Gelände erprobt werden. Übrigens: Man sollte sich dann bei der Erprobung auch nicht scheuen, während des Spiels bei Bedarf Veränderungen in den Regeln vorzunehmen, wenn sich das als notwendig erweist.

5 Verzahnung mit dem übrigen Unterricht

Es hat sich gezeigt, daß in diesem Bereich eine Verzahnung mit dem übrigen Unterricht recht einfach zu bewerkstelligen ist. So wird man z.B. grammatische Phänomene (etwa: finale und konsekutive Beziehungen und deren Darstellung) zweckmäßigerweise im Frontalunterricht behandeln. Es ist auch möglich, weitere Spielanleitungen zu analysieren und zu schreiben, um dann als Klassenarbeit die Anleitung zu einem vorgegebenen (bekannten) Spiel verfassen zu lassen. (Übrigens: Wählt man ein etwas komplizierteres Spiel wie z.B. Monopoly, so könnte man sich bei der Aufgabenstellung auf die Darstellung einzelner Ausschnitte (Spielidee, konkrete Fälle...) beschränken. Als Bewertungshilfe könnte man dann etwa folgendes Raster zugrundelegen:

Bewertung

1.   Grundgedanke und Ziel des Spiels

1.1.   inhaltlich vollständig (6)   _____
1.2.   sprachlich korrekt und gut nachvollziehbar (4)   _____

2.   Voraussetzungen

2.1.   Spielmaterial / Spielfeld (7)   _____
2.2.   Vorbereitungen (3)   _____

3.   Grundablauf des Spiels   _____

3.1.   Spielbeginn (4)   _____
3.2.   Spielzüge:

         – Regeln (7)   _____
         – Beispiele (4)   _____
         – Taktik (5)   _____

4.   Ende des Spiels (2)   _____

5.   Sprachliche Formulierungen

5.1.   Formulierung der Regeln (4)   _____
5.2.   Formulierung der takt. Hinweise (4)   _____

                              Gesamtpunkte: _____

                                      Note: _____

Sonstige Leistungen (im letzten Unterrichtsabschnitt):

Kapitel 12
Projekt: Vorhang auf! Spielszenen verfassen, spielen, beurteilen

Vorbemerkung:
Es wäre sinnvoll, wenn vor dem hier angebotenen Projekt zuerst das Projekt „Märchenspiel" in Angriff genommen würde. (Allerdings: Das ist nicht unbedingt erforderlich. Der Lehrer müßte gegebenenfalls einzelne Probleme dort klären, wo sie auftauchen.)

Methodische Hinweise
Von der Sache her bietet es sich hier ganz besonders an, verschiedene Formen der Zusammenarbeit, soziale Interaktionsformen usw. einzusetzen und dabei gleichzeitig auch die Einzelarbeit angemessen zu integrieren. Immer wieder werden Entscheidungsprozesse ablaufen, an denen alle Gruppenmitglieder zu beteiligen sind. So wird z.B. die Entscheidung für die eine oder die andere Erzählvorlage in einer Gruppendiskussion zu fällen sein, in gleicher Weise werden Diskussionen notwendig über die Handlungsführung, über Exposition und Höhepunkt usw., aber auch das weitere Vorgehen muß diskutiert und vereinbart werden. All dem versucht das erste Arbeitsblatt gerecht zu werden. Es werden nun verschiedenste Formen des Zusammenarbeitens im Team Berücksichtigung finden müssen: Zunächst werden Voraussetzungen und Bedingungen einer sinnvollen Arbeitsteilung im konkreten Fall zu besprechen sein. Die Aufteilung der Arbeit innerhalb der Gruppe wird nach mehreren Gesichtspunkten erfolgen müssen, die die Schüler aber auch einsehen und besprechen sollten: Jeder sollte in etwa gleich belastet werden, dann aber sollten auch die Fähigkeiten des einzelnen sowie seine Neigungen und Möglichkeiten berücksichtigt werden. Als besonders schwierig dürfte sich der Takt der Zusammenfügung von Einzelergebnissen erweisen. Hier wird es wohl nicht ohne Reibungsverluste abgehen, aber gerade das wird für die Schüler eine wichtige Erfahrung und einen wichtigen Lernerfolg ausmachen: Sie werden erkennen, daß sie sich mit ihren Ergebnissen der Kritik der Gruppe zu stellen haben, daß sie gegebenenfalls auch Urteile der Gruppe akzeptieren müssen, sofern sie selbst keine besseren Argumente haben, und sie werden gegebenenfalls ihr Produkt nochmals überarbeiten müssen, ehe es in den Gesamtrahmen eingefügt werden kann. Gleichzeitig werden sie aber auch erkennen, daß der einzelne, sofern er sich aktiv an der Gestaltungsaufgabe der Gruppe beteiligt, auch Möglichkeiten des Einwirkens auf das Gesamtergebnis hat. Im Zusammenhang mit den Aufführungsversuchen wird ein wichtiger Teilaspekt des Arbeitens in der Gruppe in den Vordergrund treten: Nicht alle Regulierungsprobleme können von der gesamten Gruppe übernommen werden. Es muß gelegentlich einen geben, der die Regie übernimmt, nach dessen Anordnungen sich die anderen zu richten haben, der den Überblick hat und behält, der aber auch gleichzeitig sich der Kritik der Gruppe stellen muß. Ein letzter Aspekt sei noch erwähnt: Die endgültige Beurteilung des Ergebnisses erfolgt als „Einzelarbeit", und das bedeutet: Der Einzelne muß lernen, bei seiner Arbeit sachbezogen sich zu orientieren und verantwortlich zu entscheiden. Möglicherweise wird es hier notwendig werden, doch die Gruppe als „Filter" zwischenzuschalten, um zu einseitige, persönliche „Einschlüsse" bei der Beurteilung zu verhindern.

Zu den Arbeitsblättern
Die vorgeschlagenen Texte bieten die Gelegenheit, schwankhafte Elemente auszuspielen (Zahnarzt, „Doktor Allwissend") oder aber Märchenelemente noch stärker einzubauen („Das Hemd des Zufriedenen"). Dabei sollten die Schüler immer die Freiheit haben, großzügig mit der Textvorlage umzugehen. Man sollte ihnen auch die Freiheit der Wahl lassen. Es könnten in diesem Zusammenhang natürlich auch weitere Texte aus dem Lesebuch herangezogen und zur Wahl gestellt werden. Das erste Arbeitsblatt setzt bereits eine Entscheidung für die eine oder andere Gruppe voraus. In einer kurzen einführenden Erläuterung wird man darauf hinweisen, daß die Gruppen offen diskutierend die erste Aufgabe angehen, dann aber sich intensiv mit der zweiten Aufgabe beschäftigen sollten. Hier sollten Festlegungen getroffen werden, die das weitere Vorgehen betreffen. Erst dann sollte die erste Aufgabe noch einmal vertieft angegangen werden. Die Gesichtspunkte, die hier als Anregungen für Notizen vorgegeben werden, sind als Hilfen, keineswegs als Festlegungen gedacht. Möglicherweise werden die Schüler mit der dritten Aufgabe einige Probleme haben, zumindest was die formale Seite betrifft. Hier wird man auf das Projekt „Märchenspiel" und die dort vorhandenen Arbeitsblätter verweisen, sofern dieses Projekt nicht vorher durchgeführt wurde. Der Lehrer / die Lehrerin sollte sich nicht zu stark in die Arbeitsaufteilung und in die Erstellung eines Rahmenarbeitsplans einmischen, allerdings sollte er / sie darauf achten, daß solche Festlegungen getroffen werden.

Die Arbeitsblätter 2 und 3 greifen wichtige dramaturgische Teilaspekte auf: die dramaturgischen Möglichkeiten, den Zuschauer mit Figuren vertraut zu machen, bzw. Probleme, die sich im Zusammenhang mit der Exposition eines Stückes ergeben. Es ist hier keinesfalls daran gedacht, daß alle Schüler alle Aufgaben bearbeiten. Hier wird man ihnen die Freiheit geben, dort aufzuhören, wo sie allein nicht mehr weiterkommen. So bietet sich dann eine gute Möglichkeit der Binnendifferenzierung. Darüberhinaus können auch einmal sehr gute Schüler an ihre „Leistungsgrenzen" geführt werden. (Übrigens: Wenn die Schüler mit dem Hans-Sachs-Text Probleme bekommen, sollte der Lehrer nur äußerst zurückhaltend und nur auf ganz präzise Nachfragen hin einzelne Hilfen und Hinweise geben. Arbeitsblatt 3 geht dem Problem nach, wie innere Vorgänge auf der Bühne dargestellt werden können. Das wird zunächst an einem für die Schüler / Schülerinnen nachvollziehbaren Beispiel erarbeitet und sollte dann in einem kurzen Beispieldialog, der möglicherweise in das eigene Stück eingebaut werden kann, umgesetzt werden.

Zur Frage der Leistungsüberprüfung

Auch hier bietet sich die Möglichkeit, sofern die Schüler nur intensiv genug in diesem Bereich gearbeitet haben, eine Klassenarbeit einzuschieben. (Man könnte gegebenenfalls auch nur denjenigen Gruppen, die sich schon intensiver mit den Arbeitsblättern beschäftigt haben, eine solche klassenarbeitsähnliche Aufgabe stellen.) Aufgabenstellung könnte sein: Ein vorgegebener (erzählender) Text ist in eine Spiel umzusetzen. Konkret: Ein Szenarium ist zu entwerfen; die Exposition ist auszuarbeiten. Für eine Bewertung könnte ein Raster (s. folgende Seite) herangezogen werden.

Lehrplanelemente, die in einzelnen Kapiteln berücksichtigt werden (Allgemeine Zielsetzungen, Grundprinzipien usw. sind nicht in das Verzeichnis aufgenommen.)

Bewertung

1.   Szenarium

1.1.   Aufbau (10)
    – klare Gliederung (3)   _____
    – sinnvolle Einschnitte (4)   _____
    – auf Höhepunkt zugespitzt (3)   _____

1.2.   Ausführung (10)
    – Personen (3)   _____
    – Räume, Requisiten (3)   _____
    – Handlung (Stichpunkte) (4)   _____

2.   Exposition

2.1.   Inhalt (7)
    – Personen und Orte (3)   _____
    – Handlungsansatz (4)   _____
2.2.   Ausführung (15)
    – Einführung der Personen (6)   _____
    – Einführung wichtiger Voraussetzungen (6)   _____
    – gesprochene Sprache (3)   _____
    – Abzug für „Erzählung statt Dramatisierung"   _____
2.3.   Nebentext
    – Sinnvolle Angaben (2)   _____
    – Knappe Ausführungen (2)   _____
    – Vollständige Angaben (Handeln und Sprechen)   _____
    – Abzug für Überflüssiges   _____

Gesamtpunkte: _____

Note: _____

Sonstige Leistungen (im letzten Unterrichtsabschnitt):

Teil II

Arbeitsblätter und Materialien zur Freiarbeit

– Kopiervorlagen –

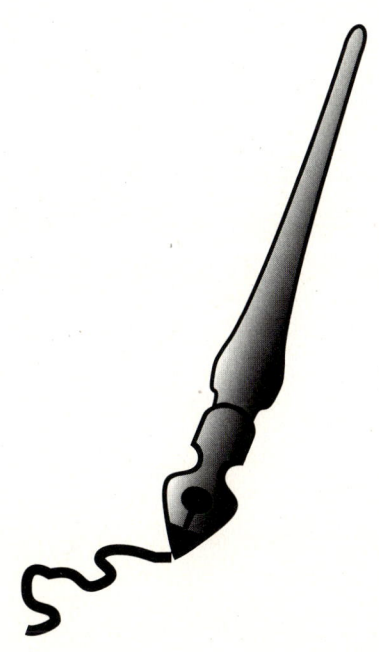

Name: _____

Das kannst Du wählen:	Hier sollst du eintragen, wann (Datum), wie lange (Minuten) und was (Spalte) Du gearbeitet hast:					Das solltest Du bis geschafft haben:
Projekt 1: Märchenspiel						
Arbeit in der Gruppe						
Einzelarbeit						
Projekt 2: Bücher lesen, vor-stellen, besprechen						
Arbeit in der Gruppe						
Einzelarbeit						
Projekt 3: Hilfen für den Anfänger						
Arbeit in der Gruppe						
Einzelarbeit						

Name: _____

Das kannst Du wählen:	Hier sollst du eintragen, wann (Datum), wie lange (Minuten) und was (Spalte) Du gearbeitest hast:					Das solltest Du bis _____ geschafft haben:
Projekt 4: Neue Geschichten von alten Bekannten						
Arbeit in der Gruppe						
Einzelarbeit						
Projekt 5: Sachen gibt´s: Erzählen – Erzählkern ausgestalten						
Arbeit in der Gruppe						
Einzelarbeit						
Projekt 6: Erzählen: Fantastisches und Verrücktes						
Arbeit in der Gruppe						
Einzelarbeit						
Projekt 7: Von Erlebnissen erzählen						
Arbeit in der Gruppe						
Einzelarbeit						

Rahmen: Wir machen ein Buch mit Geschichten

Name: _____

Das kannst Du wählen:	Hier sollst du eintragen, wann (Datum), wie lange (Minuten) und was (Spalte) Du gearbeitest hast:					Das solltest Du bis _____ geschafft haben:
Projekt 8: Namen: Woher sie kommen – was sie bedeuten						
Projekt 9: Aus alten Zeiten: Sagen						
Projekt 10: Basteln und zum Basteln anleiten						
Projekt 11: Spielen und zum Spielen anleiten						
Projekt 12: Vorhang auf! Spielszenen verfassen, spielen, beurteilen						

Arbeit in der Gruppe

Einzelarbeit

MÄRCHENSPIEL

Gruppeneinteilung: **Bremer Stadtmusikanten**

Wir bearbeiten das Märchen:
„Die Bremer Stadtmusikanten"

_____

_____

_____

_____

_____

_____

Gruppeneinteilung: **Bremer Stadtmusikanten**

Gruppeneinteilung: **Die drei Sprachen**

Wir bearbeiten das Märchen:
„Die drei Sprachen"

_____

_____

_____

_____

_____

_____

Gruppeneinteilung: **Fundevogel**

Wir bearbeiten das Märchen:
„Fundevogel"

Gruppeneinteilung: **Rumpelstilzchen**

Wir bearbeiten das Märchen: „Rumpelstilzchen"

_____

_____

_____

_____

_____

_____

Gruppeneinteilung: **Rumpelstilzchen**

Gruppeneinteilung: **Wichtelmänner**

Wir bearbeiten das Märchen:
„Die Wichtelmänner"

_____

_____

_____

_____

_____

_____

Brüder Grimm

Die Bremer Stadtmusikanten

1 Es hatte ein Mann einen Esel, der schon lange Jahre die Säcke unverdrossen
zur Mühle getragen hatte, dessen Kräfte aber nun zu Ende gingen, so daß er
zur Arbeit immer untauglicher ward. Da dachte der Herr daran, ihn aus dem
Futter zu schaffen; aber der Esel merkte, daß kein guter Wind wehte, lief fort
5 und machte sich auf den Weg nach Bremen; dort, meinte er, könnte er ja
Stadtmusikant werden. Als er ein Weilchen fortgegangen war, fand er einen
Jagdhund auf dem Wege liegen, der jappte wie einer, der sich müde gelaufen
hat. „Nun, was jappst du so, Packan?" fragte der Esel. „Ach", sagte der Hund,
„weil ich alt bin und jeden Tag schwächer werde, auch auf der Jagd nicht
10 mehr springen kann, hat mich mein Herr wollen totschlagen, da hab ich
Reißaus genommen; aber womit soll ich nun mein Brot verdienen?" – „Weißt
du was", sprach der Esel, „ich gehe nach Bremen und werde dort Stadtmusikant, geh mit und laß dich auch bei der Musik annehmen. Ich spiele die Laute,
und du schlägst die Pauken." Der Hund war's zufrieden, und sie gingen weiter.
15 Es dauerte nicht lange, so saß da eine Katze an dem Weg und machte ein Gesicht wie drei Tage Regenwetter. „Nun, was ist dir in die Quere gekommen,
alter Bartputzer?" sprach der Esel. „Wer kann da lustig sein, wenn's einem an
den Kragen geht", antwortete die Katze, „weil ich nun zu Jahren komme, meine Zähne stumpf werden und ich lieber hinter dem Ofen sitze und spinne, als
20 nach Mäusen herumjage, hat mich meine Frau ersäufen wollen; ich habe mich
zwar noch fortgemacht; aber nun ist guter Rat teuer: Wo soll ich hin?" – „Geh
mit uns nach Bremen, du verstehst dich doch auf die Nachtmusik, da kannst
du ein Stadtmusikant werden." Die Katze hielt das für gut und ging mit. Darauf kamen die drei Landesflüchtigen an einem Hof vorbei, da saß auf dem Tor
25 der Haushahn und schrie aus Leibeskräften. „Du schreist einem durch Mark
und Bein", sprach der Esel, „was hast du vor?" – „Da hab ich gut Wetter pro-
phezeit", sprach der Hahn, „weil Unserer Lieben Frauen Tag ist, wo sie dem
Christkindlein die Hemdchen gewaschen hat und sie trocknen will; aber weil
morgen zum Sonntag Gäste kommen, so hat die Hausfrau doch kein Erbarmen
30 und hat der Köchin gesagt, sie wollte mich morgen in der Suppe essen, und da
soll ich mir heut abend den Kopf abschneiden lassen. Nun schrei ich aus voll-
em Hals, solang ich noch kann." – „Ei was, du Rotkopf", sagte der Esel, „zieh
lieber mit uns fort, wir gehen nach Bremen; etwas Besseres als den Tod findest du überall. Du hast eine gute Stimme und wenn wir zusammen musizie-
35 ren, so muß es eine Art haben." Der Hahn ließ sich den Vorschlag gefallen,
und sie gingen alle viere zusammen fort.
   Sie konnten aber die Stadt Bremen in einem Tag nicht erreichen und kamen
abends in einen Wald, wo sie übernachten wollten. Der Esel und der Hund
legten sich unter einen großen Baum, die Katze und der Hahn machten sich in
40 die Äste, der Hahn aber flog bis in die Spitze, wo es am sichersten für ihn war.
Ehe er einschlief, sah er sich noch einmal nach allen vier Winden um, da
deuchte ihm, er sähe in der Ferne ein Fünkchen brennen, und rief seinen Gesellen zu, es müßte nicht gar weit ein Haus sein, denn es scheine ein Licht.
Sprach der Esel: „So müssen wir uns aufmachen und noch hingehen, denn
45 hier ist die Herberge schlecht." Der Hund meinte, ein paar Knochen und etwas
Fleisch dran täten ihm auch gut. Also machten sie sich auf den Weg nach der
Gegend, wo das Licht war, und sahen es bald heller schimmern, und es ward

immer größer, bis sie vor ein hell erleuchtetes Räuberhaus kamen. Der Esel,
als der größte, näherte sich dem Fenster und schaute hinein. „Was siehst du,
50 Grauschimmel?" fragte der Hahn. „Was ich sehe?" antwortete der Esel. „Einen gedeckten Tisch mit schönem Essen und Trinken, und Räuber sitzen daran und lassen's sich wohl sein." – „Das wäre was für uns", sprach der Hahn.
„Ja, ja, ach, wären wir nur schon drin!" sagte der Esel. Da ratschlagten die
Tiere, wie sie es anfangen müßten, um die Räuber hinauszujagen, und fanden
55 endlich ein Mittel. Der Esel mußte sich mit den Vorderfüßen auf das Fenster
stellen, der Hund auf des Esels Rücken springen, die Katze auf den Hund klet-
tern, und endlich flog der Hahn hinauf und setzte sich der Katze auf den Kopf.
Wie das geschehen war, fingen sie auf ein Zeichen insgesamt an, ihre Musik
zu machen: Der Esel schrie, der Hund bellte, die Katze miaute und der Hahn
60 krähte; dann stürzten sie durch das Fenster in die Stube hinein, daß die Schei-
ben klirrten. Die Räuber fuhren bei dem entsetzlichen Schrei in die Höhe,
meinten nicht anders, als ein Gespenst käme herein, und flohen in größter
Furcht in den Wald hinaus. Nun setzten sich die vier Gesellen an den Tisch,
nahmen mit dem vorlieb, was übriggeblieben war, und aßen, als wenn sie vier
65 Wochen hungern sollten.
   Wie die vier Spielleute fertig waren, löschten sie das Licht aus und suchten
sich eine Schlafstätte, jeder nach seiner Natur und Bequemlichkeit. Der Esel
legte sich auf den Mist, der Hund hinter die Türe, die Katze auf den Herd bei
der warmen Asche, und der Hahn setzte sich auf den Hahnenbalken - und weil
70 sie müde waren von ihrem langen Weg, schliefen sie auch bald ein. Als Mitternacht vorbei war und die Räuber von weitem sahen, daß kein Licht mehr im
Haus brannte, auch alles ruhig schien, sprach der Hauptmann: „Wir hätten uns
doch nicht sollen ins Bockshorn jagen lassen", und hieß einen hingehen und
das Haus untersuchen. Der Abgeschickte fand alles still, ging in die Küche,
75 ein Licht anzuzünden, und weil er die glühenden feurigen Augen der Katze
für lebendige Kohlen ansah, hielt er ein Schwefelhölzchen daran, daß es Feuer
fangen sollte. Aber die Katze verstand keinen Spaß, sprang ihm ins Gesicht,
spie und kratzte. Da erschrak er gewaltig, lief und wollte zur Hintertür hinaus;
aber der Hund, der da lag, sprang auf und biß ihn ins Bein; und als er über den
80 Hof an dem Miste vorbeirannte, gab ihm der Esel noch einen tüchtigen Schlag
mit dem Hinterfuß; der Hahn aber, der vom Lärmen aus dem Schlaf geweckt
und munter geworden war, rief vom Balken herab: „Kikeriki!" Da lief der
Räuber, was er konnte, zu seinem Hauptmann zurück und sprach: „Ach, in
dem Haus sitzt eine greuliche Hexe, die hat mich angehaucht und mit ihren
85 langen Fingern mir das Gesicht zerkratzt; und vor der Türe steht ein Mann mit
einem Messer, der hat mich ins Bein gestochen; und auf dem Hof liegt ein
schwarzes Ungetüm, das hat mit einer Holzkeule auf mich losgeschlagen; und
oben auf dem Dache, da sitzt der Richter, der rief, bringt mir den Schelm her.
Da machte ich, daß ich fortkam." Von nun an getrauten sich die Räuber nicht
90 mehr in das Haus, den vier Bremer Musikanten gefiel's aber so wohl darin,
daß sie nicht wieder heraus wollten. Und der das zuletzt erzählt hat, dem ist
der Mund noch warm.

Brüder Grimm

Die drei Sprachen

In der Schweiz lebte einmal ein alter Graf, der hatte nur einen einzigen Sohn, der war dumm und konnte nichts lernen. Da sprach der Vater: „Höre, mein Sohn, ich bringe nichts in deinen Kopf, ich mag es anfangen, wie ich will. Du
5 mußt fort von hier, ich will dich einem berühmten Meister übergeben, der soll es mit dir versuchen." Der Junge ward in eine fremde Stadt geschickt und blieb bei dem Meister ein ganzes Jahr. Nach Verlauf dieser Zeit kam er wieder heim, und der Vater fragte: „Nun, mein Sohn, was hast du gelernt?" – „Vater, ich habe gelernt, was die Hunde bellen", antwortete er. „Daß Gott erbarm!"
10 rief der Vater aus. „Ist das alles, was du gelernt hast? Ich will dich in eine andere Stadt zu einem andern Meister tun." Der Junge ward hingebracht und blieb bei diesem Meister auch ein Jahr. Als er zurückkam, fragte der Vater wiederum: „Mein Sohn, was hast du gelernt?" Er antwortete: „Vater, ich habe gelernt, was die Vögli sprechen." Da geriet der Vater in Zorn und sprach: „O
15 du verlorner Mensch, hast die kostbare Zeit hingebracht und nichts gelernt und schämst dich nicht, mir unter die Augen zu treten? Ich will dich zu einem dritten Meister schicken, aber lernst du auch diesmal nichts, so will ich dein Vater nicht mehr sein." Der Sohn blieb bei dem dritten Meister ebenfalls ein ganzes Jahr, und als er wieder nach Haus kam und der Vater fragte: „Mein
20 Sohn, was hast du gelernt?" so antwortete er: „Lieber Vater, ich habe dieses Jahr gelernt, was die Frösche quaken." Da geriet der Vater in den höchsten Zorn, sprang auf, rief seine Leute herbei und sprach: „Dieser Mensch ist mein Sohn nicht mehr, ich stoße ich aus und gebiete euch, daß ihr ihn hinaus in den Wald führt und ihm das Leben nehmt." Sie führten ihn hinaus, aber als sie ihn
25 töten sollten, konnten sie nicht vor Mitleiden und ließen ihn gehen. Sie schnitten einem Reh Augen und Zunge aus, damit sie dem Alten die Wahrzeichen bringen konnten.

Der Jüngling wanderte fort und kam nach einiger Zeit zu einer Burg, wo er
30 um Nachtherberge bat. „Ja", sagte der Burgherr, „wenn du da unten in dem alten Turm übernachten willst, so gehe hin, aber ich warne dich, es ist lebensgefährlich, denn er ist voll wilder Hunde, die bellen und heulen in einem fort, und zu gewissen Stunden müssen sie einen Menschen ausgeliefert haben, den sie auch gleich verzehren." Die ganze Gegend war darüber in Trauer und Leid
35 und konnte doch niemand helfen. Der Jüngling aber war ohne Furcht und sprach: „Laßt mich nur hinab zu den bellenden Hunden und gebt mir etwas, das ich ihnen vorwerfen kann; mir sollen sie nichts tun." Weil er nun selber nichts anderes wollte, so gaben sie ihm etwas Essen für die wilden Tiere und brachten ihn hinab zu dem Turm. Als er hineintrat, bellten ihn die Hunde nicht
40 an, wedelten mit den Schwänzen ganz freundlich um ihn herum, fraßen, was er ihnen hinsetzte, und krümmten ihm kein Härchen. Am anderen Morgen kam er zu jedermanns Erstaunen gesund und unversehrt wieder zum Vorschein und sagte zu dem Burgherrn: „Die Hunde haben mir in ihrer Sprache offenbart, warum sie da hausen und dem Lande Schaden bringen. Sie sind ver-
45 wünscht und müssen einen großen Schatz hüten, der unten im Turme liegt, und kommen nicht eher zur Ruhe, als bis er gehoben ist, und wie dies geschehen muß, das habe ich ebenfalls aus ihren Reden vernommen." Da freuten sich alle, die das hörte und der Burgherr sagte, er wollte ihn an Sohnes Statt annehmen, wenn er es glücklich vollbrächte. Er stieg wieder hinab, und weil

er wußte, was er zu tun hatte, so vollführte er es und brachte eine Gold gefüllte Truhe herauf. Das Geheul der wilden Hunde ward von nun an nicht mehr gehört, sie waren verschwunden, und das Land war von der Plage befreit.

50 Über eine Zeit kam es ihm in den Sinn, er wollte nach Rom fahren. Auf dem Weg kam er an einem Sumpf vorbei, in welchem Frösche saßen und quakten. Er horchte auf, und als er vernahm, was sie sprachen, ward er ganz nachdenklich und traurig. Endlich langte er in Rom an, da war gerade der Papst gestorben und unter den Kardinälen großer Zweifel, wen sie zum Nach-
55 folger bestimmen sollten. Sie wurden zuletzt einig, derjenige sollte zum Papst erwählt werden, an dem sich ein göttliches Wunderzeichen offenbaren würde. Und als das eben beschlossen war, in demselben Augenblick trat der junge Graf in die Kirche, und plötzlich flogen zwei schneeweiße Tauben auf seine beiden Schultern und blieben da sitzen. Die Geistlichkeit erkannte darin das Zeichen
60 Gottes und fragte ihn auf der Stelle, ob er Papst werden wolle. Er war unschlüssig und wußte nicht, ob er dessen würdig wäre, aber die Tauben redeten ihm zu, daß er es tun möchte, und endlich sage er: „Ja." Da wurde er gesalbt und geweiht, und damit war eingetroffen, was er von den Fröschen unterwegs gehört und was ihn so bestürzt gemacht hatte, daß er der heilige Papst werden
65 sollte. Darauf mußte er eine Messe singen und wußte kein Wort davon, aber die zwei Tauben saßen stets auf seinen Schultern und sagten ihm alles ins Ohr.

Brüder Grimm
Rumpelstilzchen

1 Es war einmal ein Müller, der war arm, aber er hatte eine schöne Tochter. Nun traf es sich, daß er mit dem König zu sprechen kam, und um sich ein Ansehen zu geben, sagte er zu ihm: „Ich habe eine Tochter, die kann Stroh zu Gold

5 spinnen." Der König sprach zum Müller: „Das ist eine Kunst, die mir wohlgefällt; wenn deine Tochter so geschickt ist, wie du sagst, so bring sie morgen in mein Schloß, da will ich sie auf die Probe stellen." Als nun das Mädchen zu ihm gebracht ward, führte er es in eine Kammer, die ganz voll Stroh lag, gab ihr Rad und Haspel und sprach: „Jetzt mache dich an die Arbeit, und wenn du

10 diese Nacht durch bis morgen früh dieses Stroh nicht zu Gold versponnen hast, so mußt du sterben." Darauf schloß er die Kammer selbst zu, und sie blieb allein darin.

Da saß nun die arme Müllerstochter und wußte um ihr Leben keinen Rat; sie verstand gar nichts davon, wie man Stroh zu Gold spinnen konnte, und ih-

15 re Angst ward immer größer, daß sie endlich zu weinen anfing. Da ging auf einmal die Türe auf, und trat ein kleines Männchen herein und sprach: „Guten Abend, Jungfer Müllerin, warum weint sie so sehr?" – „Ach", antwortete das Mädchen, „ich soll Stroh zu Gold spinnen und verstehe das nicht." Sprach das Männchen: „Was gibst du mir, wenn ich dir's spinne?" – „Mein Halsband",

20 sagte das Mädchen. Das Männchen nahm das Halsband, setzte sich vor das Rädchen, und schnurr, schnurr, schnurr, dreimal gezogen, war die Spule voll. Dann steckte es eine andere auf, und schnurr, schnurr, schnurr, dreimal gezogen, war auch die zweite voll – und so ging's fort bis zum Morgen, da war alles Stroh versponnen, und alle Spulen waren voll Gold. Bei Sonnenaufgang

25 kam schon der König, und als er das Gold erblickte, erstaunte er und freute sich, aber sein Herz ward nur noch goldgieriger. Er ließ die Müllerstochter in eine andere Kammer voll Stroh bringen, die noch viel größer war, und befahl ihr, das auch in einer Nacht zu spinnen, wenn ihr das Leben lieb wäre. Das Mädchen wußte sich nicht zu helfen und weinte, da ging abermals die Türe

30 auf, und das kleine Männchen erschien und sprach: „Was gibst du mir, wenn ich dir das Stroh zu Gold spinne?" – „Meinen Ring von dem Finger", antwortete das Mädchen. Das Männchen nahm den Ring, fing wieder an zu schnurren mit dem Rade und hatte bis zum Morgen alles Stroh zu glänzendem Gold gesponnen. Der König freute sich über die Maßen bei dem Anblick, war aber

35 noch immer nicht Goldes satt, sondern ließ die Müllerstochter in eine noch größere Kammer voll Stroh bringen und sprach: „Die mußt du noch in dieser Nacht verspinnen – gelingt dir's aber, so sollst du meine Gemahlin werden." –
Wenn's auch eine Müllerstochter ist, dachte er, eine reichere Frau finde ich in der ganzen Welt nicht. Als das Mädchen allein war, kam das Männlein zum

40 drittenmal wieder und sprach: „Was gibst du mir, wenn ich dir noch diesmal das Stroh spinne?" – „Ich habe nichts mehr, das ich geben könnte", antwortete das Mädchen. „So versprich mir, wenn du Königin wirst, dein erstes Kind." Wer weiß, wie das noch geht, dachte die Müllerstochter und wußte sich auch in der Not nicht anders zu helfen; sie versprach also dem Männchen, was es

45 verlangte, und das Männchen spann dafür noch einmal das Stroh zu Gold. Und als am Morgen der König kam und alles fand, wie er gewünscht hatte, so hielt er Hochzeit mit ihr, und die schöne Müllerstochter ward eine Königin.

Über ein Jahr brachte sie ein schönes Kind zur Welt und dachte gar nicht mehr an das Männchen: da trat es plötzlich in ihre Kammer und sprach: „Nun

50 gib mir, was du versprochen hast." Die Königin erschrak und bot dem Männchen alle Reichtümer des Königreichs an, wenn es ihr das Kind lassen wollte. Aber das Männchen sprach: „Nein, etwas Lebendes ist mir lieber als alle Schätze der Welt." Da fing die Königin so an zu jammern und zu weinen, daß das Männchen Mitleiden mit ihr hatte: „Drei Tage will ich dir Zeit lassen",

55 sprach es, „wenn du bis dahin meinen Namen weißt, so sollst du dein Kind behalten."

Nun besann sich die Königin die ganze Nacht über auf alle Namen, die sie jemals gehört hatte, und schickte einen Boten über Land, der sollte sich erkundigen weit und breit, was es sonst noch für Namen gäbe. Als am andern Tag

60 das Männchen kam, fing sie an mit Kaspar, Melchior, Balzer und sagte alle Namen, die sie wußte, nach der Reihe her, aber bei jedem sprach das Männlein: „So heiß ich nicht." Den zweiten Tag ließ sie in der Nachbarschaft herumfragen, wie die Leute da genannt würden, und sagte dem Männlein die ungewöhnlichsten und seltsamsten Namen vor: „Heißt du vielleicht Rippenbiest

65 oder Hammelswade oder Schnürbein?" Aber es antwortete immer. „So heiß ich nicht." Den dritten Tag kam der Bote wieder zurück und erzählte: „Neue Namen habe ich keinen einzigen finden können, aber wie ich an einen hohen Berg um die Waldecke kam, wo Fuchs und Has sich gute Nacht sagen, so sah ich da ein kleines Haus, und vor dem Haus brannte ein Feuer, und um das

70 Feuer sprang ein gar zu lächerliches Männchen, hüpfte auf einem Bein und schrie:

„Heute back ich, morgen brau ich,
Übermorgen hol ich der Königin ihr Kind;

75 Ach wie gut ist, daß niemand weiß,
Daß ich Rumpelstilzchen heiß!"

Da könnt ihr denken, wie die Königin froh war, als sie den Namen hörte, und als bald hernach das Männlein hereintrat und fragte: „Nun, Frau Königin, wie heiß ich?" fragte sie erst: „Heißest du Kunz?" – „Nein." – „Heißest du

80 Heinz?" – „Nein."

„Heißt du etwa Rumpelstilzchen?"

„Das hat dir der Teufel gesagt, das hat die der Teufel gesagt", schrie das Männlein und stieß mit dem rechten Fuß vor Zorn so tief in die Erde, daß es

85 bis an den Leib hineinfuhr, dann packte es in seiner Wut den linken Fuß mit beiden Händen und riß sich selbst mitten entzwei.

Brüder Grimm

Fundevogel

1 Es war einmal ein Förster, der ging in den Wald auf die Jagd, und wie er in den Wald kam, hörte er schreien, als ob's ein kleines Kind wäre. Er ging dem Schreien nach und kam endlich zu einem hohen Baum, und oben darauf saß ein kleines Kind. Es war aber die Mutter mit dem Kinde unter dem Baum ein-
5 geschlafen, und ein Raubvogel hatte das Kind in ihrem Schoße gesehen; da war er hinzugeflogen, hatte es mit seinem Schnabel weggenommen und auf den hohen Baum gesetzt.

Der Förster stieg hinauf, holte das Kind herunter und dachte: Du willst das Kind mit nach Haus nehmen und mit deinem Lenchen zusammen aufziehn. Er
10 brachte es also heim, und die zwei Kinder wuchsen miteinander auf. Das aber, das auf dem Baum gefunden worden war, und weil es ein Vogel weggetragen hatte, wurde „Fundevogel" geheißen. Fundevogel und Lenchen hatten sich so lieb, nein so lieb, daß, wenn eines das andere nicht sah, ward es traurig.

Der Förster hatte aber eine alte Köchin, die nahm eines Abends zwei Eimer
15 und fing an, Wasser zu schleppen, und ging nicht einmal, sondern vielemal hinaus an den Brunnen. Lenchen sah es und sprach: „Hör einmal, alte Sanne, was trägst du denn so viel Wasser zu?" – „Wenn du's keinem Menschen wieder sagen willst, so will ich dir's wohl sagen." Da sagte Lenchen nein, sie wollte es keinem Menschen wieder sagen, so sprach die Köchin: „Morgen
20 früh, wenn der Förster auf die Jagd ist, da koche ich das Wasser, und wenn's im Kessel siedet, werfe ich den Fundevogel 'ein und will ihn darin kochen."

Des andern Morgens in der Frühe stand der Förster auf und ging auf die Jagd, und als er weg war, lagen die Kinder noch im Bett. Da sprach Lenchen zum Fundevogel: „Verläßt du mich nicht, so verlaß ich dich auch nicht", so
25 sprach der Fundevogel: „Nun und nimmermehr." Da sprach Lenchen: „Ich will es dir nur sagen, die alte Sanne schleppte gestern abend so viel Eimer Wasser ins Haus; da fragte ich sie, warum sie das täte, so sagte sie, wenn ich's keinem Menschen sagen wollte, so wolle sie es mir wohl sagen; sprach ich, ich wollte es gewiß keinem Menschen sagen, da sagte sie, morgen früh, wenn
30 der Vater auf die Jagd wäre, wollte sie den Kessel voll Wasser sieden, dich hineinwerfen und kochen. Wir wollen aber geschwind aufstehen, uns anziehen und zusammen fortgehen."

Also standen die beiden Kinder auf, zogen sich geschwind an und gingen fort. Wie nun das Wasser im Kessel kochte, ging die Köchin in die Schlaf-
35 kammer, wollte den Fundevogel holen und ihn hineinwerfen. Aber als sie hineinkam und zu den Betten trat, waren die Kinder alle beide fort - da wurde ihr grausam angst, und sie sprach zu sich: „Was will ich nun sagen, wenn der Förster heimkommt und sieht, daß die Kinder weg sind? Geschwind hintennach, daß wir sie wieder kriegen."

40 Da schickte die Köchin drei Knechte nach, die sollten laufen und die Kinder einfangen. Die Kinder aber saßen vor dem Wald, und als sie die drei Knechte von weitem laufen sahen, sprach Lenchen zum Fundevogel: „Verläßt du mich nicht, so verlaß ich dich auch nicht", so sprach Fundevogel: „Nun und nimmermehr." Da sagte Lenchen: „Werde du zum Rosenstöckchen und ich zum
45 Röschen darauf." Wie nun die drei Knechte vor den Wald kamen, so war nichts da als ein Rosenstrauch und ein Röschen obendrauf, die Kinder aber nirgends. Da sprachen sie: „Hier ist nichts zu machen", und gingen heim und

sagten der Köchin, sie hätten nichts in der Welt gesehen als nur ein Rosenstöckchen und ein Röschen obendrauf. Da schalt die alte Köchin: „Ihr Ein-
50 faltspinsel, ihr hättet das Rosenstöckchen sollen entzweischneiden und das Röschen abbrechen und mit nach Haus bringen; geschwind und tut's." Sie mußten also zum zweitenmal hinaus und suchen. Die Kinder sahen sie aber von weitem kommen, da sprach Lenchen: „Fundevogel, verläßt du mich nicht, so verlaß ich dich auch nicht." Fundevogel sagte: „Nun und nimmermehr."

55 Sprach Lenchen: „So werde du eine Kirche und ich die Krone darin." Wie nun die drei Knechte dahin kamen, war nichts da als eine Kirche und eine Krone darin. Sie sprachen also zueinander „Was sollen wir hier machen, laßt uns nach Hause gehen." Wie sie nach Haus kamen, fragte die Köchin, ob sie nichts gefunden hätten; so sagten sie nein, sie hätten nichts gefunden als eine
60 Kirche, da wäre eine Krone darin gewesen. „Ihr Narren", schalt die Köchin, „warum habt ihr nicht die Kirche zerbrochen und die Krone mit heimgebracht?" Nun machte sich die alte Köchin selbst auf die Beine und ging mit den drei Knechten den Kindern nach. Die Kinder sahen aber die drei Knechte von weitem kommen und die Köchin wackelte hintennach. Da sprach Len-
65 chen: „Fundevogel, verläßt du mich nicht, so verlaß ich dich auch nicht." Da sprach der Fundevogel: „Nun und nimmermehr." Sprach Lenchen: „Werde zum Teich und ich die Ente darauf." Die Köchin aber kam herzu, und als sie den Teich sah, legte sie sich drüber hin und wollte ihn aussaufen. Aber die Ente kam schnell geschwommen, faßte sie mit ihrem Schnabel beim Kopf und
70 zog sie ins Wasser hinein - da mußte die alte Hexe ertrinken. Da gingen die Kinder zusammen nach Haus und waren herzlich froh; und wenn sie nicht gestorben sind, leben sie noch.

Brüder Grimm

Die Wichtelmänner

1 Es war ein Schuster ohne seine Schuld so arm geworden, daß ihm endlich
nichts mehr übrigblieb als Leder zu einem einzigen Paar Schuhe. Nun schnitt
er am Abend die Schuhe zu, die wollte er den nächsten Morgen in Arbeit nehmen; und weil er ein gutes Gewissen hatte, so legte er sich ruhig zu Bett, be-
5 fahl sich dem lieben Gott und schlief ein. Morgens, nachdem er sein Gebet
verrichtet hatte und sich zur Arbeit niedersetzen wollte, so standen die beiden
Schuhe ganz fertig auf seinem Tisch. Er verwunderte sich und wußte nicht,
was er dazu sagen sollte. Er nahm die Schuhe in die Hand, um sie näher zu betrachten. Sie waren so sauber gearbeitet, daß kein Stich daran falsch war, ge-
10 rade als wenn es ein Meisterstück sein sollte. Bald darauf trat auch schon ein
Käufer ein, und weil ihm die Schuhe so gut gefielen, so bezahlte er mehr als
gewöhnlich dafür, und der Schuster konnte von dem Geld Leder zu zwei Paar
Schuhen erhandeln. Er schnitt sie abends zu und wollte den nächsten Morgen
mit frischem Mut an die Arbeit gehen, aber er brauchte es nicht, denn als er
15 aufstand, waren sie schon fertig, und es blieben auch nicht die Käufer aus, die
ihm so viel Geld gaben, daß er Leder zu vier Paar Schuhen einkaufen konnte.
Er fand frühmorgens auch die vier Paar fertig; und so ging's immer fort; was
er abends zuschnitt, das war am Morgen verarbeitet, also daß er bald wieder
sein ehrliches Auskommen hatte und endlich ein wohlhabender Mann ward.
20 Nun geschah es eines Abends nicht lange vor Weihnachten, als der Mann wieder zugeschnitten hatte, daß er vor Schlafengehen zu seiner Frau sprach: „Wie
wär's, wenn wir diese Nacht aufblieben, um zu sehen, wer uns solche hilfrei-
che Hand leistet?" Die Frau war's zufrieden und steckte ein Licht an; darauf
verbargen sie sich in den Stubenecken, hinter den Kleidern, die da aufgehängt
25 waren, und gaben acht. Als es Mitternacht war, da kamen zwei kleine, niedli-
che nackte Männlein, setzten sich vor des Schusters Tisch, nahmen alle zuge-
schnittene Arbeit an sich und fingen an, mit ihren Fingerlein so behend und
schnell zu stechen, zu nähen, zu klopfen, daß der Schuster vor Verwunderung
die Augen nicht wenden konnte. Sie ließen nicht nach, bis alles zu Ende ge-
30 bracht war und fertig auf dem Tische stand, dann sprangen sie schnell fort.

Am andern Morgen sprach die Frau: "Die kleinen Männer haben uns reich
gemacht, wir müßten uns doch dankbar dafür bezeigen. Sie laufen so herum,
haben nichts am Leib und müssen frieren. Weißt du was? Ich will Hemdlein,
Rock, Wams und Höslein für sie nähen, auch jedem ein Paar Strümpfe
35 stricken; mach du jedem ein Paar Schühlein dazu." Der Mann sprach: „Das
bin ich wohl zufrieden", und abends, wie sie alles fertig hatten, legten sie die
Geschenke statt der zugeschnittenen Arbeit zusammen auf den Tisch und ver-
steckten sich dann, um mit anzusehen, wie sich die Männlein dazu anstellen
würden. Um Mitternacht kamen sie herangesprungen und wollten sich gleich
40 an die Arbeit machen; als sie aber kein zugeschnittenes Leder, sondern die
niedlichen Kleidungsstücke fanden, verwunderten sie sich erst, dann aber be-
zeigten sie eine gewaltige Freude. Mit der größten Geschwindigkeit zogen sie
sich an, strichen die schönen Kleider am Leib und sangen:

„Sind wir nicht Knaben glatt und fein?

45   Was sollen wir länger Schuster sein!"

Dann hüpften und tanzten sie und sprangen über Stühle und Bänke. Endlich
tanzten sie zur Türe hinaus. Von nun an kamen sie nicht wieder, dem Schuster
aber ging es wohl, solang er lebte, und es glückte ihm alles, was er unternahm.

Arbeitsblatt: Vorüberlegungen

Ihr habt euch für eine Gruppe entschieden und damit für ein ganz bestimmtes Märchen. Es sollte jetzt jeder für sich seine Entscheidung überdenken:

1. Notiere in Stichpunkten:

a) Warum hast du dich gerade für dieses Märchen entschieden?
   (Du solltest nicht einfach nur sagen „Weil es mir gefällt!")

_____

_____

_____

_____

b) Was an dem ausgewählten Märchen gefällt dir besonders?

_____

_____

_____

_____

c) Vielleicht hast du schon genauere Vorstellungen darüber, wie das Märchenspiel aussehen könnte.
   Mache dir dazu jetzt schon einige Notizen!

_____

_____

_____

_____

2. Besprecht in einem zweiten Schritt in der Gruppe eure Notizen. Achtet darauf, daß jeder zu Wort kommt, daß jeder seine Stichpunkte vorträgt und erläutert und daß die anderen auch alle Stellung nehmen.
   Haltet das, was ihr alle oder in der Mehrheit gemeinsam habt, in Stichpunkten fest:

_____

_____

_____

_____

_____

Arbeitsblatt: Wie macht man aus einem Märchen ein Spiel?

1. Besprecht die Frage in eurer Gruppe, und macht euch Notizen. (Ihr braucht die Notizen nicht zu ordnen. Wichtig ist nur, daß ihr Ideen, aber auch erwartbare Probleme in Stichpunkten festhaltet.)

_____

_____

_____

_____

_____

_____

_____

2. Wenn eure Diskussion nicht mehr so recht weitergehen will, könnt ihr auch so weitermachen:

a) Lest den Märchentext noch einmal genau durch.

b) Legt den Text weg, legt die "sprechenden Rollen" fest, und spielt einfach mal drauf los (man sagt dazu auch: „aus dem Stegreif spielen").

c) Wer keine Rolle hat, paßt auf und macht Notizen zur Frage: Wo gab es Schwierigkeiten?

d) Wenn es mit dem Spiel gar nicht mehr weitergeht, so haltet ein und überlegt, woran das liegen könnte. Probiert dann erneut und versucht, die Probleme zu lösen oder sie zu umgehen. Notfalls könnt ihr auch euren Lehrer oder eure Lehrerin um Rat fragen.

e) Notiert zum Schluß:

Probleme, die es gab:	So wurden sie gelöst:

3. Ihr könnt auch so verfahren:

a) Nehmt euch den Text vor: Einer liest den Erzähler, die übrigen Rollen werden von anderen Gruppenmitgliedern übernommen.

b) Stellt euch nun vor: Ihr laßt den Erzähler ganz weg. Was muß da alles anders werden? (Denkt daran: Eure Zuschauer kennen womöglich das Märchen überhaupt nicht. Ihnen muß alles „irgendwie" erklärt und erläutert werden.)

Unterscheidet und haltet fest:

Das wird fehlen:

_____

_____

_____

Das muß geändert werden:

_____

_____

_____

Dafür haben wir noch keine Lösung:

_____

_____

_____

_____

c) Probiert nun, die erste Szene einmal gleichsam „im Zeitlupentempo" zu spielen. Dabei sollen diejenigen, die keine Rolle übernommen haben, die Zuschauer spielen und Zwischenfragen stellen, die dann von den Spielern beantwortet werden müssen. Haltet nun in Stichpunkten fest:

Die erste Szene:

Das will der Zuschauer wissen:	Das muß auf der Bühne geschehen:

Besprecht nun eure noch offenen Probleme mit eurer Lehrerin oder eurem Lehrer.

Arbeitsblatt: Den Gesamtaufbau des Stückes festlegen

1. Die Erzählung gibt die Handlung und die Abfolge der Handlungsschritte wieder. Beim Erzählen einer Geschichte läuft alles ohne größere Unterbrechungen ab. Allerdings: Ab und zu macht man auch beim Erzählen (oder Vorlesen) eine kleinere Pause.
Überlegt (und notiert): Wann macht man beim Erzählen Pausen?

a) _____

b) _____

c) _____

d) _____

2. Wenn ihr euch die Texte genauer anschaut, merkt ihr, daß sie schon Abschnitte enthalten. Stellt fest, wo das der Fall ist. Notiert: Wann werden im Text Abschnitte gemacht?
Welche Gründe könnte es dafür geben?

_____

_____

_____

_____

3. Beim Spielen eines Stückes ergeben sich bisweilen „von selbst" Pausen, oder es geht gar nicht anders, als daß man eine Pause einschiebt.
Überlegt: Wann ergeben sich solche Einschnitte?

_____

_____

_____

_____

4. Geht nun euren Text durch, und markiert die Stellen, wo sich solche Einschnitte (Pausen?) als notwendig erweisen würden. (Wenn ihr noch Probleme habt, dann stellt euch einfach ein solches Spiel auf der Bühne einmal vor: Wann wird man unterbrechen müssen? Wie verläuft die Handlungsabfolge?).

_____

_____

_____

_____

_____

5. Das folgende Schema zeigt den Handlungsaufbau eines Stückes, welches nach der Erzählung „Die genarrten Amtsschreiber" geschrieben werden soll. (Die Geschichte könnt ihr auf dem Zusatzblatt nachlesen!). Vergleicht das Schema mit der Geschichte, und stellt fest:

a) Wo (und warum) werden Einschnitte gemacht?

_____

_____

_____

_____

b) Welche Teile der Geschichte werden ausgedehnt?

_____

_____

_____

_____

_____

c) Welche Teile werden gegenüber der Geschichte ergänzt? Überlegt, warum diese Teile eingefügt werden.

_____

_____

_____

_____

_____

_____

_____

_____

_____

_____

_____

_____

Die genarrten Amtsschreiber

1 Der Hauptmann von Trebbin und Zossen, Herr Eustachius von Schlieben, hatte einen Groll auf seine Amtsschreiber, weil sie immer alles besser wissen wollten. Aber er durfte sie nicht zu streng anfassen, weil er sie brauchte; ein Edelmann jener Zeit betrachtete das Lesen und Schreiben grundsätzlich als ein
5 niederes Handwerk und überließ dieses den dafür bezahlten Dienern. Als Hans Clawert, der berühmte Schelm, merkte, wie gern der Herr von Schlieben seinen Schreibern einmal eine Lehre verpaßt hätte, aber es nicht wagte, um sie nicht zu verärgern, beschloß er, dieses Geschäft auf sich zu nehmen.

An einem bitterkalten Tag, nachdem es die Nacht zuvor geschneit hatte,
10 wälzte sich der Schelm ein paarmal im Schnee und begab sich danach in des Hauptmanns Amtsstube in Trebbin. Er prahlte, er habe sich mit einer Wildsau im Schnee gebalgt, und hätte er nur ein Netz bei sich gehabt, so hätte er den Eber auch gefangen.

„Wer Lust zur Jagd hat, der mag jetzt aufbrechen", rief der Hauptmann
15 fröhlich. „Unser braver Clawert wird ihm zeigen, wo das Schwein und der Weidmannsruhm zu finden sind."

Das ließen sich die Schreiber nicht zweimal sagen. Es waren ihrer drei, nämlich ein Geheimschreiber, ein Amtsschreiber und ein Hilfsamtsschreiber.

Sie hofften, einen guten Fang zu tun und vielleicht gar Heldentaten voll-
20 bringen zu können. Und sie dachten mit Vergnügen daran, es einmal ihrem Herrn zurückzuzahlen, daß er sie gelegentlich als Federkritzler und Stubenhocker zu bezeichnen beliebte.

Die drei Schreiber hüllten sich in ihre dicken Fuchspelze und machten sich sodann auf den Weg nach dem Galgenberg, wo sich nach Clawerts Angaben
25 die Wildsau aufhielt.

Am Ziel angelangt, heuchelte der Galgenstrick: „Meine Herren, legt besser die Fuchspelze ab, im Gebüsch würden sie euch hinderlich sein. Ich will sie für euch tragen, solange ihr Ausschau haltet."

Die Schreiber taten, wie ihnen geraten. Dann nahmen sie die Sauspieße und
30 Fangnetze zur Hand und drangen in das dichte Gebüsch ein. Inzwischen kamen auch die Bauern heran, die Clawert als Treiber bestellt hatte. Sie umzingelten den Galgenberg und erhoben ein großes Geschrei.

Es war aber gar keine Sau in der Gegend, und die Jäger standen ganz vergebens viele Stunden lang im Gebüsch, bis sie steif gefroren waren. Dem Cla-
35 wert machte das Warten nichts aus - kein Wunder, hatte er sich doch in drei Fuchspelze eingewickelt.

Der Herr von Schlieben hatte wohl geahnt, daß der pfiffige Hans wieder einen Narrenstreich ausführte, als er die drei Schreiber auf den Galgenberg lockte. Bei ihrer Rückkehr empfing er denn auch die Amtspersonen mit schal-
40 lendem Gelächter: „Da seid ihr ja wieder, ihr drei Saufänger! Wo ist die Beute?"

Die Schreiber waren giftig vor Wut und verlangten, daß Clawert ordentlich bestraft würde.

„Daraus wird nichts", sagte der Hauptmann. „Ihr habt doch gewußt, daß
45 Clawert ein Schelm ist. Warum seid ihr ihm auf den Leim gegangen? Ich sag's euch, warum! Es ist der Mensch so gierig nach Ehren und Ruhm, daß er den fadenscheinigsten und windigsten Verlockungen willig Folge leistet. Bleibt bei Papier und Gänsekiel, meine Herren, und überlaßt das Jagen mir."

Szenenübersicht zu: Die genarrten Amtsschreiber

Szene:	Handelnde Person; Eigenschaften	Schauplatz	Handlung
1	Hauptmann [vornehm, geschäftig] 1. Schreiber 2. Schreiber 3. Schreiber [untergeben, aber doch frech; hochnäsig]	Vorzimmer/ Schreibstube beim Hauptmann	Drei Schreiber unterhalten sich über ihre Arbeit; abfällige Bemerkungen über den Hauptmann; Hauptmann kommt und gibt Aufträge; mürrisch-freche Antworten der Schreiber; Hauptmann geht in sein Zimmer
2	Vorige Clawert [listig]	wie vorher	Clawert kommt; neckt die Schreiber; will zum Hauptmann
3	Hauptmann Clawert	Zimmer des Haupt- manns	Hauptmann klagt sein Leid; beschwert sich über die Schreiber; Clawert verspricht, etwas zu unternehmen
4	wie 1. Szene; Clawert [völlig weiß von Schnee]	Vorzimmer	Hauptmann und drei Schreiber; Befehle usw.; hochnäsige Schreiber; Clawert kommt und erzählt von Wildsau; Hauptmann fordert zur Jagd auf
5	3. Schreiber [im Pelz] Clawert [etwas voraus]	auf freiem Feld; unterwegs zum Galgenberg	Schreiber sehen sich schon als große Jäger
6	Vorige	auf dem Galgenberg	Vorbereitungen für die Jagd; Schreiber geben Clawert ihre Pelze und dringen ins Gebüsch
7	Clawert Bauern	wie vorher	Clawert erklärt, es gebe keine Sau; Bauern machen Lärm und Unfug
8	Hauptmann Clawert	Vorzimmer	Clawert erzählt dem Hauptmann von der „Jagd"
9	Vorige drei Schreiber	Vorzimmer	Drei Schreiber kommen frierend, werden aus- gelacht; verlangen Bestrafung; Hauptmann lehnt ab

6. Entwerft nun für euer Spiel ein ähnliches Schema, und legt den Gesamtaufbau fest.
Überlegt vorher noch einmal:

– Welche Figuren sollen insgesamt mitspielen? Braucht ihr zusätzliche Figuren? Welche?

_____

_____

_____

– An welchen Orten soll eure Geschichte spielen?

_____

_____

_____

– Was müßt ihr gegenüber der Vorlage erweitern bzw. ergänzen?

_____

_____

_____

Entwerft nun den Gesamtaufbau eures Spiels:

Szene:	Personen:	Ort:	Handlung:

Arbeitsblatt: Figuren entwerfen - Handlungsorte beschreiben

Um euer Märchenspiel später auch aufführen zu können, braucht ihr eine Bühne, und vor allem braucht ihr geeignete Puppen.

1. Stellt auch vor, ihr wollt euren Kunsterzieher um Rat fragen, wie ihr eure Puppen herstellen, gestalten und „ausstaffieren" sollt. (Natürlich werdet ihr euch das nicht nur vorstellen, sondern - wenn möglich! - auch tun.) Er kann euch nur dann richtig weiterhelfen, wenn ihr ihm auch darüber Auskunft gebt, wie ihr euch selbst eure Figuren vorstellt.
Fertigt Beschreibungen der in eurem Stück auftretenden Figuren an. Dazu müßt ihr

– sagen, um welche Figur es sich handelt;

– sagen, welches ihre Aufgaben im Stück sind;

– sagen, welche Eigenschaften und Merkmale sie hat;

– vielleicht auch sagen, wie ihr euch Einzelheiten vorstellt.

Am besten wird sein, ihr verfahrt so, daß sich jeder von euch eine Figur vornimmt und sie beschreibt. Also:

Meine Figur:

_____

_____

_____

_____

_____

_____

_____

_____

_____

_____

_____

_____

_____

_____

_____

_____

_____

2. Euer Stück spielt vermutlich auch an verschiedenen Schauplätzen. Diese Schauplätze kann man auf der Bühne darstellen: Man baut und malt „Kulissen".

a) Schaut in einem Lexikon nach, was das Wort „Kulisse" bedeutet. Formuliert dann mit eigenen Worten:

Unter „Kulisse" versteht man

_____

_____

_____

4
Blatt
2

b) Bittet euren Kunsterzieher oder eure Kunsterzieherin um Rat und Unterstützung. Ihr müßt ihm oder ihr natürlich genauer erklären, welche Schauplätze ihr braucht. Notiert zu jedem Schauplatz:

Was wollt ihr darstellen?

_____

_____

_____

Was ist das für den Schauplatz besonders Typische? (Woran erkennt man, wo man sich befindet?)

_____

_____

_____

Was an diesem Schauplatz wird für die Handlung besonders wichtig? (Das kann z.B. ein Stein sein, über den jemand stolpert...)

_____

_____

_____

Soll der Schauplatz eine besondere Stimmung (schaurig, ruhig...) ausstrahlen? Wie könnte man das zustande-bringen?

_____

_____

_____

Fertigt nun ausführliche Beschreibungen der Schauplätze an. Ihr könnt auch schon mit kleinen Skizzen arbeiten.

Arbeitsblatt: Wie kann man auf der Bühne darstellen, wer und was eine Figur ist?

1. Ihr habt schon versucht (siehe Arbeitsblatt 4), eure Figuren zu charakterisieren. Nehmt nun eure Charakterisierungen wieder zur Hand und überlegt:

a) Worüber muß man den Zuschauer möglichst früh informieren?

_____

_____

_____

b) Welche Möglichkeiten seht ihr, dem Zuschauer mitzuteilen, um was für eine Figur es sich handelt?

_____

_____

_____

c) Wie könnte man den Zuschauer über wichtige Eigenschaften einer Figur informieren?

_____

_____

_____

2. So machen das andere...

Auf den folgenden Seiten findet ihr Ausschnitte aus Theaterstücken. Untersucht die Textausschnitte, und stellt fest, wie da jeweils die Figuren eingeführt und vorgestellt werden.

T1:_____

_____

T2:_____

_____

T3:_____

_____

T4:_____

_____

T5: (Vorsicht ! Da ist einiges ganz ungewöhnlich. Warum?)

_____

_____

_____

Wolfgang Rapp [T1]

Das Spiel vom weisen Kadi

Die Spieler: DER KADI, MEHRERE BEISITZER DES GE-
RICHTS, DER KAUFMANN, DER WASSERTRÄGER, DER GE-
RICHTSDIENER, FREUNDE DES KAUFMANNS, VOLK

*Links, schräg zu den Zuschauern, steht ein Tisch, mit
einem Teppich oder mit einigen Kissen bedeckt.
Es betreten die Bühne: Kadi, Beisitzer, Kaufmann mit
Freunden, Wasserträger und Volk. Kadi und Beisitzer
nehmen im Türkensitz auf dem Tische Platz. Ihnen ge-
genüber nehmen die übrigen Aufstellung. Kadi und
Beisitzer zählen Geld in einen Beutel, Gerichtsdiener
kommt mit Schriftrollen für die Beisitzer, lebhafter
Meinungsaustausch beim Volk.
Auf ein Zeichen des Kadi ruft der*

GERICHTSDIENER: Schweigt alle still! Der Kadi spricht.
    *Alles verstummt und verneigt sich vor dem Ge-
    richt.*
KADI: Erschienen sind vor dem Gericht
    hier Ibn el Saadi als der Kläger,
    dort Ibrahim, der Wasserträger.
    Er ist in diesem Fall Beklagter.
    Die Klage lautet, daß Besagter
    den Kläger durch infame Lügen
    um zehn Denare will betrügen. -
    Du bis der Kaufmann Ibn el Saadi?
KAUFMANN *tritt vor, unterwürfig:*
    Du sagst es, o erhabner Kadi.

Lothar Sauer [T2]

„Emil, die Polente kommt"

Personen: EMIL *und* EDE, *zwei Ganoven*

*Zubehör: Ein Beutel oder ein großes Tuch mit „Juwe-
len" (aus Steinchen, zurechtgebogenen Draht-
stückchen, Matratzenkettchen usw.).*

EDE *und* EMIL, *die beide Phantasie und Redegewandt-
heit besitzen sollten, kommen eilig und leise hereinge-
huscht, evtl. nach Diebesart vermummt, und blicken
sich mißtrauisch um. Dann beruhigen sie sich:*
„Komm, Ede, hier sind wir sicher, hier können wir
teilen."
„Okay, teilen wir!" *Sie entfernen ihre Maskierung,
lassen sich am Boden nieder, und der eine zieht einen
Beutel (Tuch) mit den frisch erbeuteten Juwelen her-
vor, die er zwischen den beiden am Boden ausbreitet:*
„Mann, d a s war wieder ein Fischzug!"
„Klasse, wie wir den Tresor geknackt haben!"
„Na los, hier die Kette kriegst du ..."
„Und die Brosche hier du ..."
„Und du wieder den Ring hier ..." *usw. Sie teilen die
Beute eine Zeitlang unter sich auf - dann aber bahnt
sich ein Streit an:*
„Eh, den Saphir kriege ich!"
„Wieso du? Jetzt bin i c h dran!"
„Dran oder nicht, den Saphir kriege i c h!"
„Nix da! Wir haben bis jetzt immer ehrlich geteilt,
also krieg i c h den Saphir! Wer von uns hat denn die
Sache ausbaldowert, du oder ich?"
„Ha, und wer hat die Alarmanlage ausgeschaltet?"
„Und wer den Tresor aufgeknackt?"
„Und wer den Wachmann abgelenkt?"
„Und wer unsern Rückzug gedeckt? Los, her mit dem
Klunker!"

Günter Bruno Fuchs [T3]

Adam Riese und der Große Krieg

Personen: ADAM RIESE, *Rechenmeister,* CONRAD SCHNEEBELLI, *sein Gehilfe,* RAMPA ZAMPA, *General*

Frühjahr des Jahres 1535. Lautenmusik. In Adam Rieses Haus zu Annaberg: Meister Riese und sein Gehilfe Conrad Schneebelli.

ADAM RIESE: Mein lieber Conrad Schneebelli –!
CONRAD: Meister Adam Riese –!
ADAM RIESE: Mein lieber Conrad Schneebelli –: Deine Musik ist schön. Du hast viel gelernt.
   Pause. Schneebellis Lautenspiel für einen Augenblick nah und kräftig.
CONRAD: Meister Adam Riese – was tun wir jetzt mit dem Kerl?
ADAM RIESE: Bitte laß ihn herein!
   Lautenspiel bricht ab.
CONRAD: Hereinlassen. – Hereinlassen?
ADAM RIESE: Durch die Tür meinetwegen.
CONRAD: Meister Adam Riese – ist das gut überlegt?
ADAM RIESE: Gut. – Was ist mit dem Kerl?
CONRAD: Er sieht grimmig aus. Etliche Säbel
ADAM RIESE: Wird er uns beißen? Niederschlagen?
CONRAD: Beißt oder schlägt er, so helfe ich ihm nach draußen. Ich bin Euer Gehilfe!
ADAM RIESE: Also laß ihn herein!
CONRAD *von der Tür aus:* Meister Adam Riese läßt bitten –!
   Paukenschlag. Näherschreiten des Besuchers von der Tür aus in Begleitung von Paukenschlägen, Geklirr: die Säbel, die Rüstung.
RAMPA ZAMPA: Da bin ich!
ADAM RIESE: Mit einer umgehängten Pauke. Und wer?
RAMPA ZAMPA: Gene-raaa-aahl Rampa Zampa! Spreche ich Adam Riese?
   Leichter Paukenwirbel.
ADAM RIESE: Es stimmt. Bitte setzt Euch!
RAMPA ZAMPA: Wir sind nicht allein! Was soll das mit der umgehängten Laute?
   Kurzer Lautenakkord.
CONRAD: General Rampa Zampa, ich bin Conrad Schneebelli, Gehilfe des Meisters Adam Riese.
RAMPA ZAMPA: Verstehe, du hörst mit!
ADAM RIESE: Ich rechne mit seiner Musik. Das ist es.

Lothar Sauer [T4]

Ein Drehtag im Studio 13

Personen: DER ANSAGER, DER REGISSEUR, DER KAMERA-MANN, DER BELEUCHTER
Als Darsteller: DIE FÖRSTERSTOCHTER, DER JUNGE JÄGER, DER WILDERER, DER ARZT, *zwei bis vier* LEICHENTRÄGER

Zubehör: Ein Gewehr für den Wilderer, ein „Drehbuch" (Telefonbuch) für den Regisseur, eine Filmkamera (selbstgebastelt), mehrere Taschenlampen, weißer Kittel und Brille für den Doktor, ein Besen, Wischtuch, Kanne oder sonst ein Haushaltsgerät.

Der Ansager tritt auf und verbeugt sich: Hochverehrte Gäste! Im Namen unserer Schnulzofix-Filmproduktion *(oder sonst ein lustiger Name)* heiße ich Sie herzlich in unserem Studio 13 willkommen. Sie werden nun Zeugen sein bei den Dreharbeiten zu dem erschütternden Heimatfilm „Wo der Rothirsch jodelt" *(oder sonst ein drolliger Titel),* und ich hoffe, daß es für Sie ein paar lehrreiche Stunden sein werden. Zunächst aber darf ich Ihnen die wichtigsten Personen vorstellen, die an diesem Meisterwerk beteiligt sind: Da haben wir zunächst den Regisseur des Films, mit seinem dicken Drehbuch...
Der Regisseur, mit einem Telefonbuch unter dem Arm, tritt vor und verneigt sich; am besten trägt er einen dunklen Augenschirm oder eine ebensolche Brille gegen das grelle Licht der Atelierlampen.
Dann hätten wir, zweitens, hier den Beleuchter ...
Der Beleuchter tritt vor, von oben bis unten mit Taschenlampen behängt, mindestens aber mit einer Lampe in jeder Hand, und leuchtet kurz ins Publikum. Und hier unser Kameramann ...
Der Kameramann erscheint; er trägt eine selbstgebastelte Kamera (Pappkarton mit vorn herausguckendem Flaschenboden oder Wasserglas und evtl. einer beweglichen Kurbel) und visiert probeweise die Zuschauer an.
So, und nun zu unseren Darstellern! Da haben wir als erste unsere charmante Hauptdarstellerin Eulalia Flennewein - sie spielt in diesem Film die Försterstochter Vroni!
Die Genannte erscheint, macht einen Knicks und tritt wieder zurück.
Dann ihren feurigen Liebhaber, den jungen Jägersmann, gespielt von Fridolin Kosebald ... *Der junge Schönling wirft eine Kußhand ins Publikum - ...* und hier natürlich, nicht zu vergessen, seinen grimmigen Widersacher, den Wilderer Kaspar Finsterwald! *Auch er, mit aufgemaltem schwarzen Bart und einem Gewehr.*

Ulrich Kabitz [**T5**]

An allem ist die Katze schuld

Sprecher: DER KÖNIG, DIE ERGEBENE KÖNIGIN, DER
SCHÖNE UND MUTIGE HERZOG, DIE WUNDERHÜBSCHE
PRINZESSIN, DER VORHANG

Nun aber die wichtigste Anmerkung, ehe das Spiel be-
ginnt: J e d e r   S p i e l e r   s p r i c h t   a u c h   d i e
A n m e r k u n g e n   m i t, die in seinem Text stehen!
Dies ist die Hauptsache bei diesem Stück !

Akt I

VORHANG: Der Vorhang öffnet sich zum ersten Akt.

KÖNIG: Der König tritt auf.

KÖNIGIN: Im Gefolge seine ergebene Königin.

KÖNIG: Der König läßt sich auf seinem Thron nieder,
sein Szepter in der Hand.

KÖNIGIN: Die Königin steht anmutig neben ihm und
blickt ihn zärtlich an. „Mein Herr", sagt sie mit
sanftem Ton, „warum halten wir die Prinzessin
von den Augen der Männer fern? Würde sich nicht
bald die Ehe für sie schicken?"

KÖNIG: Der König nimmt eine strenge Miene an.
„Die Prinzessin", sagt er mit barscher Stimme,
„tausendmal habe ich es bereits wiederholt, die
Prinzessin soll keines Mannes Weib werden."

HERZOG: Der schöne und mutige Herzog tritt von der
Seite her auf. „O König", sagt er in männlichem
Ton, „ich überbringe Euch eine Botschaft von
größter Wichtigkeit."

PRINZESSIN: In diesem Augenblick tritt die wunderhübsche Prinzessin von der anderen Seite her auf.
Wie sie den schönen und mutigen Herzog sieht,
erschrickt sie und schreit auf: „Oh, ein Mann!"
Ihre Verlegenheit vermehrt nur ihre Schönheit.

HERZOG: Beim ersten Blick entbrennt der schöne und
mutige Herzog in Liebe.

KÖNIG: Voller Erregung steht der König auf.
„Sprich!" brüllt er den Herzog an, „und verlasse
das Haus!"

PRINZESSIN: Das wunderschöne Mädchen errötet und
schließt seine Augen.

KÖNIGIN: „Tochter", sagt die ergebene Königin, „was
hat dich bewogen, ohne Erlaubnis einzutreten?"

PRINZESSIN: Die Prinzessin öffnet den Mund und will
sprechen.

HERZOG: Der Herzog hält den Atem an.

PRINZESSIN: „Ach", sagt das Mädchen in einem von
Süßigkeit schmelzenden Ton, „mein Angorakätz-
chen ist davongelaufen, und ich kann es nirgends
finden."

Arbeitsblatt: Wie man Puppen herstellen kann

Habt ihr eure Puppen schon gebastelt? Wenn ja, dann könnt ihr ja jetzt eine Anleitung verfassen, in der ihr genau beschreibt, wie ihr vorgegangen seid. Dann können auch andere mit Hilfe eurer Texte Puppen basteln. Habt ihr eure Puppen noch nicht hergestellt und ist es euch nicht möglich, mit eurem Kunsterzieher zusammenzuarbeiten, so könnt ihr euch an dem folgenden Einleitungstext und den Skizzen orientieren. Aber auch dann solltet ihr versuchen, einen Anleitungstext zu verfassen. Ihr werdet feststellen, daß manche Handgriffe und Teilhandlungen erst richtig klar werden, wenn man versucht, auch sprachlich auszudrücken, was man da genau vorhat und wozu das dienen soll. Beim Verfassen der Anleitungen (auch: beim Basteln der Puppen!) könnt ihr vom folgenden Text ausgehen und euch an die Reihenfolge halten, die sich aus der Anordnung der Arbeitsaufträge ergibt:

Wir wollen ganz einfache Handpuppen aus Stoff basteln. Dazu braucht man dünne Pappe für die Röhre im Kopf, ein Paket Zellstoffwatte oder Zeitung zum Füllen des Kopfes und allerlei alte Stoffe: Möglichst einfarbige Stoffe für die Kleider und Trikotstoffe, die sich ziehen lassen, für den Überzug des Kopfes. (Schlauchtrikot aus dem Bandagengeschäft, Jackenärmel von Unterwäsche, Kinderhosen und Strümpfen.) Dazu noch Knöpfe für die Augen und Nähgarn.

 1. Was braucht man alles?

a) Material:

_____

_____

b) Werkzeug und Hilfsmittel:

_____

_____

 2. Welche Vorbereitungen muß man treffen?

_____

_____

 3. In welchen Großschritten geht man vor? (Wenn es euch nicht möglich ist, mit dem Kunsterzieher zusammenzuarbeiten, so könnt ihr euch an den kleinen Skizzzen orientieren. Was im einzelnen benutzt wird, könnt ihr aus dem einleitenden Text erschließen.)
Text und Skizzen aus: Erika Zimmermann, Wir spielen Puppentheater, Freiburg: Herder, 1976, S. 81 ff.

a) Der Kopf: Teilschritte:

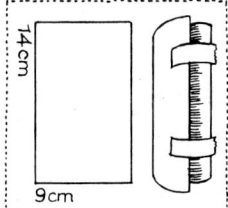 

_____

_____

besonders zu beachten:

_____

_____

b) Die Nase:

Teilschritte:

_____

_____

besonders zu beachten:

_____

_____

c) Den Kopf überziehen:

Teilschritte:

_____

_____

besonders zu beachten:

_____

_____

d) Augen:

Teilschritte:

_____

_____

besonders zu beachten:

_____

_____

e) Haare:

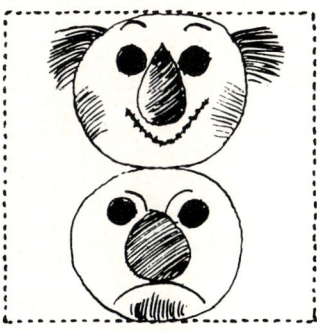

Teilschritte:

_____

_____

besonders zu beachten:

_____

_____

f) Kleider: Teilschritte:

                                              _____

                                              _____

                                              besonders zu beachten:

                                              _____

                                              _____

g) Arme und Hände: Teilschritte:

_____

                                              _____

                                              besonders zu beachten:

                                              _____

                                              _____

Hinweis: Halte dich beim Schreiben deiner Anleitung an die Figur, die du gebastelt hast bzw. basteln wirst. Dann wirst du feststellen, daß da ganz bestimmte Besonderheiten zu beachten sind. (Etwa: Wie groß ist die Nase einer Prinzessin? Oder: Welche Ausstattung braucht ein Prinz?)

_____

_____

_____

_____

_____

_____

_____

_____

_____

_____

_____

_____

_____

_____

_____

Bücher lesen, vorstellen, besprechen

Der folgende allgemeine Plan gibt eine Übersicht über das, was jeder einzelne tun muß, was jede Gruppe tun muß, was jeder über die Pflichtaufgaben hinaus noch tun kann und womit sich die Gruppen auch beschäftigen können.

Einzelarbeit:	**Einzelarbeit:**	**Gruppenarbeit:**	**Gruppenarbeit:**
Pflichtbereich:	Wahlbereich: (Ein Thema sollte mindestens gewählt werden.)	Pflichtbereich:	Wahlbereich: (Jede Gruppe sollte wenigstens einen Bereich wählen.)

Einzelarbeit: Pflichtbereich:

– Text lesen;

– Lesetagebuch führen (Inhaltsangabe, Stellungnahmen);

- Buchempfehlung verfassen.

Einzelarbeit: Wahlbereich: (Ein Thema sollte mindestens gewählt werden.)

– interessante Textstellen illustrieren (Bild, Foto, Collage...);

– Klappentext entwerfen;

– Brief an eine der Figuren des Buches;

– neuen Schluß entwerfen;

– (Wenn du eine andere Idee hast, sprich mit deinem Lehrer darüber.)

Gruppenarbeit: Pflichtbereich:

1. Gruppengespräch und Themenabgrenzung Dabei wird man sich am Themenrahmen orientieren und wenigstens drei Themen festlegen. Es sollte auf jeden Fall behandelt werden:

– Figuren, ihre Eigenschaften und Verhaltensweisen;

– Handlung, Ausgangspunkt, Entwicklung von Lösungen von Konflikten;

2. Vorstellung und Besprechung des Buches im Plenum der Klasse. Dabei wird besonders berücksichtigt:

a) Inhalt und ausgewählte (typische/wichtige) Textstellen;
b) Wichtige Zusatzinformationen zu Hintergründen und Zusammenhängen (Skizzen, Wandplakate...);
c) Diskussion der wichtigsten Probleme (Diskussion vorbereiten und durchführen).

Gruppenarbeit: Wahlbereich: (Jede Gruppe sollte wenigstens einen Bereich wählen.)

1. Info für die Wandzeitung;

2. Info-Vortrag vor der Klasse;

3. ...

4. Hörspiel zum Thema oder einem wichtigen Teilthema des Buches;

5. Fotoerzählung zum Buch;

6. Neuer Schluß und seine (veränderten) Voraussetzungen.

Arbeitsblatt: Bücher empfehlen (1)

Du hast bestimmt schon einmal ein Buch gelesen, von dem du am Ende gesagt hast: Das war toll, das sollten andere auch gelesen haben. Oder: Du hättest gern über ein Buch, das du gelesen hast, mit anderen gesprochen, aber die kannten das Buch nicht. Oder du hast bald Ferien und willst dich mit Lesestoff versorgen, aber du weißt nicht so recht, was du wählen sollst. Da wäre es doch ganz praktisch, wenn dein Freund oder deine Freundin dir etwas empfehlen würde, das sie schon gelesen haben und gut fanden.
Was würdest du deinen Freund oder deine Freundin fragen?

1. Was willst du vom Inhalt des Buches wissen?

_____

_____

_____

_____

2. Was willst du über die Art des Erzählens wissen?

_____

_____

_____

_____

3. Was willst du sonst noch wissen?

_____

_____

_____

_____

4. Stell dir vor, du willst deinem Freund ein Buch empfehlen. Was würdest du ihm sagen? (Notiere Stichpunkte!)

_____

_____

_____

_____

_____

_____

4. Die Buchvorstellung auf der folgenden Seite hat ein Schüler in deinem Alter geschrieben. Lies sie sorgfältig durch und stelle fest, worüber informiert wird.

_____

_____

_____

_____

_____

_____

5. Unterstreiche die Wörter und Wendungen, die nicht nur reine Informationen über das Buch enthalten. Was lassen sie erkennen?

_____

_____

_____

6. Schreibe eine ähnliche Empfehlung: „Mein Lieblingsbuch". Hinweis: Du kannst diese Empfehlung gleich an eurer Wandzeitung aushängen. Es wäre aber vielleicht doch besser, du würdest dir erst das Arbeitsblatt 2 ansehen und deine Empfehlung dann vor der Veröffentlichung noch einmal überarbeiten.

Notizen:

_____

_____

_____

_____

_____

_____

_____

_____

_____

_____

_____

_____

_____

_____

Astrid Lindgren:

Die Kinder von Bullerbü

312 Seiten, 25,- DM, schwarz/weiß bebildert,
ab 6 Jahren, Verlag Friedrich Oettinger

Inhaltsangabe:

Dieses Buch handelt von sechs Kindern, die in einem kleinen Dorf mit nur drei Höfen leben und allerhand lustiges Zeug treiben. Da ist Lisa, ein siebenjähriges Mädchen. Sie erzählt die Geschichte. Sie hat zwei ältere Brüder, den neunjährigen Lasse und den acht-jährigen Bosse. Diese beiden sind mit dem Jungen vom zweiten Hof, dem acht-jährigen Ole, befreundet. Doch auf dem dritten Hof wohnen zwei Mädchen, die neunjährige Britta und die siebenjährige Inga. Astrid Lindgren beschreibt Alltagserlebnisse der Kinder, die teils lustig, teils auch traurig sind. Andere Familienmitglieder und Tiere sind in die Geschichten mit einbezogen. Die Jungen hecken oft Streiche gegen die Mädchen aus, doch am Schluß treffen die Streiche immer sie selbst.

Empfehlung:

Ich finde das Buch sehr gut, weil es spannend und lustig erzählt ist und weil die Ereignisse nicht einfach aus der Luft gegriffen sind. Außerdem ist nicht alles nach dem selben „Strickmuster" ge-schrieben. Auch werden Ereignisse aus der Kindheit Astrid Lind-grens geschildert. Die über 80jährige Autorin ist immer noch nicht zu alt, um gute Kinderbücher zu schreiben.

Christian Roth

Arbeitsblatt: Bücher empfehlen (2)

Du hast schon eine Buchempfehlung entworfen (siehe Arbeitsblatt 1).

1. Gehe deinen Text durch und markiere mit zwei verschiedenen Farben
   – die Teile, die über das Buch informieren und
   – die Teile, die das Buch bewerten, die also deine Meinung zum Buch zum Ausdruck bringen.

2. Besorge dir aus einer Buchhandlung Prospekte und Kataloge von Kinder- und Jugendbüchern. Untersuche einzelne Texte zu Büchern, und stelle fest:

2

Blatt
1

a) Was wird über den Inhalt des Buches gesagt?

_____

_____

_____

b) Was wird über die Art und Weise des Erzählens gesagt?

_____

_____

_____

c) Wo wird was (und wie? mit welchen Wörtern?) bewertet?

_____

_____

_____

d) Gehe die Texte der Prospekte durch, und sammle Wörter und Wendungen, die

den Inhalt bewerten:	die Darstellung (Erzählweise, Aufmachung...) bewerten:

_____ | _____

_____ | _____

_____ | _____

_____ | _____

_____ | _____

3. Überarbeite nun deine eigene Buchempfehlung, indem du überprüfst und gegebenenfalls korrigierst:

– Wo wird ungenau dargestellt? Was könnte da genauer gesagt werden?

– Wo wird zu allgemein (und damit: „nichtssagend") bewertet?

– Wo könnte die Bewertung genauer, gezielter sein?

Beachte bei deinen neuen, verbesserten Formulierungen auch das, was du aus den Prospekten gelernt bzw. herausgeschrieben hast.

_____

_____

_____

_____

_____

_____

_____

_____

_____

_____

_____

_____

_____

_____

_____

_____

_____

3
Blatt
1

Arbeitsblatt: Klappentext

1. Was bedeutet eigentlich das Wort „Klappentext"? Notiere deine Vermutungen!

_____

_____

2. In Leinen gebundene Bücher haben oft einen Schutzumschlag aus Papier. Dieser Schutzumschlag ist an den Seiten eingeklappt. Auf der Außenseite ist er bedruckt. Die eingeklappte Lasche hat man oft benutzt, um einen kurzen Text über das Buch abzudrucken. Heute findet man solche Texte oft auf der Rückseite eines Buches, manchmal aber auch auf einer der ersten Seiten.

   Versuche dich zu erinnern: Wohin schaust du, wenn du in der Buchhandlung oder in der Bibliothek ein Buch aussuchen sollst und das eine oder andere Buch in Händen hältst?

_____

_____

_____

3. Hast du schon Klappentexte gelesen? Wovon handelten diese Texte?

_____

_____

4. Auf Blatt **3** Blatt 3 findest du einige Texte. Untersuche zu jedem Text: Wie/womit fängt er an?

_____

_____

_____

5. Wie wirkt das auf den Leser?

_____

6. Was wird über den Inhalt des Buches gesagt?

   a) Was erfährt man über die Figuren?

_____

_____

_____

_____

_____

b) Was erfährt man über die Handlung?

_____

_____

_____

c) Was erfährt man über andere Dinge, die für die Handlung wichtig sind?

_____

_____

d) Wie/womit endet der Text?

_____

_____

_____

e) Wie wirkt das auf den Leser?

_____

_____

_____

7. Sammle weitere Klappentexte (Es sollten mindestens drei sein. Du kannst sie abschreiben oder fotokopieren), und führe ähnliche Untersuchungen durch.

8. Fasse deine Ergebnisse zusammen:

a) Was will ein Klappentext?

_____

_____

b) Welche Mittel kann man einsetzen, um dieses Ziel zu erreichen?

_____

_____

9. Schreibe zu deinem Lieblingsbuch einen neuen Klappentext, der anders (vielleicht auch: besser!) als der möglicherweise vorhandene ist.

Gestatte, daß ich mich vorstelle: Gespenstergespenst!

Du hast doch nichts dagegen, wenn ich den Kopf aufbehalte. In Gespensterkreisen gilt das zwar als unhöflich, aber ich kann so besser reden; auch erkälte ich mir sonst leicht den Hals. Immerhin habe ich mir für dich mein bestes Bettlaken angezogen, mit fast echten Blutflecken, bitte sehr! Was ich will? Dich einladen natürlich!

Komm mit zur Gespensterversammlung!

Dort lernst du den Mann mit den goldenen Beinchen kennen und das schwebende Gerippe. Der Klosterspeichergeist und das große Flußgespenst haben ebenfalls ihr Erscheinen zugesagt, und wenn wir Glück haben, singt uns der Burgruinenturmheuler seine berühmte Mitternachtsarie vor.

Ein Spaziergang um Mitternacht auf der Kirchhofsmauer ist ebenfalls vorgesehen, sowie ein Besuch im Gespensterzoo. Was das kostet? Keinen Pfennig mehr als den Preis für dieses Buch – und ein klein wenig Gänsehaut oder ein mittleres Zähneklappern. Nur eines möchte ich mir dringend ausgebeten haben: Du darfst auf keinen Fall lachen! Wie schwer diese Beleidigung ist, wirst Du gleich merken, wenn Du dieses Buch aufschlägst!

(Aus: Thomas Burger: Das Gespenstergespenst. Würzburg: Arena Verlag, 1960².
Klappentext)

Der König und sein Zauberer

Die Sagen von König Artus und seinem Zauberer Merlin haben bis heute ihre Faszination bewahrt. Willi Fährmann hat sich dieses Stoffes angenommen und mit seiner großen Erzählgabe daraus ein eindrucksvolles Buch gestaltet. Wir erfahren von kriegerischen Zeiten im alten Britannien und von der Verheißung jenes sagenhaften Königs, der Frieden bringen soll; vom geheimnisvollen Zauberer Merlin, der Artus von der Geburt an bis zum Höhepunkt seiner Macht als Freund und Ratgeber geleitet; von Artus selbst, seinem Aufstieg und dem Aufblühen seines Köngtums bis zur Begründung der ritterlichen Tafelrunde.

Jindra Capek hat das Buch mit eindrucksvollen Farbillustrationen ausgestattet.

(Aus: Willi Fährmann: Der König und sein Zauberer. Würzburg: Arena Verlag, 1993. Klappentext)

Ronja, Räubertochter

„In der Nacht, als Ronja geboren wurde, rollte der Donner über die Berge, ja, es war eine Gewitternacht, daß sich selbst alle Unholde, die im Mattiswald hausten, erschrocken in ihre Höhlen und Schlupfwinkel verkrochen. Nur die wilden Druden liebten Gewitter mehr als jedes andere Wetter und folgen mit Geheul und Gekreisch um die Räuberburg auf dem Mattisberg."

So beginnt das Buch RONJA, RÄUBERTOCHTER; eine empfindsam und kraftvoll erzählte Geschichte aus der Räuberzeit, wild und romantisch und voller Humor; ein Lobgesang auf die Natur und auf das Gute im Menschen, zugleich auch eine Absage an alle Gewalt. Ein Buch, das von dem größten Abenteuer handelt, dem Leben selbst, und von der Kunst, sich nicht vor dem Leben zu fürchten.

Ein Buch für die ganze Familie.

(Aus: Astrid Lindgren: Ronja, Räubertochter. Hamburg: Verlag Friedrich Oetinger, 1982. Klappentext)

Die rote Zora und ihre Bande

Eine Stadt am Adriatischen Meer ist Schauplatz dieses Romans, der zu einem der großen Bucherfolge der letzten Jahr wurde.

Branco, der Sohn eines fahrenden Geigers und einer Tabakarbeiterin, verliert seine Mutter. Er hat kein Zuhause mehr. Bald verdächtigt man ihn des Diebstahls und sperrt ihn ein. Doch Zora, das Mädchen mit den roten Haaren, befreit ihn, und er wird in die Bande der jungen Uskoken aufgenommen, die in der alten Burg hausen. Nicht Romantik, sondern Hunger und Not haben sie zusammengetrieben. Sie kämpfen ums tägliche Brot, gegen Entbehrung und Verfolgung. So ernst die Lage der Kinder oft ist, so herzlich sind die Einfälle, mit denen sie ihren Widersachern begegnen, und umso selbstloser wird ihre Kameradschaft. Mögen die Erwachsenen sich von ihnen abwenden: sie finden aneinander Halt, und ihr eigenes Ehrgefühl bewahrt sie vor Schlechtem.

Ihre wilden Streiche bringen jedoch die Bürgerschaft gegen sie auf, und es droht das Gefängnis. Da weiß aber ihr Beschützer, ein alter Fischer, die Stadtväter zu überzeugen, daß es zum Besten aller ist, sich der Kinder anzunehmen. So finden die rote Zora und ihre Bande endlich Arbeit und ein Zuhause.

(Aus: Kurt Held: Die rote Zora und ihre Bande. Aarau, Frankfurt/M, Salzburg: Verlag Sauerländer, 1984. Klappentext)

Arbeitsblatt: Brief an eine Figur aus einem Buch

Wenn man ein Buch liest, kommt es nicht selten vor, daß man mit den Figuren leidet, sich mit ihnen freut, Angst hat usw. Manchmal aber ärgert man sich auch etwas über sie. Man hätte das eine oder andere ganz anders gemacht, das eine oder andere wäre einem nicht passiert, man hätte sich anders verhalten usw.
Du weißt zwar, daß es die Figuren in deinen Büchern in der Wirklichkeit so nicht gibt, trotzdem stellst du sie dir ja irgendwie „lebendig" vor. Wir wollen hier sogar noch etwas weiter gehen und uns vorstellen, man könnte einer solchen Figur einen richtigen Brief schreiben und ihr einen Rat geben, oder man könnte sich mit ihr auseinandersetzen.

1. Wähle eine Figur, und notiere in Stichpunkten:

a) Warum möchtest du gerade ihr einen Brief schreiben?

_____

_____

_____

_____

b) Was an dieser Figur gefällt dir besonders?

_____

_____

_____

_____

2. Wenn du einem andern einen Rat geben oder auch nur sagen möchtest, daß du mit seinem Handeln nicht so ganz einverstanden bist, dann mußt du zunächst darstellen, was du von seinem Handeln weißt und wie du das siehst. Also:

a) Wie hat deine Figur sich bisher verhalten?

_____

_____

b) Wo ist der entscheidende Punkt, mit dem du nicht einverstanden bist?

_____

_____

c) Warum bist du nicht einverstanden?

_____

_____

_____

_____

_____

d) Was schlägst du anderes vor?

_____

_____

e) Warum glaubst du, daß das besser ist?

_____

_____

_____

3. Schreibe nun einen Brief...

_____

4. Übrigens: Nimm einmal an, dein „Briefpartner" nimmt deine Empfehlung an und verhält sich wirklich so, wie du das möchtest. Was würde sich da in deinem Buch ändern? Notiere in Stichpunkten einen neuen Schluß des Buches.

_____

_____

_____

_____

_____

_____

_____

_____

_____

_____

_____

_____

_____

_____

_____

_____

_____

_____

Arbeitsplan

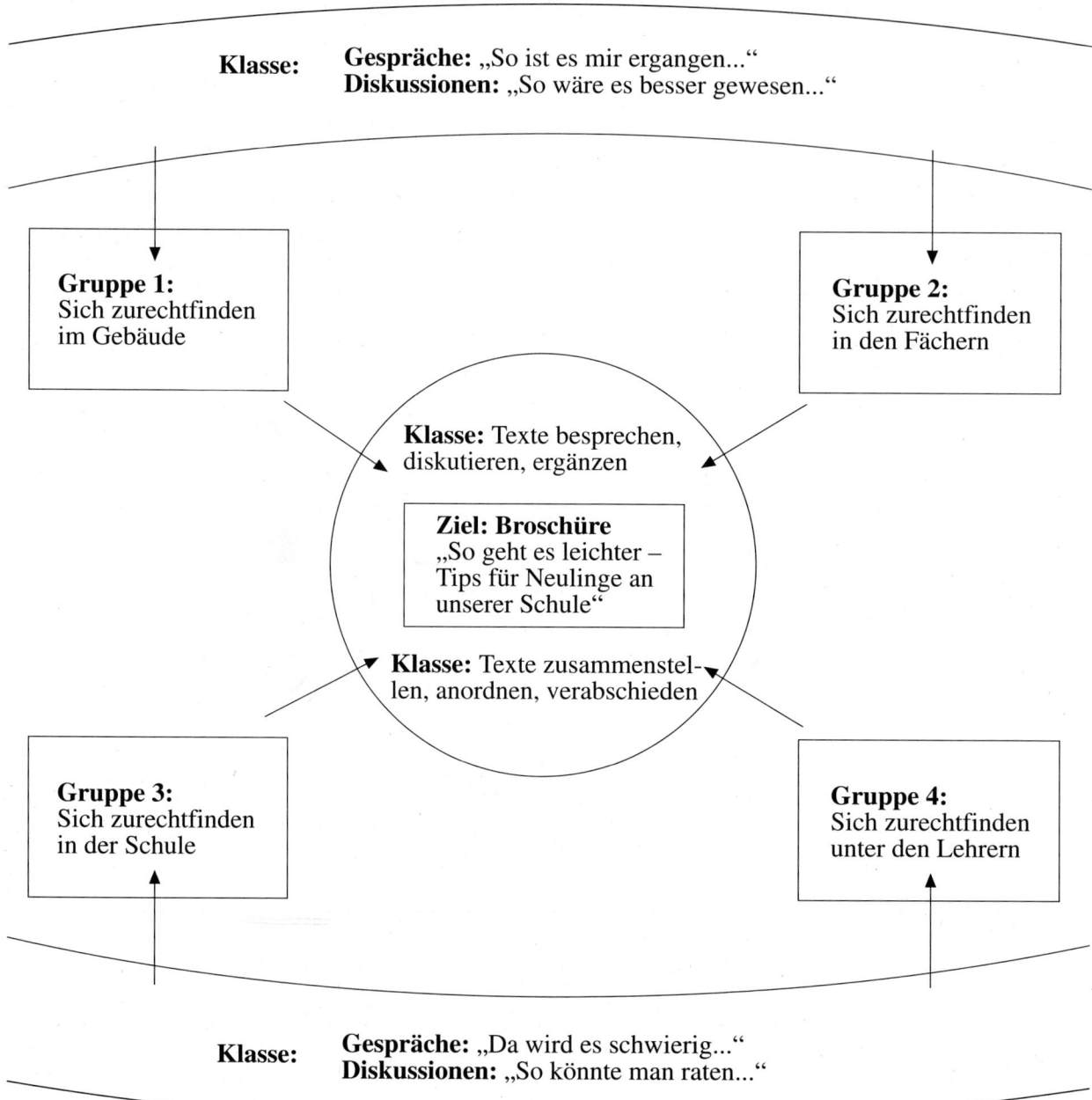

Klasse: **Gespräche:** „So ist es mir ergangen..."
Diskussionen: „So wäre es besser gewesen..."

Gruppe 1:
Sich zurechtfinden
im Gebäude

Gruppe 2:
Sich zurechtfinden
in den Fächern

Klasse: Texte besprechen,
diskutieren, ergänzen

Ziel: Broschüre
„So geht es leichter –
Tips für Neulinge an
unserer Schule"

Klasse: Texte zusammenstellen, anordnen, verabschieden

Gruppe 3:
Sich zurechtfinden
in der Schule

Gruppe 4:
Sich zurechtfinden
unter den Lehrern

Klasse: **Gespräche:** „Da wird es schwierig..."
Diskussionen: „So könnte man raten..."

Arbeitsblatt: Vorbereitung in der Klasse

1. Erinnert euch: Wie war das, als ihr das erste Mal eure heutige Schule betreten habt?
 – Was habt ihr gedacht und gefühlt?
 – Wovor hattet ihr ein wenig Angst?
 – Worauf hattet ihr euch gefreut?

2. Erzählt, woran ihr euch noch erinnert.
 Während einer erzählt, machen sich die andern Stichpunkte, damit nichts vergessen wird.

_____

_____

_____

_____

_____

_____

_____

3. Erinnert ihr euch auch noch an den ersten größeren Ärger, den es gab? Erzählt auch davon. (Wie kam es zu dem Ärger? Wie ging das Ganze aus? Wie hätte man den Ärger vermeiden können?)

_____

_____

_____

_____

4. Wie war es in der neuen Klasse? Habt ihr gleich Anschluß gefunden?

_____

_____

_____

_____

_____

_____

_____

_____

5. Wie war das mit den Lehrern? Ihr habt doch auf einmal viele Lehrerinnen und Lehrer und einen Klassenlehrer gehabt. Wie seid ihr damit zurechtgekommen?

_____

_____

_____

_____

_____

_____

6. Wie ging das mit den vielen neuen Fächern?

_____

_____

_____

_____

_____

7. Vergleicht nun eure Notizen, und ergänzt sie.

8. Ihr werdet nun für die künftigen Neuanfänger an eurer Schule eine kleine Broschüre verfassen, die ihnen helfen soll, sich schneller und leichter in der neuen Schule zurechtzufinden bzw. Schwierigkeiten, wie ihr sie hattet, soweit es eben geht, zu vermeiden.

a) Euer Vorhaben betrifft ganz verschiedene Bereiche, deshalb ist es wohl am besten, ihr teilt euch in Gruppen auf. Jede Gruppe nimmt sich einen Bereich vor und sucht die Stichpunkte zusammen, die ihrem Bereich angehören. Die Gruppe übernimmt jetzt auch die Stichpunkte zu ihrem Thema von denen, die nicht mehr zur Gruppe gehören. (Wir haben hier einige Problembereiche zusammengestellt und auf Arbeitsblättern festgehalten. Ihr könnt euch an unserem Vorschlag orientieren.)

b) In den Arbeitsgruppen solltet ihr zunächst noch einmal den von euch übernommenen Bereich durchdenken, diskutieren und weitere Möglichkeiten dafür suchen, wie Probleme, die hier aufgetreten sind bzw. auftreten können, behoben werden könnten.

c) Als nächstes solltet ihr euch überlegen, wie man die von euch entdeckten oder erfahrenen Probleme so lösen könnte, daß sowohl der Anfänger zufrieden ist als auch „die Schule" nicht gleich zusammenbricht. Wir wollen auf unseren Arbeitsblättern mit unseren Fragen und Hinweisen Anregungen geben. Ihr müßt euch nicht streng und stur an diese Fragen halten. Selbstverständlich könnt ihr auch neue Fragen aufwerfen und beantworten.

d) Schließlich sollt ihr euch auch überlegen, wie man die von euch bearbeiteten Probleme und Lösungen darstellen könnte, so daß auch der „Neuling" weiß und versteht, was ihr meint. Ihr werdet vermutlich recht verschiedene Möglichkeiten der Darstellung finden und verwenden. Ihr werdet Zeichnungen anfertigen und beschreiben, ihr werdet auffordern und hinweisen. Vielleicht aber werdet ihr auch einmal erzählen. Dabei werdet ihr vielleicht entdecken, daß eine gelungene Erzählung bisweilen ein Problem anschaulicher darstellen und die Lösung einsichtiger machen kann als die beste Beschreibung.

9. Also nochmal die Reihenfolge:

a) Probleme den Problembereichen zuordnen

_____

_____

_____

_____

b) Erneute Besprechung der Probleme

c) Suche nach Lösungen

_____

_____

_____

_____

_____

_____

d) Frage der Darstellung

_____

_____

_____

_____

_____

_____

_____

_____

_____

_____

_____

Arbeitsblatt: Helfen, sich im Schulgebäude zurechtzufinden

1. Versetzt euch in die Lage des „Neulings": Was mag in seinem Kopf alles vorgehen? (Übernehmt auch die entsprechenden Stichpunkte aus eurem Arbeitsblatt 2)

_____

_____

_____

_____

2. Überlegt: Welche Räume interessieren den Neuling besonders?

_____

_____

_____

_____

3. Zeichnet Pläne der einzelnen Stockwerke eurer Schule, und markiert die wichtigsten Räume.
Beschreibt, wie man am sichersten und einfachsten zu den einzelnen Räumen gelangt. (Denkt dabei daran: Es kann für die Kleinen manchmal sinnvoller sein, einen kleinen Umweg zu gehen und dabei dem größten Gedränge - etwa nach der Pause - auszuweichen.) Also:

So findest du dein Klassenzimmer: (Ihr müßt euch erkundigen, welches für das nächste Schuljahr das Klassenzimmer der „Neuen" sein wird!):

_____

_____

_____

So findest du die Toilette:

_____

_____

_____

So findest du den Musiksaal:

_____

_____

_____

_____

So findest du den Physiksaal:

_____

_____

So findest du den Biologiesaal:

_____

_____

So kommst du in die Turnhalle:

_____

_____

So findest du das Sekretariat:

_____

_____

Hinweis: Denkt daran, daß Zeichnungen auch nicht immer alles sagen können. Manchmal ist es sinnvoller, eine richtige Wegbeschreibung zu formulieren.

4. Vorschlag: Vielleicht entwerft ihr ein kleines Spiel für den ersten Schultag: „Eine Rally durch's Schulhaus"? Vorbereitungen: Räume, die berücksichtigt werden:

_____

_____

Aufgaben, die erfüllt werden müssen:

_____

_____

Regeln und Hinweise, die den Mitspielern mitgeteilt werden:

_____

_____

_____

Arbeitsblatt: Helfen, sich in den Fächern zurechtzufinden

Als ihr in der neuen Schule angefangen habt, hattet ihr wohl auch einige Probleme mit der Vielzahl der verschiedenen Fächer. Vielleicht hattet ihr auch das Gefühl, keinen „Durchblick" mehr zu haben. Was passierte denn da eigentlich alle 45 Minuten?

1. Stellt zunächst die Fächer zusammen, die bei euch im fünften Schuljahr unterrichtet werden, und versucht dann in Gesprächen mit den unterrichtenden Fachlehrern herauszubekommen, um was es in den Fächern geht. Legt für jedes Fach ein eigenes Blatt an, und macht euch dort Notizen.

2. Natürlich ist das, was die Lehrer möchten, und das, was bei den Schülern hängenbleibt, nicht immer dasselbe. Ihr solltet euch deshalb auch Gedanken darüber machen, um was es nach eurer Meinung in den einzelnen Fächern geht. Haltet auf euren Fach-Blättern die Ergebnisse in Stichpunkten fest.

3. Es genügt nicht, zu wissen, um was es in den Fächern geht, wenn man sich insgesamt zurechtfinden will. In jedem Fach gibt es ganz bestimmte Probleme, die einem als Anfänger schon zu schaffen machen.

   a) Stellt solche Probleme zusammen, wie sie von Fach zu Fach verschieden auftreten.

   b) Überlegt, wie ihr diese Probleme gelöst habt und wie man sie vielleicht noch besser lösen könnte. Notiert eure Ergebnisse.

4. Natürlich gibt es in den Fächern nicht nur Probleme. Manchmal gibt es auch besonders Interessantes, oder es gibt Tips und kleine Tricks, wie man noch besser zurechtkommen könnte usw. Notiert auch solche Tips.

5. Teilt nun die Fächer unter euch auf, und schreibt zu jedem Fach einen kleinen Text. Bedenkt dabei vor allem, daß manche Dinge, die für euch heute selbstverständlich sind, dem Anfänger noch völlig fremd sind. So weiß er z.B. noch nicht, was es heißt, Vokabeln zu lernen oder einen Test zu schreiben. Gerade in solchen Bereichen müßt ihr manches erklären, wenn ihr dem Neuling wirklich helfen wollt. Hier braucht er eure Tips und Hinweise. Stichpunkte für meinen Text:

_____

_____

_____

_____

_____

_____

_____

_____

_____

_____

_____

_____

_____

Arbeitsblatt: Helfen, sich unter den Klassen und Schülern zurechtzufinden

In der Schule leben und arbeiten Menschen ganz verschiedener Altersgruppen und mit bisweilen recht verschiedenen Interessen zusammen. Da bleibt es nicht aus, daß auch einmal gegensätzliche Interessen aufeinanderprallen. In solchen Fällen gibt es verschiedene Wege, Möglichkeiten und „Instanzen", die Konflikte aus der Welt zu schaffen.

Die Schulordnung sieht einige Wege und Möglichkeiten vor. Es gibt bestimmte „Ämter", die als Interessensvertretungen gedacht sind, aber auch Ämter, die für Ausgleich sorgen können.

1. Überlegt: Welche Probleme und Konflikte können entstehen

   – zwischen Schülern untereinander,

   – zwischen Klassen,

   – zwischen Schülern und Lehrern?

2. Besprecht einzelne Fälle, die ihr vielleicht selbst erlebt habt oder die ihr für möglich haltet. Welche Lösungsmöglichkeiten gibt es eurer Meinung nach? Macht euch Notizen.

3. Im Rahmen der Schule gibt es in der Klasse, in der Schülerschaft, in der gesamten Schule bestimmte Ämter, die im Konfliktfall besonders wichtig werden. Erkundigt euch bei den jeweiligen „Amtsträgern", wie sie ihr Amt verstehen, wofür sie zuständig sind, worin sie ihre Aufgabe sehen.

   Vielleicht macht ihr euch auch Kopien der entsprechenden Erlasse, Verordnungen oder Ordnungen, in denen das Wichtigste über das jeweilige Amt gesagt ist. (Wahrscheinlich werdet ihr die Texte nicht immer so ganz verstehen. Versucht, sie in eure Sprache zu „übersetzen".)

   Legt einzelne Blätter an und notiert:

   a) Der Klassensprecher und seine Aufgaben

   b) Der Schülersprecher und seine Aufgaben

   c) Der Klassenlehrer und seine Aufgaben

   d) Der Vertrauenslehrer und seine Aufgaben.

4. Verfaßt zu jedem einen kurzen Text. Die so entstandenen Texte könnt ihr einem Artikel zusammenfassen unter dem Titel:

   „An wen man sich wenden kann, wenn es Probleme gibt."

   Denkt daran: Der Neuling weiß vieles überhaupt noch nicht. Ihm muß man alles sehr anschaulich darstellen. Deshalb wird es wohl das Beste sein, ihr führt ihm anhand von kleinen Beispielfällen vor, wer wofür zuständig ist.

Und was ist sonst noch los in unserer Schule?
Natürlich gibt es in eurer Schule nicht nur Konflikte. Das Leben in eurer Schule besteht bestimmt nicht nur aus
Unterricht. Darüber hinaus gibt es wohl viele Aktivitäten, von denen vielleicht nicht einmal ihr alle wißt.
Der Neuling aber hat fast gar keine Ahnung.

1. Legt eine Liste der Arbeitsgemeinschaften an, die es an eurer Schule gibt. (Wenn ihr nicht so recht weiter-
kommt, findet ihr bestimmt jemanden in der Schulleitung, der euch genauere Auskunft über die laufenden
AG's geben kann.) Haltet auf eurer Liste auch fest, wer die jeweilige AG leitet:

_____

_____

_____

_____

_____

_____

_____

2. Versetzt euch nun in die Lage des Neulings. Eine solche Liste von AG's mag ja ganz interessant sein, aber sehr
viele Informationen kann man ihr noch nicht entnehmen.

a) Sammelt alle Fragen, die ein Neuling stellen könnte zu den AG's an eurer Schule.

_____

_____

_____

_____

_____

_____

_____

b) Wählt die AG's aus, die für den Neuling bzw. den Schüler der Unterstufe zugänglich bzw. gedacht sind. Stellt
zu jeder AG einen Fragenkatalog zusammen. Nehmt dazu die Fragen aus euerer Sammlung, die auf die jweilige
AG zutreffen. Ergänzt die Fragen.

c) Bittet die Leiter der AG's um genauere Auskünfte. Sprecht mit ihnen über eure zusammengestellten Fragen.
Haltet eure Gesprächsergebnisse schriftlich fest. Unterscheidet dabei:

– Welche Voraussetzungen müssen erfüllt sein? (Beispiel: Wie gut muß man ein Instrument spielen, um im
Schulorchester mitzuspielen?)

– Was genau und konkret geschieht in der AG? (z.B.: Wird nur trainiert, oder werden auch Turniere gespielt?)

– Der „äußere Rahmen" (Zeitaufwand, Kosten...).

3. Schreibt zu jeder AG einen kurzen Artikel, in dem ihr vorstellt, was in der AG los ist.

Arbeitsblatt: Helfen, sich unter den Lehrern zurechtzufinden

1. Erinnert euch an die Situation in der Grundschule: Wieviele Lehrer hattet ihr da? Was waren ihre Aufgaben?

2. Erinnert euch, und haltet in Strichpunkten fest:

a) Wie habt ihr selbst den Übergang an die neue Schule empfunden?

_____

_____

_____

b) Was habt ihr vermißt?

_____

_____

_____

c) Was war neu?

_____

_____

_____

d) Was war eurer Meinung nach positiv?

_____

_____

_____

e) Wie seid ihr mit der Situation fertig geworden, daß mit Beginn einer neuen Stunde auch ein neues Gesicht vor der Klasse aufgetaucht ist?

_____

_____

_____

3. Was würdet ihr einem Neuling raten, der etwas Angst vor der neuen Situation hat?

_____

_____

_____

4. Schreibt einen kleinen Text zum Thema: „Und plötzlich hast du viele Lehrer!"
Ihr sollt mit eurem Text die Situation an der neuen Schule beschreiben und erklären,

– warum das so ist,

– wie das wirkt,

– wie man damit fertig werden kann.

Ihr seid vermutlich recht allgemein geblieben mit eurem Text. Das war nicht anders zu machen. Ihr könnt dem Neuling aber noch mehr helfen, indem ihr ihn ganz konkret auf die Personen vorbereitet, mit denen er es zu tun haben wird.

5. Erkundigt euch als erstes bei der Schulleitung:

– Wer wird in den neuen Klassen Klassenleiter bzw. Klassenleiterin?

– Wer wird welches Fach in den neuen Klassen unterrichten?

6. Stellt euch vor, ihr wollt die einzelnen Lehrer befragen zu ihrer Person, zu ihrer Auffassung von Schule und Unterricht usw. Entwerft einen Fragebogen für eine solche Befragung (man könnte auch sagen: für ein solches Interview).

Die wichtigsten Fragen:

_____

_____

_____

_____

_____

_____

_____

_____

_____

_____

_____

_____

7. Bittet die Lehrer um ein Informationsgespräch, in dem ihr über die von euch zusammengestellten Fragen sprecht. Macht euch über diese Gespräche Notizen.

8. Faßt nun unter dem Gesamttitel: „Das werden eure Lehrer sein!" die einzelnen Lehrerporträts zusammen.

RAHMEN

Wir machen ein Buch
mit Geschichten

RAHMEN

Projekt 4: Neue Geschichten von alten Bekannten

1. Was weißt du alles von Eulenspiegel?

_____

_____

_____

2. Versuche zu erklären, was eine „Eulenspiegelei" ist.

_____

_____

Eulenspiegel näht im Verborgenen

Zu einer andern Zeit kam Eulenspiegel nach Berlin, und da er nicht wußte, auf welche Art er sich hier am besten nähren könnte, so gab er sich für einen Schneidergesellen aus und nahm bei einem Meister Arbeit. Dieser nun war geizig und
5 hatte an allem etwas auszusetzen. Er ließ seine Gesellen bis in die tiefe Nacht arbeiten und zahlte wenig Lohn.

Eines Tages begab es sich, daß der Meister des Abends müde war und zu Bett gehen wollte. Aber er hatte noch einen Rock, der am nächsten Tage fertig sein sollte, dem aber noch
10 die Ärmel fehlten. Er gab Eulenspiegel den Rock und sagte: „Hier, wirf die Ärmel noch an den Rock. Dann kannst du auch zu Bett gehen." Eulenspiegel war müde und wäre selbst gern zu Bett gegangen, aber er mußte den Auftrag des Meisters noch erledigen. Er nahm also den Rock und hängte ihn an ei-
15 nen Haken. Dann stellte er zwei Kerzen neben den Rock, nahm die Ärmel und warf sie immer wieder an den Rock, aber es wollte keiner hängen bleiben. So brannten die ersten Kerzen ab und mußten ersetzt werden. Und immer noch warf Eulenspiegel die Ärmel an den Rock. Es wurde Tag, und Eulen-
20 spiegel war rechtschaffen müde, als der Meister ausgeschlafen die Werkstatt betrat. Als der Eulenspiegels Possen sah, wurde er zornig und rief aus: „Was treibst du da für einen Unfug!" Eulenspiegel aber erwiderte: „Das ist keineswegs Unfug. Ich tue, was Ihr mich geheißen. Und ich kann euch sagen, es ist
25 kein Vergnügen, die ganze Nacht die Ärmel zu werfen, ohne daß ein Erfolg zu sehen wäre! Es wäre weit besser gewesen, ihr hättet mich schlafen lassen und gesagt, wie ich die Arbeit bei Tage hätte machen sollen. Dann hätte ich mir nicht umsonst eine ganz Nacht um die Ohren schlagen müssen!" Der
30 Meister aber schimpfte weiter: „Ist es denn meine Schuld, wenn du alles falsch verstehst? Du wirst mir die unnötig verbrauchten Kerzen bezahlen, und dann kannst du verschwinden." „Oh nein!" entgegnete Eulenspiegel. „Erst will ich auch schlafen. Dann können wir noch einmal über alles reden!"
35 Der Meister aber knurrte: „Du wirst nicht mehr schlafen. Du bezahlst mir auf der Stelle den Schaden und verschwindest!" Eulenspiegel aber nahm schnell alle seine Sachen, die er gerade zusammenraffen konnte, und floh, während der Meister nach der Polizei lief, zum Tore hinaus. (Nach der Jahrmarks-
40 ausgabe nacherzählt; aus: Johann Heinrich Ramberg, Tyll Eulenspiegel. Die bibliophilen Taschenbücher, Dortmund 1980, S. 88 ff).

1. Gliedere den Text in Abschnitte, und fasse den Inhalt der beiden Abschnitte jeweils kurz in einem Satz zusammen.

1. Abschnitt: wichtige Einzelheiten zur Situation des Eulenspiegel

2. Abschnitt:

_____

_____

_____

_____

_____

2. Untersuche, wie die „Eulenspiegelei" zustande kommt.

a) Überlege: Was sagt der Meister? Was meint er?

_____

_____

_____

b) Wie reagiert Eulenspiegel darauf?

_____

_____

_____

c) Wer macht da etwas „falsch"?

_____

_____

d) Was erreicht Eulenspiegel?

_____

_____

e) Untersuche weitere Eulenspiegelgeschichten. Halte deine Ergebnisse auf den folgenden Arbeitsblättern fest.

_____

_____

_____

_____

_____

Wir machen ein Buch mit Geschichten

Projekt 4: Neue Geschichten von alten Bekannten

Arbeitsblatt: „Schwänke" lesen

Titel des Schwanks:

1. Wer ist beteiligt? Welche besonderen Eigenschaften haben diese Personen?

_____

_____

_____

_____

2. An welchen Schauplätzen spielt die Geschichte? Was sind die wichtigsten Merkmale dieser Schauplätze?

_____

_____

_____

3. Die Handlung:

a) Die Ausgangslage (wie alles beginnt):

_____

_____

_____

_____

b) Wodurch wird die Handlung ausgelöst?

_____

_____

_____

_____

c) Wie entwickelt sich die Handlung weiter? (Handlungsschritte)

_____

_____

_____

d) Zu welchem Ende führt die Handlung?

_____

_____

_____

_____

4. Was erreicht die Hauptfigur mit ihrem Handeln? (Macht sie jemanden lächerlich? Belehrt sie?...)

_____

_____

_____

_____

5. Was gefällt dir besonders an der Geschichte?

_____

_____

_____

_____

6. Das Ganze hätte auch anders ausgehen können, und zwar so:

_____

_____

_____

_____

_____

_____

_____

_____

_____

_____

_____

_____

Arbeitsblatt: Eulenspiegel-Geschichten erfinden
Thema: Eulenspiegel rutscht den Buckel runter

1. Sage mit eigenen Worten, was man zum Ausdruck bringen möchte, wenn man sagt: „Rutsch mir doch den Buckel runter!"

_____

_____

_____

2. Was könnte geschehen, wenn man diese Redewendung wörtlich nehmen würde?

_____

_____

_____

3. Denke dir eine Situation aus, in der ein Meister Eulenspiegel gegenüber die Redewendung benutzt.

_____

_____

_____

_____

4. Was wird geschehen, wenn Eulenspiegel den Meister beim Wort nimmt?

_____

_____

_____

5. Überlege nun eine mögliche „Vorgeschichte": Was könnte Eulenspiegel dazu veranlassen, seinen Meister so zu ärgern?

_____

_____

6. Erzähle nun deine Geschichte im Zusammenhang:

a) Beginne mit der Darstellung der Ausgangslage. Hier solltest du die Vorgeschichte erzählen. Aber du wirst auch das darstellen müssen, was unmittelbar zur Redewendung führt.

b) Entwickle die Handlung schrittweise, indem du Eulenspiegel etwas tun läßt, was seinen Meister dazu bringt, die Redewendung zu benutzen.

c) Spitze die Handlung zu, indem du erzählst, wie Eulenspiegel seinen Meister beim Wort nimmt.

d) Suche einen Schluß, der erkennen läßt, daß Eulenspiegel seinem Meister eine Lehre erteilen wollte. Eulenspiegel sollte auch glimpflich davonkommen.

Du kannst nun eine neue Eulenspiegelgeschichte erzählen. Gehe dabei so vor, wie du es eben getan hast.
Themenvorschläge:
- Eulenspiegel sprengt den Rasen
- Eulenspiegel streicht die Fenster (und nicht die Rahmen).

Projekt 4:	Neue Geschichten von alten Bekannten

Arbeitsblatt: Die Schildbürger

1. Was weißt du von den Schildbürgern?

_____

_____

2. Weißt du, was man unter einem „Schildbürgerstreich" versteht? Erkläre:

_____

_____

_____

Die Schildbürger und ihr neues Rathaus

Nachdem die Schildbürger ihr neues Rathaus vollendet hatten, wollten sie
auch hineingehen und es zu aller Narren Ehre einweihen. Als sie aber ein-
traten, da war es drinnen stockfinster, so finster, daß einer den andern
nicht sehen konnte. Darüber erschraken sie nicht wenig und konnten sich
5 nicht genugsam wundern, was denn wohl die Ursache sein möchte, ob sie
vielleicht beim Bau einen Fehler gemacht hätten, wodurch das Licht auf-
gehalten würde. Sie gingen wieder hinaus, um den Fehler zu suchen, aber
da war alles in Ordnung: Die Mauern standen, das Dach saß ordentlich
obendrauf. Auch an Licht fehlte es draußen nicht. Sobald sie aber wieder
10 hereinkamen, um drinnen nach dem Fehler zu suchen, sahen sie nichts in
der Finsternis, und sie konnten den Fehler nicht finden.
   Als man am Ratstag zusammengekommen war, hatte jeder einen bren-
nenden Span mitgebracht, um wenigstens gesehen zu werden. Man beriet
hin und her und war schon drauf und dran zu beschließen, das ganze Rat-
15 haus wieder abzureißen und neu aufzubauen, als einer einen Einfall hatte
und vortrat. „Wer weiß", sprach er, „ob sich das Licht nicht in einem Sack
tragen läßt, gleich wie das Wasser in einem Eimer getragen wird. Bis jetzt
hat es ja noch keiner versucht. Darum, wenn ihr einverstanden seid, wollen wir es einmal probieren. Haben wir Erfolg, so haben wir's um so bes-
20 ser und werden als Erfinder dieser Kunst großes Lob damit erjagen".
   Dieser Rat gefiel allen Schildbürgern dermaßen, daß sie beschlossen,
sogleich danach zu handeln. Deswegen kamen sie nach Mittag, wo die
Sonne am besten scheint, alle vor das neue Rathaus, ein jeder mit einem
Geschirr, in das er den Tag zu fassen gedachte, um ihn hineinzutragen.
25 Sobald nun die Glocke eines schlug, da konnte man Wunder sehen, wie
sie zu arbeiten anfingen. Viele hatten lange Säcke, darein ließen sie die
Sonne scheinen bis auf den Boden; dann knüpften sie den Sack eilends zu
und rannten damit in das Rathaus, den Tag auszuschütten. Andere taten
dasselbe mit verdeckten Gefäßen, Kesseln, Zubern. Einer lud den Tag mit
30 einer Strohgabel in einen Korb, der andere mit einer Schaufel; etliche
gruben ihn aus der Erde hervor. Eines Schildbürgers soll besonders gedacht werden, der den Tag in einer Mausefalle zu fangen gedachte und
ihn so, mit List bezwungen, ins Haus tragen wollte. Jeder verhielt sich,
wie es sein Narrenkopf ihm eingab. Und solches trieben sie den langen,
35 lieben Tag, so lange als die Sonne schien, mit solchem Eifer, daß sie vor
Hitze fast verschmachteten. Sie richteten aber so wenig damit aus als vor
Zeiten die Riesen, da sie Berge aufeinander türmten, um den Himmel zu
erstürmen. Darum sprachen sie zuletzt: „Es wäre doch eine feine Kunst
gewesen, wenn es geraten wäre." Und darauf zogen sie ab und hatten
40 doch so viel gewonnen, daß sie auf gemeine Kosten zum Weine gehen
und sich so wieder erquicken und laben durften.

3. Fasse den Inhalt der Abschnitte in je einem Satz zusammen.

_____

_____

_____

_____

4. Vieles von dem, was die Schildbürger tun, ist gar nicht so unsinnig. Unterstreiche im Text die Stelle, an der der Unsinn beginnt. Welche Überlegung steckt dahinter?

_____

_____

5. Was macht dieses Ereignis zum „Schildbürgerstreich"?

_____

_____

_____

6. Untersuche weitere Schildbürgergeschichten. Beachte dabei:

a) Was wird jeweils in der Ausgangslage dargestellt?

_____

_____

_____

b) Wie entwickelt sich die Handlung weiter?

_____

_____

_____

c) Wo beginnt und worin besteht der Unsinn?

_____

_____

_____

_____

_____

_____

RAHMEN

**Arbeitsblatt: Eine Schildbürgergeschichte schreiben
Thema: Schildas neue Tanzkapelle**

1. Überlege zunächst: Was macht eine Tanzkapelle „normalerweise"? Wozu ist sie da?

_____

_____

_____

5

Blatt
1

2. Denke dir eine Situation aus, in der die Bürger von Schilda auf die Idee kommen könnten, sich eine neue Tanzkapelle zuzulegen.

_____

_____

_____

3. Du hast dir schon überlegt, wozu eine Tanzkapelle da ist. Du hast dir auch eine Situation ausgedacht, in der man eine Tanzkapelle brauchen könnte. Jetzt brauchst du nur noch eine Idee, wie man die Tanzkapelle

– falsch oder sehr ungewöhnlich einsetzen könnte;

– und was die Bürger von Schilda aus der Situation machen.

_____

_____

_____

_____

4. Erzähle nun deine ganze Geschichte.

5. Du kannst auch weitere Geschichten von Schildbürgern erfinden. Themenvorschläge:

– Schildas neue Feuerwehr

– Schilda baut einen Fernsehturm

– Schildas neues Strandbad

– Schilda legt sich ein U-Boot zu

Du kannst auch mal in die Zeitung schauen. Da findest du bestimmt einige Nachrichten, die an Schilda erinnern.

Arbeitsblatt: Münchhausen

1. Was weißt du vom Lügenbaron Münchhausen?

   _____

   _____

2. Was gefällt dir an seinen Lügengeschichten?

   _____

   _____

   _____

6

Blatt
1

Gottfried August Bürger:
Das Pferd auf dem Kirchdach

Ich trat meine Reise nach Rußland aus gutem Grund mitten im Winter an.
Ganz richtig schloß ich, daß Frost und Schnee die elenden Straßen im nördli-
chen Deutschland, in Polen und Kurland nur verbessern könnten. Darauf spe-
kulierten ja wohl auch die Regierungen in jenen Himmelsstrichen, als sie, für-
5 sorglich, wie Regierungen nun einmal sind, die Kosten für die Straßenarbeiten
einzusparen begannen. Ich reiste zu Pferde, die bequemste Art zweifellos, sich
über Land zu bewegen, wenn es nur gut um Roß und Reiter steht.

Aufblickend gewahrte ich nichts als jagende Wolkenfetzen, und ich ritt, bis
Nacht und Dunkelheit über mich fielen. Nirgends war ein Licht zu sehen, kein
10 Hundegebell verriet mir ein Haus oder Dorf, nichts als eine unendliche
Schneefläche dehnte sich vor mir aus. Ich hatte jede Richtung verloren und
wußte weder Weg noch Steg. Ich ritt auf gut Glück weiter, irgendwohin, solange ich mich halbwegs im Sattel halten konnte.

Schließlich verspürte ich eine bleierne Müdigkeit in den Gliedern, und ich
15 beendete meine Reise für diesen Tag. Ein glücklicher Zufall ließ mich einen
aus dem Schnee herausragenden Baumast entdecken. Denn nun hatte ich etwas, um mein Pferd daran festzubinden. Die entsetzliche Öde und Einsamkeit
ringsum legten es mir nahe, zur Sicherheit meine Pistolen unter den Arm zu
nehmen. Dann streckte ich mich wohlig im Schnee aus, so, als ob ich mich in
20 ein Daunenbett würfe. Ich tat ein so gesundes Schläflein, daß mir die Augen
erst wieder aufgingen, als es bereits lichter Tag war.

Freilich, zunächst glaubte ich noch zu träumen. Um mich sah ich nämlich
Häuser, recht ordentlich und schmuck und nicht eine Spur von Schnee auf den
Strohdächern. Dann fiel mein Blick auf ein altes, mit einem Kreuz verziertes
25 Tor, und mir ging ein Licht darüber auf, daß ich mitten im Dorf auf einem
Kirchhof lag, und zwar in Wirklichkeit und nicht im Traum. Sogleich hielt ich
Ausschau nach meinem Pferd, das ich zunächst nirgends bemerken konnte. Da
hörte ich es über mir wiehern. Ich blickte auf und sah meinen guten Gaul von
dem Wetterhahn des Kirchturms herunterhängen. Nun wußte ich endlich, was
30 sich zugetragen hatte. Das Dorf war vollkommen zugeschneit gewesen, doch
hatte während der Nacht das Wetter umgeschlagen.

Der Schnee schmolz zusammen und ich sank langsam und sacht zur Erde
nieder. Woran ich mein Pferd festgebunden hatte, war nicht, wie ich in der
Dunkelheit vermutete, ein Ast oder die Spitze eines Bäumleins gewesen, son-
35 dern der Wetterhahn des Kirchturms.

Ich brauchte aber nicht den Küster zu bemühen, um mein Pferd wiederzuer-
halten. Ohne mich viel zu besinnen, nahm ich eine von meinen Pistolen, schoß
nach dem Halfter, und wohlbehalten landete mein Gaul neben mir. Nun konnte es weitergehen, und im schnellen Trab brachte ich Polen hinter mich.

3. Daß hier gelogen wird, daß sich die Balken biegen, merkt man schon früh, und trotzdem liest man weiter. Wie kommt das?

_____

_____

_____

4. Gliedere den Text, und fasse den Inhalt der Abschnitte in jeweils einem Satz zusammen.

5. Markiere die Stelle, wo die erste Unwahrheit auftaucht. Markiere mit einer zweiten Farbe diejenige Stellen, die diese Lüge glaubhaft erscheinen lassen. Überlege, woran man merkt, daß es sich trotzdem um eine Lüge handeln muß: Was wäre passiert, wenn das in der Lüge Behauptete wirklich so möglich wäre?

_____

_____

6. Untersuche weitere Lügengeschichten. Stelle genauer fest:

– Was wird alles mitgeteilt, bevor die eigentliche Lügengeschichte beginnt?

_____

_____

_____

– Welches ist die zentrale Lüge?

_____

_____

_____

– Was hängt alles von dieser Lüge ab?

_____

_____

_____

_____

_____

_____

_____

_____

Arbeitsblatt „Lügengeschichten" untersuchen

Wähle eine Lügengeschichte aus, die dir besonders gefällt, und untersuche sie mit Hilfe der folgenden Fragen ganz genau:

1. Welche Lügengeschichte hast du ausgewählt: Wie lautet ihr Titel:

   _____

   – Welche Hauptperson kommt vor?

   _____

   – Welche auffallenden und besonderen Eigenschaften hat sie?

   _____

   _____

   _____

   – An welchen Schauplätzen spielt die Geschichte? Welches sind die wichtigsten Merkmale dieser Schauplätze?

   _____

   _____

   _____

   _____

2. Die Handlung:

   a) Ausgangslage:

   _____

   _____

   _____

   b) Wodurch wird die eigentliche Handlung ausgelöst?

   _____

   _____

   _____

   c) Wie entwickelt sich die Handlung weiter? (Handlungsschritte)

   _____

   _____

   _____

d) Zu welchem Ende führt die Handlung?

_____

_____

_____

_____

e) Wo steckt die Lüge?

_____

_____

_____

f) Was alles ist wahrscheinlich und hätte wirklich so sein können?

_____

_____

_____

_____

g) Wie kommt es, daß man die Geschichte zu Ende liest, obwohl man weiß, daß gelogen wird?

_____

_____

_____

_____

h) Was gefällt dir besonders an der Geschichte?

_____

_____

_____

_____

_____

_____

RAHMEN

Projekt 4: Neue Geschichten von alten Bekannten

Arbeitsblatt: „Lügengeschichten" erzählen

1. Stelle dir diese Ausgangssituation vor: Münchhausen hat sich in der Wüste verirrt und ...

_____

_____

_____

2. Ergänze, falls du es für notwendig hältst:

– Was denkt und fühlt er in dieser Situation?

_____

_____

_____

– Was ist das Besondere an dieser Situation?

_____

_____

_____

_____

3. Vielleicht kannst du auch erklären:

– Wie kam Münchhausen in diese Situation?

_____

_____

_____

– Was macht die Situation so aussichtslos?

_____

_____

4. Das Ziel der Handlung versteht sich eigentlich von selbst: Münchhausen soll der Wüste entkommen. Aber er muß einen Weg finden. Denke dir einige Wege aus.

_____

_____

_____

_____

8
Blatt
1

5. Stelle dir vor: Keiner deiner ausgedachten Wege führt wirklich aus der Wüste. Es bleibt dir nur, eine gewaltige Lüge zu erfinden, die Münchhausen in die Lage versetzt, der Wüste zu entkommen. Wie also könnte das geschehen?

_____

_____

_____

6. Was könntest du anführen, um deine Lüge glaubhaft erscheinen zu lassen?

_____

_____

_____

_____

8

Blatt
2

7. Erzähle jetzt die ganze Geschichte. Beachte aber die Spielregel für Lügengeschichten:
Du darfst nur eine zentrale Lüge benutzen.

Weitere Themenvorschläge:

– Wie Münchhausen einmal in Mathe (Englisch...) eine 1 geschrieben hat, obwohl er nichts konnte

– Wie Münchhausen einmal einem Löwen begegnete

– Wie Münchhausen die Kirchturmuhr reparierte

– Wie Münchhausen einmal einen breiten Fluß ohne Brücke überquerte

Arbeitsblatt: Erzählkerne ausgestalten

1. Der Erzählkern enthält wichtige Handlungsteile. Notiere diese Handlungsteile in Stichpunkten.

In letzter Sekunde

Gerade noch rechtzeitig nach Hause kam Frau Gerda S., um zu verhindern, daß die Polizei ihre Wohnungstür einschlug. Die Polizei war von einem Passanten alarmiert worden, dem ein Papierflieger vor die Füße geflattert war, auf dem stand: „Hilfe! Ich werde hier gegen meinen Willen festgehalten! Klaus S." Wie sich herausstellte, stammte der Flieger von Klaus, dem neunjährigen Sohn von Frau S., der seine längst fälligen Hausaufgaben machen mußte und nicht mit seinen Freunden ins Schwimmbad durfte.

_____

_____

_____

_____

_____

_____

2. Ordne die Handlungsteile in der zeitlich richtigen Abfolge. Einige Teile sind nicht oder nur bruchstückhaft vorhanden. Ergänze, was notwendig ist, um alle Zusammenhänge ganz zu begreifen. (Du wirst da einiges hinzuerfinden müssen! Denke dir was aus!)

Handlungsteile in zeitl. Reihenfolge	Ergänzungen

3. Erzähle nun die Geschichte ausführlicher. Den Anfang geben wir dir vor:
Stell dir vor, du wohnst in der Wohnung neben Familie S. Du hast alles mitbekommen und erzählst nun deinen Freunden:

Bei uns im Haus war vielleicht gestern was los. Ich saß gerade an meinen

Hausaufgaben, da _____

_____

_____

_____

_____

_____

_____

Du kannst auch so beginnen:

Unser Nachbarjunge, der Klaus, treibt es manchmal schon etwas bunt.

Neulich aber hat er allem wohl die Krone aufgesetzt. Er mußte wieder

einmal zu Hause bleiben, weil _____

_____

_____

_____

_____

_____

_____

_____

4. Probiere nun auch einmal, die Geschichte aus der Sicht der Mutter zu erzählen, die beim Besuch bei den Großeltern von den Streichen ihres Sohnes erzählt. Also:

Stellt euch vor, was mir da neulich passiert ist. Unser Klaus hatte wieder

einmal _____

_____

_____

_____

_____

_____

_____

_____

_____

5. Versetze dich nun in die Lage von Klaus. Er wird am nächsten Morgen seinen Freunden in der Schule das Ganze erzählen.
Überlege vorher:

  – Womit wirst du anfangen, um Neugier zu erwecken?
  – Was wirst du alles erzählen, damit deine Zuhörer auch verstehen, um was es ging, in welcher Situation du dich befandest, was du alles „gedreht" hast?
  – Wo wirst du es besonders spannend machen?

_____

_____

_____

_____

_____

_____

_____

_____

_____

_____

_____

6. Ein Stoff kann zu vielen ganz verschiedenen Geschichten führen. Jede dieser Geschichten hat ihre besonderen Vorzüge. Gehe deine einzelnen Versuche durch, und stelle fest, wo die jeweiligen Vorzüge und wo die Nachteile liegen.

  – Welche deiner Geschichten gefällt dir am besten? (Frage auch einige deiner Klassenkameraden, welche sie am besten finden!) Kannst du dein Urteil begründen?

  – Versuche, für die folgende Geschichte die günstigste Erzählperspektive herauszufinden. Notiere die Handlungsteile, und ordne sie in der zeitlichen Reihenfolge des Geschehens. Was könnte man noch ergänzen?
Überlege: Wo gibt es Auseinandersetzungen, Gespräche usw., die interessant genug sind, daß man sie in wörtlicher Rede wiedergeben könnte? Erzähle die Geschichte neu.

Hund rettet ganze Familie

Dem Winseln eines Hundes verdankt Familie H. vermutlich ihr Leben. Vater Jachim H. wurde in der Nacht durch das aufdringliche Winseln des Hundes, welcher im Nachbarzimmer bei den beiden Kindern der Familie die Nacht verbrachte, geweckt. Er bemerkte Brandgeruch in der Wohnung, weckte seine Frau, riß die beiden schlafenden Kinder an sich und stürmte mit ihnen durch den beißenden Qualm, der sich in der Wohnung ausbreitete, gerade noch rechtzeitig ins Freie. Vermutlich ging der Brand von einem defekten Netzgerät aus, welches die Batterien des Kinderspielzeugs aufladen sollte. Tim, der jüngste der beiden Söhne, darf nun wohl den Hund vorläufig zumindest behalten, der ihm am Abend zuvor zugelaufen war und den er trotz des Widerstands der Eltern für die letzte Nacht bei sich behalten hatte.

_____

_____

_____

_____

_____

_____

_____

Wir machen ein Buch mit Geschichten

Arbeitsblatt: Weitere Erzählkerne zum Ausgestalten

Bruchlandung im Kinderzimmer

(dpa). Aufgrund eines Navigationsfehlers bei dichtem Nebel hat gestern morgen in Hamburg eine Ente beim Anflug auf ein Gewässer eine Bruchlandung in einem Kinderzimmer gemacht. Der Vogel hatte im ersten Stock eines Wohnhauses eine Fensterscheibe durchschlagen und war dann leicht verletzt liegen geblieben.

Lehrern stinkt der Unterricht

(dpa). Mehrere Tage lang bleibt die Grundschule in Oakland (Kalifornien) geschlossen, weil den Lehrern der Unterricht stinkt - im wahrsten Sinne des Wortes. Unter dem Gebäude hat sich ein Stinktier eingenistet. Am Wochenende traten zahlreiche Lehrer in den Streik.

Hund rettet fünf Menschenleben

(dpa). Durch sein Gebell hat ein Hund gestern morgen in Bad Kissingen fünf Menschen vor dem sicheren Flammentod bewahrt. Die 34jährige Hundebesitzerin war gegen vier Uhr wach geworden, weil das Tier bellte. Dann bemerkte sie, daß der Nachtspeicherofen in Flammen stand. Die Menschen konnten sich in Sicherheit bringen, das Tier erstickte im Rauch.

Bombenkrater statt Gartenteich

Eine stärkere Explosion erschütterte gestern die Vorstadtsiedlung von G. Fenster klirrten, und herumfliegende Lehmbrocken beschädigten abgestellte Autos. Wie die Kriminalpolizei mitteilt, wollten die beiden Söhne (18,21) eines Eigenheimbesitzers einen Gartenteich anlegen. Um dabei der mühsamen Arbeit des Grabens und Aushebens aus dem Weg zu gehen, zündeten sie eine Ladung Sprengstoff, die sie 40 cm tief eingegraben hatten.
Statt eines kleinen Gartenteichs hat die Familie nun einen Bombenkrater mit einem Durchmesser von ca. 15 m im Garten.

Kater fährt mit Bus ins Blaue

BERN (dpa). Die Berner Verkehrsbetriebe haben seit einem halben Jahr einen regelmäßigen Schwarzfahrer. Der dreijährige, schwarz-weiße Kater Minusch bevorzugt dabei die Buslinie 22. Was Busfahrern und Fahrgästen durchaus gefällt, macht der Besitzerin von Minusch weniger Freude. Sie weiß gar nicht mehr, wieviel Trinkgeld sie schon freundlichen Mitmenschen gegeben hat, die ihr den jeweiligen Standort des Katers mitteilten. Er trägt ein Halsband mit der heimischen Telefonnummer. Minusch hat übrigens im Laufe der Zeit Routine bei der Benutzung öffentlicher Verkehrsmittel entwickelt: Er wurde bereits mehrfach beim Umsteigen beobachtet.

Kaufrausch

Prof. Thomas von der Universität Stuttgart hat in einer Untersuchung festgestellt, daß jeder vierte Deutsche völlig unnütze Dinge einkauft. Manche steigern sich in einen richtigen Kaufrausch hinein. So wollte Herr K. aus S. ursprünglich nur ein Halsband für einen ihm zugelaufenen Pinscher kaufen. Als er vom Einkauf zurückkam, war er nicht nur Besitzer eines Lastwagens, einer Hundehütte, eines neuen Hauses und eines Halsbandes, sondern auch eines neuen Hundes.
(Tip: Du kannst noch weitere Gegenstände erfinden, die Herr K. eingekauft hat. Bringe zuerst die verschiedenen Gegenstände in eine sinnvolle Reihenfolge, so daß sich beim Einkauf eines aus dem anderen ergibt!)

Projekt 6:   Erzählen: Fantastisches und Verrücktes

Arbeitsblatt: Fantasieerzählung I

Das hat Marko aber mitgenommen...

Marko war heute beim Abendessen völlig verändert. Während er sonst fast ununterbrochen plauderte, mit seiner Schwester stritt, auf beiden Backen kaute und dabei noch versuchte, einen kräftigen Schluck Tee nach-zuschütten - Marko schaffte das alles gleichzeitig und ohne Mühe, schließlich trainierte er ja täglich - während er also sonst lebhaft für Stimmung sorgte, saß er heute völlig ruhig, in sich gekehrt, fast schon krank am Tisch. „Marko, was ist denn mit dir? Fehlt dir was?" fragte seine Mutter besorgt. „Vielleicht wird er lang-sam erwachsen und lernt, sich zu benehmen!" stichelte seine Schwester. „Hört mir bloß auf!" knurrte Marko. „Ihr glaubt ja gar nicht, was mir heute mittag passiert ist." „Aber du warst doch den ganzen Mittag auf deinem Zimmer. Was kann denn da schon viel passieren!" wandte die Schwester ein. „Das ist es ja eben," erwiderte Marko recht einsilbig. Jetzt wurde auch Vater aufmerksam. „Nun erzähl schon, was ist denn passiert?" forderte er Marko auf. „Ja, also", begann Marko, „das glaubt mir keiner, aber es war wirklich so. Ich sitze heute mittag an meinem Schreibtisch und habe mein Erdkundebuch vor mir. Eigentlich sollte ich ja den Text über Neuseeland bearbeiten, aber da war noch ein Bild, und das war viel interessanter. Ich sitze also da und schaue mir das Bild an, da - plötzlich - ihr glaubt es nicht, aber da...

1. Überlege: Was könnte Marko so durcheinandergebracht haben? Denke dir verschiedene Möglichkeiten aus, und mache dir Stichpunkte. Beachte dabei: Es muß mit dem, was Marko gerade getan hat, im Zusammenhang stehen (Am besten, du versetzt dich in seine Lage: Du sitzt am Schreibtisch, schaust dir ein Bild im Erdkunde-buch an...)

a) _____

_____

_____

b) _____

_____

_____

c) _____

_____

_____

2. Überprüfe: Welche deiner Möglichkeiten steht in direktem Zusammenhang zu den Erzählvorgaben (= alles, was im Erzählanfang schon vorgekommen ist)?

3. Entscheide dich nun für eine der Möglichkeiten, und bearbeite sie weiter. Wenn dir nichts Brauchbares einge-fallen ist, versuch's nochmal: Du sitzt am Schreibtisch, vor dir liegt dein Erdkundebuch, Kapitel: Neuguinea. Ein Bild. Auf dem Bild - eine Lichtung im Urwald. Auf der Lichtung sitzt eine Gruppe Papuas (das sind Einge-borene auf Neuguinea). Unter dem Bild die Unterschrift: Ihre Großeltern waren noch Menschenfresser...
Du weißt: Marko hatte keine große Lust zu arbeiten. Er sitzt da und träumt so vor sich hin, und das bei diesem Bild... Was könnte da alles passieren? Beachte: Es muß schon etwas Außergewöhnliches sein, sonst wäre Marko nicht noch beim Abendessen so beeindruckt gewesen.

_____

_____

_____

4. Am Ende deiner Geschichte mußt du Marko wieder in die Wirklichkeit zurückholen, schließlich sitzt er ja, wenn auch etwas mitgenommen, so doch aufs Ganze gesehen wohlbehalten, beim Abendbrot. Denke dir verschiedene Möglichkeiten aus, und mache dir Notizen.
Mit einem Trick kann man besonders gut die Verbindung zwischen Traum und Wirklichkeit herstellen:
Man erfindet etwas (einen Vorgang, einen Gegenstand, ein Geräusch usw.), das sowohl in der Wirklichkeit
als auch im Traum vorkommt und sozusagen diesen Übergang erzwingt. (Das kann z.B. ein Klopfen sein, aber
auch Hunger oder Durst oder...)

_____

_____

_____

_____

_____

_____

_____

_____

_____

_____

5. Gehe deine Aufzeichnungen nochmals durch. Wo du aufgefordert wurdest, dir mehrere Möglichkeiten auszudenken, entscheide dich für eine Möglichkeit. Hast du noch einzelne Einfälle, so ergänze deine Notizen.

6. Erzähle nun die Geschichte im Zusammenhang weiter.

_____

_____

_____

_____

_____

_____

_____

_____

_____

Arbeitsblatt: Fantasieerzählung II

Und wohin soll die Reise gehen?

Kerstin war an diesem Morgen nicht besonders gut gelaunt. Sie hatte nicht gut geschlafen, die Biologiearbeit, die heute anstand, hatte sie bis in den Schlaf verfolgt. Dann gab's heute morgen Streit mit dem Bruder, wer als erster ins Bad durfte, der Kakao war so heiß, daß man sich die Lippen verbrannte, und dann mußte Kerstin auch noch rennen, um den Bus nicht zu verpassen.
So saß sie jetzt im Bus und starrte vor sich hin. Da - plötzlich - was war das? Kein Rattern mehr und kein Rumpeln, nur noch ein leises Rauschen. Kerstin schaute auf und - traute ihren Augen nicht! ...

1. Auch bei dieser Geschichte könnte es fantastisch zugehen. Untersuche zunächst den Erzähleingang und überlege: Was gibt er alles her

– hinsichtlich der Hauptfigur?

_____

_____

_____

_____

– hinsichtlich der Handlungsauslösung?

_____

_____

_____

– Überlege auch schon, wie die Geschichte enden könnte.

_____

_____

_____

2. Stelle nun ähnliche Überlegungen an, wie du sie auf dem ersten Arbeitsblatt schon ausgestellt hast. Notiere jeweils den Gesichtspunkt, die Frage, die du verfolgst, und halte deine Ergebnisse in Stichpunkten fest.

3. Erzähle die Geschichte im Zusammenhang weiter. Stütze dich dabei auf deine bisherigen Überlegungen.

4. Auch die folgende Geschichte könntest du weitererzählen. (Notiere dir zunächst Stichpunkte!)

Man trifft manchmal schon auf seltene Vögel. So saß ich neulich im Park auf einer Bank und sah den Amseln zu, die vor mir auf dem Rasen herumhüpften. Da setzte sich ein etwas älterer Herr neben mich. Er war zwar etwas zu warm angezogen für die Jahreszeit, und er schwitzte auch entsprechend, aber irgendwie paßte doch alles zusammen. Er mußte meinen neugierigen Blick bemerkt haben, denn er wandte sich mir zu und sprach mich in einem keineswegs unfreundlichen Ton an: „Ja, du hast recht. Es ist ganz schön warm heute. Ich bin zu warm angezogen, könnte man meinen. Aber weißt du, das ist eine lange Geschichte..." „Oh, ich habe viel Zeit, und lange Geschichten höre ich besonders gern", antwortete ich ihm. „Ja?" gab er zurück und wandte sich mir jetzt ganz zu. Sein Gesicht wirkte viel jünger, als ich zuerst geglaubt hatte, und ich wurde noch neugieriger. „Weißt du", begann der Fremde, „das war so:..."

5. Hier findest du einige Themen. Suche dir eines aus, das du bearbeiten möchtest, und erzähle die dazugehörende Geschichte. (Du kannst natürlich auch ein eigenes Thema suchen. Ehe du dich dann aber ans Erzählen machst, solltest du mit deinem Lehrer bzw. deiner Lehrerin über dein Thema sprechen.)

– Erfinde eine Geschichte, in der dich ein Wundertier während der Mathematik- (Latein-, Englisch-, ...)Stunde von der Langeweile erlöst.

– Ich war für einen Tag Direktor unserer Schule.

– Biene Maja war in Schwierigkeiten, und ich habe ihr geholfen.

– Ich habe eine Kraftpille gefunden.

– Ich lebte einen Tag als Ameise unter Ameisen.

– Ein Zirkuslöwe war ausgebrochen. Er erzählt, was er erlebt hat.

– Plötzlich ging das Licht aus, und nur ich konnte noch sehen.

– Plötzlich konnte ich fließend Latein (Englisch, Französisch...).

– Gestatten, ich bin ein Elefant und komme gerade aus dem Porzellanladen.

– Ich konnte das Wetter machen.

RAHMEN

| Projekt 6: | Erzählen: Fantastisches und Verrücktes |

Arbeitsblatt: Fantasieerzählung - Überarbeitung

1. Fasse in einem Satz die Handlung deiner Geschichte zusammen.

_____

_____

_____

2. Ist es dir gelungen, dich auf eine Handlung zu konzentrieren, oder hast du mehrere Einzelhandlungen aneinander gereiht?

3. Wenn du jetzt feststellst, daß du mehrere Einzelhandlungen nacheinander erzählt hast, fängst du am besten noch einmal von vorn an (sonst mache mit Aufgabe 4 weiter). Gehe dabei folgendermaßen vor:

– Überschaue deine Einzelhandlungen, und überlege: Welche wäre besonders geeignet für einen weiteren Ausbau?

_____

_____

– Konzentriere dich auf diese Einzelhandlung, und versuche, einen Höhepunkt zu finden.

_____

_____

_____

_____

– Überlege: Welche Teilschritte könnten zu diesem Höhepunkt führen?

_____

_____

_____

_____

– Welche Teilschritte könnten eingebaut werden, ohne daß die Handlung von der Grundlinie allzu weit wegführt?

_____

_____

_____

_____

– Welche Handlungsvoraussetzungen müssen unbedingt dargestellt werden?
Jetzt kannst du auch noch überlegen, ob du die eine oder andere (kleine!) Nebenhandlung einbauen willst, um den Höhepunkt hinauszuzögern.

_____

_____

4. Überprüfe den **Ablauf der Handlung**. Versetze dich in die Lage deiner Leser. (Vielleicht bittest du einen Klassenkameraden darum, die Rolle des Zuhörers zu übernehmen. Er kann dir dann sagen, wie weit du mit den folgenden Fragen zurechtgekommen bist.)

– Versteht der Leser die Zusammenhänge zwischen den Handlungsteilen?

– Lassen sich die einzelnen Handlungsteile aus dem Vorausgegangenen begründen?

– Hast du die Motive/Beweggründe des Handelns dargestellt? Überprüfe auch, ob die Beweggründe in Einklang stehen mit den jeweiligen Figuren und ihren wesentlichen Eigenschaften. (Beispiel: Ein Riese wird sich vor einer Fliege nicht ohne weiteres fürchten...)

– Hast du die entscheidenden Handlungsvoraussetzungen so dargestellt, daß der Leser die Zusammenhänge mitbekommt?

– Erscheint das fantastische Geschehen in sich noch plausibel? Kann man es nachvollziehen, ohne ins Stocken zu geraten?

Überprüfe die **Perspektive**:

– Aus welcher Perspektive erzählst du?

– Was ist das ganz Besondere an dieser Perspektive? Wird das klar genug?

– Stimmt die Perspektive mit der Figur überein, oder gibt es da Widersprüche?

– Hast du die Perspektive durchgehalten?

Von Erlebnissen erzählen

Arbeitsblatt: Von Erlebnissen erzählen

1. Vielleicht gehörst du auch zu denen, die stöhnen, wenn es heißt: Erzähle von einem Erlebnis. Warum ist das eigentlich so?

_____

_____

_____

„Die tollen Sachen erleben immer nur die andern!" Bist du auch dieser Meinung? Dann erkläre, woran das liegen könnte.

_____

_____

_____

Wann hast du dich das letzte Mal so richtig gefreut?

_____

_____

Warum und über was hast du dich da gefreut?

_____

_____

_____

Was ging dem voraus?

_____

_____

_____

_____

Wer war daran beteiligt?

_____

_____

_____

_____

2. Wenn du jetzt deine Notizen überblickst, wirst du feststellen, daß du da schon so etwas wie den Kern einer Erzählung zusammengetragen hast. Wie man mit einem Erzählkern umgeht, damit aus ihm eine anschauliche Geschichte wird, kannst du nachschauen in den Arbeitsblättern zur Ausgestaltung eines Erzählkerns. Du könntest
nun im Zusammenhang erzählen: „Wie ich mich einmal so richtig gefreut habe." Halte Stichpunkte fest.

_____

_____

_____

_____

_____

_____

3. Wenn du nun deine Stichpunkte überfliegst, wirst du vielleicht feststellen: „Das ist noch etwas mager. Da fehlt
noch das eine oder andere." Markiere solche Stellen, und notiere, was fehlt bzw. was man da ergänzen könnte.
Wenn du jetzt einwendest: „Ja, aber in der Wirklichkeit war das doch nicht so, da hat das doch auch gefehlt!"
dann solltest du den folgenden Hinweis besonders beachten.

> Hinweis:
>
> Wenn man ein Erlebnis erzählt, will man keinen Zeugenbericht abgeben, sondern den Leser unterhalten.
> Deshalb steht das Erzählen im Vordergrund. Man muß sich beim Erzählen nicht streng an den Ablauf des
> Geschehens in der Wirklichkeit halten. Das dargestellte Geschehen sollte aber wahrscheinlich sein.

Ergänze nun die fehlenden Teile, und schreibe deine Geschichte auf.
Auch zu den folgenden Themen könntest du bestimmt eine Geschichte erzählen. Gehe die Themen durch, und
mache dir dort Notizen, wo dir etwas einfällt.

Wie ich einmal wahnsinnige Angst hatte _____

_____

_____

_____

_____

_____

Wie ich einmal furchtbar erschrocken bin _____

_____

_____

_____

_____

_____

Wie ich einmal sehr traurig war _____

_____

_____

_____

_____

Da hatte ich gerade noch mal Glück gehabt ! _____

_____

_____

_____

Beinahe wäre ich erwischt worden ! _____

_____

_____

_____

Mein erster Einsatz in der Fußball- (Handball-, Basketball-...)mannschaft

_____

_____

_____

_____

Mein erster Sprung vom 3-Meter-Brett _____

_____

_____

_____

_____

Eine seltsame Begegnung _____

_____

_____

_____

_____

4. Es gibt nun auch Anlässe, die besonders „erlebnisträchtig" sind. Du mußt nur ein wenig nachdenken, dich erinnern, und du wirst sehr schnell drauf kommen: „Na, da war doch...". Sammle einige „Erinnerungspunkte". (Du mußt ja nicht gleich zu jedem Punkt eine ganze Geschichte erzählen! Vorläufig sollst du nur sammeln. Später kannst du dich entscheiden...)

Also: Wie war das in den Ferien? Was hast du da unternommen?

_____

_____

_____

_____

Was war die größte Überraschung an deinem Geburtstag, an Weihnachten...?

_____

_____

_____

_____

Und am Wochenende sitzt du doch auch nicht nur vor dem Fernseher, oder?

_____

_____

_____

_____

Wenn dir gar nichts mehr einfällt, dann fange neu an: Man sagt, die schönste Freude sei die Schadenfreude. Bist du schon einmal hereingelegt worden? Von wem? Wie war das?

_____

_____

_____

_____

Hast du/habt ihr schon einmal jemanden hereingelegt?

_____

_____

_____

_____

Tausche nun deine Notizen mit deinem Nachbarn oder Freund aus. Laß ihn wählen: Worüber würde er am liebsten etwas hören?
Du kannst ihn auch gleich fragen, was ihn am meisten interessieren würde.

5. Überlege auch selbst: Was würdest du jetzt am liebsten erzählen? Wähle ein Thema aus, und entwickle zunächst den Erzählkern in Stichpunkten.

_____

_____

_____

_____

_____

_____

1

Blatt
5

6. Überlege: An welchen Stellen kommt es besonders auf das an, was du gedacht, gefühlt, erwartet, befürchtet hast?
Überlege weiter: Wie könntest du das deinen Hörern oder Lesern besonders deutlich vor Augen führen? Erprobe verschiedene Formulierungen, und laß deinen Nachbarn mitentscheiden. Halte die Formulierungen schriftlich fest.

_____

_____

_____

_____

_____

_____

7. Wenn du nun Geschmack gefunden hast am Erzählen, kannst du dir ja weitere Themen vornehmen. Natürlich kannst du auch zu Themen erzählen, die hier nicht genannt sind. Besprich es aber dann vorher mit deinem Lehrer oder deiner Lehrerin.

Projekt 7: Von Erlebnissen erzählen...

Arbeitsblatt: Erlebnisse mit Tieren

1. Es hat doch wohl schon jeder einmal etwas mit einem Tier erlebt, oder? Denke einmal nach.
Vielleicht hast du selbst ein Tier oder dein Freund oder deine Freundin. Wie verhält es sich, wenn ihr mit ihm spielt? Unterhalte dich mit deinem Nachbarn oder deiner Nachbarin über diese Fragen, schreibe dir anschließend Notizen auf.

_____

_____

_____

2. Wenn du noch gar nichts mit Tieren erlebt hast, dann kannst du den folgenden Erzählanfang nutzen. Versetze dich in Bärbels Lage, und versuche, die Geschichte zu Ende zu erzählen.

Bärbel war gewiß kein Angsthase, aber neulich rutschte ihr doch das Herz in die Hose. Sie ging gerade von der Schule nach Hause und hatte es nicht besonders eilig. Auf der Straße war nichts los, genauer gesagt, weit und breit war keine Menschenseele zu sehen, und sie kickte eine Kastanie vor sich her, da – sah sie ihn. Er war noch ziemlich weit weg, aber eines war jetzt schon sicher: Ein solches Riesenvieh von Hund hatte Bärbel noch nie gesehen. Und dieses Vieh kam immer näher...

Hinweise: Kümmere dich besonders um das, was Bärbel denkt und fühlt, während der Hund immer näher kommt. So könnte eine Lösung, in Stichpunkten formuliert, ausschauen:
Bärbel entdeckt eigenartigen Fleck auf Stirn des Hundes; erinnert sich: schon mal gesehen; vor zwei Jahren hatten Nachbarn ein kleines, junges Hündchen mit diesem Fleck; Bärbel hat damals oft mit dem jungen Hund gespielt; Nachbar weggezogen; Bärbel ruft Hund beim Namen; der stellt die Ohren, erkennt Bärbel wieder...

_____

_____

_____

_____

_____

_____

_____

_____

_____

_____

_____

3. Nun, fällt dir jetzt etwas ein? Wie war das denn, als Leo, der Hamster, ausgebrochen war und die ganze Familie an der Jagd beteiligt war?

_____

_____

Oder als das Kaninchen Hanibal verschwunden war?

_____

_____

Oder...

_____

_____

4. Wenn du schon etwas mit Tieren erlebt hast, dann erinnere dich nochmals. Gehe das ganze Erlebnis durch, und ergänze deine Stichpunkte.
Stell dir vor, du möchtest eines deiner Erlebnisse deinem Freund/deiner Freundin erzählen. Was mußt du alles erzählen, damit sie überhaupt den Ablauf mitbekommen?

_____

_____

_____

_____

Was werden sie besonders genau wissen wollen? (Du kannst das einmal direkt ausprobieren!) Worauf werden sie besonders gespannt sein?

_____

_____

_____

5. Erzähle nun deine Geschichte. Halte die Erzählung schriftlich fest.
Gehe deine Erzählung genauer durch, und versuche sie noch zu verbessern. Die folgenden Hinweise können dir dabei helfen.

Hinweis:

Wenn man von einem Erlebnis mit einem Tier erzählt, stellt man das Tier zunächst vor. Das kann man, indem man

– sagt, wie das Tier heißt und um was für ein Tier es sich handelt;

– die wichtigsten Eigenheiten und Eigenschaften nennt oder

– die Eigenheiten durch eine kleine Beispielgeschichte vorstellt.

Man sollte besonders darauf achten, daß man dem Tier keine menschlichen Eigenschaften oder Verhaltensweisen andichtet.

ERZÄHLUNGEN überarbeiten

Wir machen ein Buch mit Geschichten

Erzählungen überarbeiten I

Arbeitsblatt: Ausgangslage, Figuren, Lösung

Du willst mit deiner Geschichte deine Leser unterhalten. Deine Leser aber sollen und wollen deine Geschichte zunächst einmal ohne größere Probleme verstehen, das heißt, sie sollen mitbekommen

– um was es geht,
– wer beteiligt ist,
– wie sich das Ganze entwickelt,
– wie alles zusammenhängt,
– zu welchem Ende alles führt.

1. Deshalb solltest du zunächst den Aufbau deiner Geschichte überprüfen. Stelle fest:

– Sind Ausgangslage und Erzählziel erkennbar?
– Passen sie so zusammen, daß die Erzählschritte sinnvoll von der Ausgangslage zum Erzählziel führen?
– Hast du eine sinnvolle und wirkungsvolle Perspektive gewählt?

2. Überprüfe, ob du die Ausgangslage so dargestellt hast, daß der Leser gut in das Geschehen eingeführt wird.

– Hast du dargestellt, wo die Geschichte spielt?
– Sagst du, wer beteiligt ist?
– Wird klar, wann das alles spielt, vielleicht auch, wo?
– Sind die wichtigen näheren Umstände erkennbar?

3. Den Figuren muß man die Handlungen auch „zutrauen" können, an denen sie beteiligt sind. Stelle fest:

– Hast du die Figuren und ihre Eigenschaften dargestellt?
– Stimmen Eigenschaften und Handlungen zusammen? Hast du Abweichungen begründet?

Beachte:
Figuren kann man einführen, indem man sie nennt und kurz vorstellt (Name, Geschlecht, Alter usw.), ihr Aussehen knapp beschreibt und ihre wichtigsten Eigenschaften nennt. Am besten aber stellt man eine Figur anhand einer kleinen Beispielhandlung vor.

4. Überprüfe vom Schluß her:

– Ergibt sich die Lösung ungezwungen aus dem vorausgehenden Geschehen? (Es kann sehr wohl Überraschungen geben. Auf Wunder aber und auf allzu viele Zufälle solltest du verzichten!)
– Kann man den Zusammenhang zwischen den einzelnen Schritten nachvollziehen, oder müssen noch einzelne Erklärungen eingefügt werden? Markiere die entsprechenden Stellen, und ergänze zunächst in Form von „Fußnoten".

5. In der folgenden Tabelle solltest du eintragen, wann du deine Erzählungen überarbeitest hast:

1. Erzählung überarbeitet: (Datum)

2. Erzählung überarbeitet: (Datum)

3. Erzählung überarbeitet: (Datum)

4. Erzählung überarbeitet: (Datum)

Arbeitsblatt: Den Leser am Geschehen teilnehmen lassen

Wenn du eine Geschichte erzählst, so willst du deinen Leser ansprechen. Er soll unterhalten werden, er soll mit den Figuren der Geschichte Angst haben, soll sich mit ihnen freuen, mit ihnen leiden, er soll mit ihnen denken und planen, er soll eben alles „miterleben".

So kannst du den Leser in das Geschehen hineinversetzen:

Laß ihn an Auseinandersetzungen teilnehmen. Führe ihm diese Auseinandersetzungen „im Wortlaut" vor: Benutze wörtliche Rede (Dialoge). Solche „Szenischen Darstellungen" baut man am besten und wirkungsvollsten dort ein, wo es um wichtige Entscheidungen oder um grundsätzliche Auseinandersetzungen zwischen beteiligten Figuren geht.

1. Gehe deine Geschichte durch, und markiere die Stellen, wo Entscheidungen fallen bzw. gerade gefallen sind. Markiere auch die Stellen, wo es zu (heftigen) Auseinandersetzungen kommen könnte, und solche, an denen Wichtiges geplant wird.

2. Überlege: Welche Figuren sind beteiligt? Was könnte jeweils ihr Standpunkt sein? Wie könnten sie den vertreten? Wie gehen sie auf ihre Partner bzw. Gegner ein?

3. Formuliere nun entsprechende Dialoge.

Die Dialoge sind und bleiben Teile einer Erzählung (sie sind nicht Teil eines „Dramas" !). Deshalb mußt du in der Regel auch die einzelnen Redeteile einleiten. Am einfachsten geht das mit „....", sagte er, „....". Aber das ist eben auch am langweiligsten.

Redeeinleitungen können Verschiedenes ausdrücken:

a) Sie können einfach das Sprechen bezeichnen: „....", sagte er; sie meinte: „...."
b) Sie können Auskunft geben über die Aufgabe des entsprechenden Redeteils im Gesprächszusammenhang: „....", antwortete er, „....", fragte sie.
c) Sie können den Inhalt knapp zusammenfassen: „....", stimmte er zu; „....", widersprach er.
d) Sie können die Art und Weise des Sprechens genauer beschreiben: „....", schrie er; „....", flüsterte sie.

4. Suche für die oben genannten Möglichkeiten der Redeeinleitung weitere Beispiele:

a) _____

b) _____

c) _____

d) _____

5. Überarbeite deine Dialoge, und füge entsprechende Redeeinleitungen ein.

Laß deinen Leser am Denken und Planen, an den Hoffnungen und Befürchtungen deiner handelnden Figuren teilnehmen. Stelle solche „inneren Vorgänge" als „erlebte Rede" bzw. als „inneren Monolog" dar.

6. Auch hierfür brauchst du „Redeeinleitungen". Das „....", dachte sie/er wird auf Dauer langweilig. Ergänze die folgende Liste:

a) „Das darf doch nicht wahr sein!" fuhr es ihm durch Sinn, ...

b) „Warum", fragte er sich, „warum soll jetzt ..."

c) „Das war doch gestern noch nicht da!" wunderte sich Renate.

d) _____

_____

e) _____

_____

f) _____

_____

g) _____

_____

h) _____

_____

7. Überprüfe deine Geschichte. Wo könnte sich dein Leser für das interessieren, was deine Figuren denken, planen, empfinden ... ?
Schreibe knappe innere Monologe, die den Leser in die Figuren „hineinhorchen" lassen.

8. In die folgende Tabelle solltest du eintragen, wann du deine Erzählungen überarbeitest hast:

1. Erzählung überarbeitet: (Datum)

2. Erzählung überarbeitet: (Datum)

3. Erzählung überarbeitet: (Datum)

4. Erzählung überarbeitet: (Datum)

RAHMEN

3

Blatt
1

Arbeitsblatt: Spannend erzählen

Der Leser deiner Geschichte will unterhalten werden, will Interessantes, Spannendes kennenlernen. Er will der Langeweile entfliehen. Du kannst ihm dabei entgegenkommen und helfen, wenn du deine Erzählung spannend gestaltest.

„Spannung" betrifft sowohl den Inhalt als auch die Art und Weise der Darstellung: Man kann Spannendes erzählen, und man kann etwas spannend erzählen.

1. Spannung kann man erreichen, indem man Teilinformationen gibt, die neugierig machen, und gleichzeitig Wichtiges zurückhält. Man deutet an, man kündigt an, verschweigt dann aber erst einmal das Wichtigste.

2. Spannung kann man erzeugen, indem man Fragen stellt, den Leser in Überlegungen einbezieht, ihn an Vermutungen teilnehmen läßt oder Antworten nur zum Teil gibt.

3. Spannung kann man erzeugen, indem man einzelne Handlungsteile mit leichten Veränderungen wiederholt (neue Beteiligte einführt, neue wichtige Umstände erwähnt) und so wichtige Auseinandersetzungen steigert, ohne das Ende zu früh zu verraten. Auch kleine Nebenhandlungen (nicht übertreiben !) können verzögernd wirken und so die Spannung steigern.

4. Spannung kann man erzeugen, indem man den Leser an den Aufregungen einer handelnden bzw. beteiligten Figur teilnehmen läßt.

5. Spannung kann man erzeugen, indem man mit Hilfe bestimmter Wörter (plötzlich ...) und Wendungen (... mit einem Schlag ...) Neues ankündigt.

1. Gehe deine Geschichte mehrmals durch, und überprüfe:

– Wo könntest du verzögern?

– Wo könntest du etwas ankündigen? Wo könntest du neugierig machen?

– Wo könntest du Handlungsteile wiederholen?

– Wo bietet es sich an, den Leser an Vermutungen und Fragen zu beteiligen?

– Wo sollte der Leser besonders mit einer Figur miterleben?

– Wo könnten Wörter und Wendungen Neues, Überraschendes ankündigen?

Markiere die Stellen, und ergänze deine Erzählung (Fußnoten!).

Erzählungen überarbeiten IV

Arbeitsblatt: Anschaulich erzählen

Wenn du erzählst, so läßt du eine eigene Welt entstehen. Selbst wenn du von einem Erlebnis erzählst, versetzt du deinen Leser in eine eigene, ihm zunächst völlig fremde, unbekannte Welt. Du mußt ihm deshalb dabei helfen, wenn er versucht, sich in dieser neuen Welt zurechtzufinden. Dabei kannst du dich ganz verschiedener Möglichkeiten bedienen:

Du kannst das, was in deiner Geschichte geschieht, so anschaulich darstellen, daß sich dein Leser „ein konkretes Bild" davon machen kann. Will man Unbekanntes, Ungewöhnliches oder Außergewöhnliches darstellen, so kann man zur Verdeutlichung und Veranschaulichung Bilder und Vergleiche verwenden.

4

Blatt 1

1. Überprüfe deine Geschichte: Wo könntest du deinem Leser durch einen Vergleich dabei helfen, sich eine bessere Vorstellung zu machen? Markiere die Stelle(n), und füge in Fußnoten Ergänzungen an.

Handelnde Figuren sind Stimmungen unterworfen, sie fühlen sich wohl, freuen sich, ärgern sich, sie warten, hoffen, befürchten usw. Man kann das, was in einer Figur vorgeht, einfach benennen (Anna ärgerte sich). Anschaulicher aber wird die Geschichte, wenn wir sagen, wie bzw. worin sich die inneren Vorgänge „äußern", worin sie sich zeigen, was die betroffenen Figuren tun usw. (Marko knirschte mit den Zähnen).

2. Überprüfe deine Geschichte, und markiere die Stellen, an denen du innere Vorgänge, Stimmungen usw. einer Figur benannt hast. Überlege: Wie könntest du die jeweilige Gefühlsregung anschaulich darstellen? Worin äußert sie sich? Könnte ein Bild oder ein Vergleich eine weitere Veranschaulichung bringen? (Bisweilen kann man sogar ein wenig übertreiben, um das Gemeinte besonders hervorzuheben. Beispiel: Tina war stur wie ein Panzer und ließ sich durch nichts aufhalten).

3. Sammle für die folgenden Gemütsregungen möglichst viele anschauliche Darstellungen (Drei solltest du mindestens gestalten).

Marko ist zornig:

_____

_____

Anna ist unruhig:

_____

_____

Tina ist stolz:

_____

_____

Christian ist beleidigt:

_____

_____

Oliver ist traurig:

_____

_____

Roman freut sich:

_____

_____

Karolin ist wütend:

_____

_____

Margot hat Angst:

_____

_____

Georg ist aufgeregt:

_____

_____

Norbert ist zufrieden:

_____

_____

Anna ist glücklich:

_____

_____

Luise-Christine ist neugierig:

_____

_____

Michael ist müde:

_____

_____

NAMEN

Woher sie kommen - Was sie bedeuten.

- ○ Adam
- ○ Oechsle, Kurt
- ○ Raabe-Metz Adelheid
- ○ Rothfuß, Anton u. Maria
- ○ Johannsen
- ○ Schreiber, Charlotte
- ○ Zilinski, Peter
- ○ Oberndorfer, Josef

- ○ Dauenhauer
- ○ Pohle, Max Paul Ernst
- ○ Gutknecht, Nicole
- ○ Nebel / Ludwig
- ○ Müller
- ○ Durchdenwald, Friedrich
- ○ Lachenmaier, Berta u. Manuel
- ○ Wolf / Schreiber / Schönmüller

Projekt 8: Namen: Woher sie kommen - was sie bedeuten

Arbeitsblatt: Die Familiennamen in meiner Klasse:

Name:	Herkunft:	Bedeutung:

Projekt 8: Namen: woher sie kommen - was sie bedeuten

Arbeitsblatt: Die Vornamen in meiner Klasse:

Name:	Herkunft:	Bedeutung:

Arbeitsblatt: Die Straßennamen meines Heimatortes

1. Du kennst bestimmt einige Straßennamen deines Heimatortes. Sammle weitere Namen, und trage sie in die folgende Liste ein. Erkläre in der rechten Spalte ihre Bedeutung (Wenn Du gar nicht klarkommst, trage den Namen bei der letzten Gruppe ein, und laß dir von deinem Lehrer helfen).
Wenn dir der Platz nicht reicht, lege eine Zusatzliste an.

Benannt nach berühmten Personen:

Name:	Herkunft und Bedeutung
Maximilianstraße	Maximilian: deutscher Kaiser

Benannt nach Ereignissen:

Name:	Herkunft und Bedeutung:
Straße des 17. Juni	benannt nach dem Volksaufstand am 17. Juni 1953 in der DDR

Benannt nach geographischen Gegebenheiten

Name:

Bergstraße

Herkunft und Bedeutung:

nach der Lage benannt

Benannt nach (früheren) Bewohnern

Name:

Judengasse

Herkunft und Bedeutung:

hier war das Judenviertel der Stadt

Benannt nach Pflanzen oder Tieren

Name:

Immergrünweg

Herkunft und Bedeutung:

Immergrün = Zimmerpflanze

Benannt nach bekannten Gebäuden:

Name:	Herkunft und Bedeutung:
Bahnhofstraße	führt zum Bahnhof

Nach Form oder Bedeutung:

Name:	Herkunft und Bedeutung:
Hauptstraße	wichtigste Straße des Ortes

Benannt nach anderen Orten (zur Erinnerung oder: Richtungsangabe)

Name:	Herkunft und Bedeutung:
Offenbacher Landstraße	führt nach Offenbach

Kann ich nicht einordnen:

Name: Herkunft und Bedeutung:

Aus alten Zeiten-Sagen

Arbeitsblatt: „Sagen"

1. Entscheidet euch für eine griechische, römische oder mittelalterliche Sage; lest sie gemeinsam durch und notiert anschließend:

Name der Sage:

_____

Herkunft der Sage:

_____

Die wichtigsten Figuren und ihre Eigenschaften:

_____

_____

_____

_____

Die wichtigsten Handlungsorte:

_____

_____

_____

_____

_____

Die Handlung:

a) Die Ausgangslage / Vorgeschichte:

_____

_____

_____

_____

_____

b) Handlungsauslösung / -ansatz:

_____

_____

_____

_____

_____

c) Handlungsverlauf:

_____

_____

_____

_____

_____

_____

_____

d) Höhepunkt / Konflikt:

_____

_____

_____

_____

_____

d) Lösung:

_____

_____

_____

Meine Meinung:

_____

_____

_____

_____

_____

_____

_____

_____

_____

Was man gut selbst machen kann

Der Hampelmann

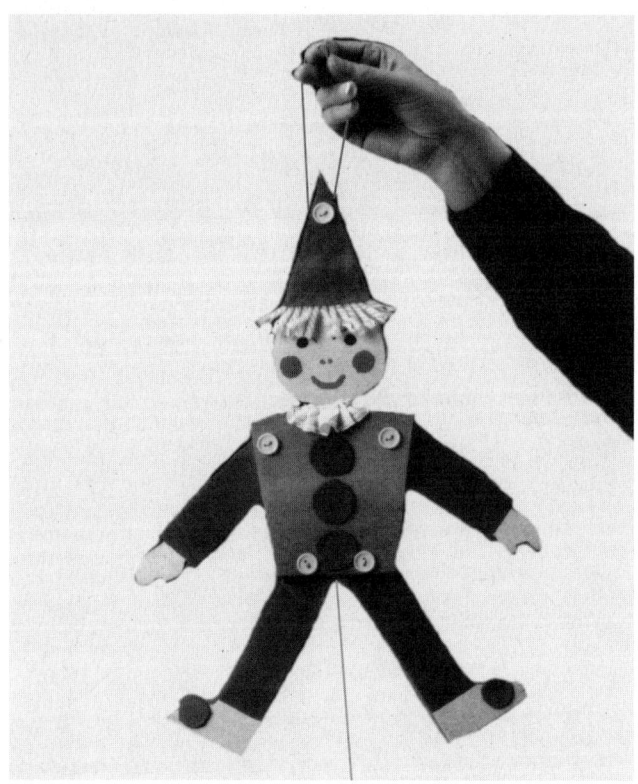
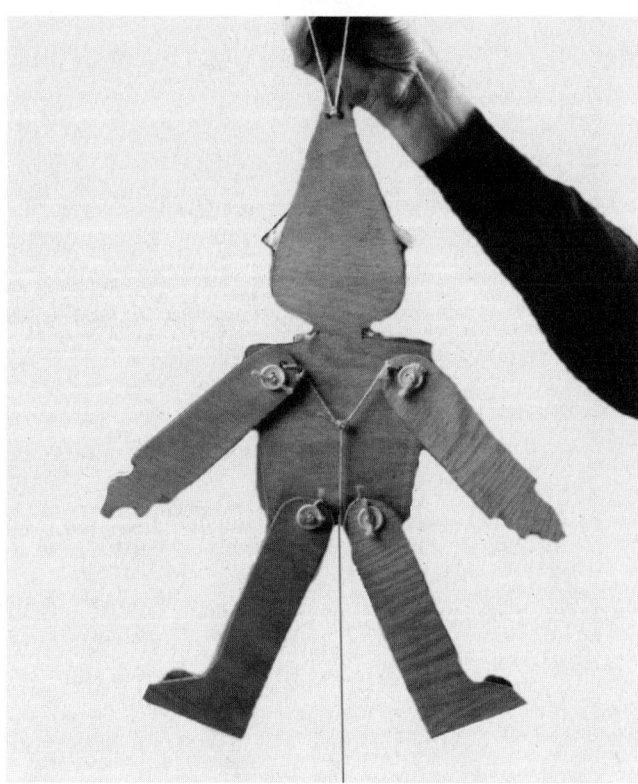

Die Marionette

Die Gliederpuppe

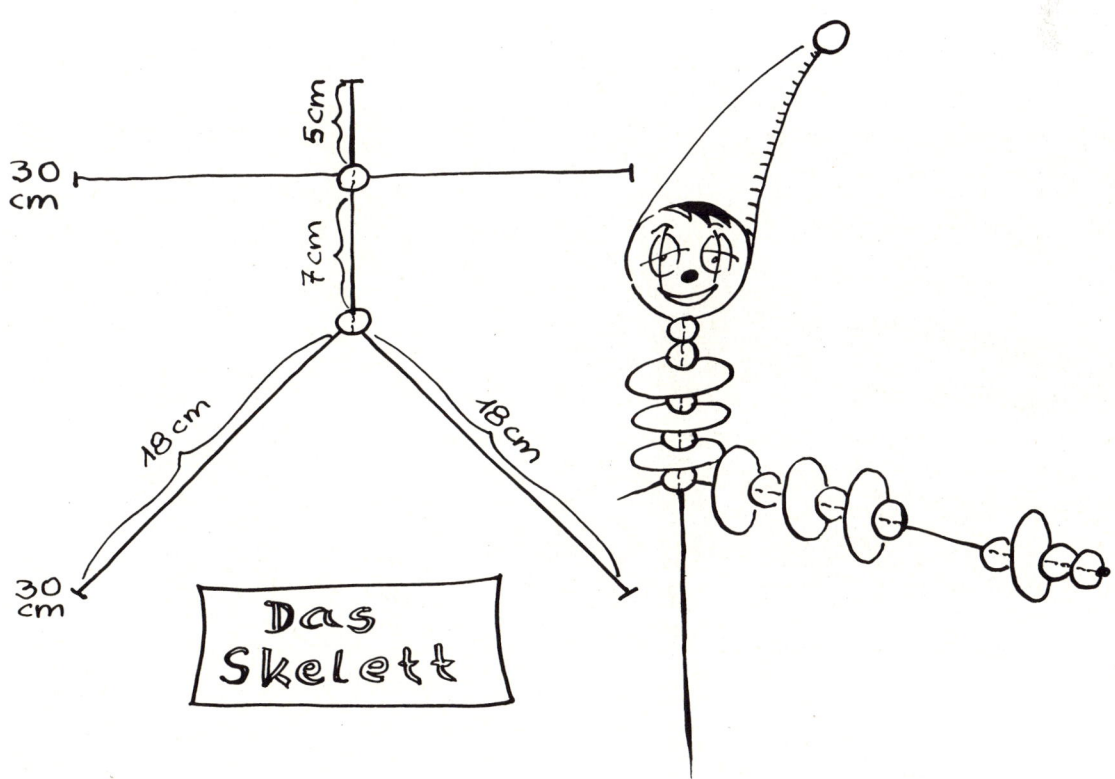

Das Skelett

Ein Herbarium anlegen

„Herba" ist lateinisch und heißt „Kraut". Ein Herbarium ist eine Sammlung von gepreßten und getrockneten Pflanzen, die – ähnlich wie Briefmarken – in ein Album geklebt werden.

Vorweg eine Bitte:

Pflücke nie seltene oder gar geschützte Pflanzen. Wenn du Pflanzen sammelst, solltest du kräftige und vor allem unversehrte auswählen. Schneide sie mit einem Messer oder einer Schere ab, damit du die Wurzeln nicht herausreißt.

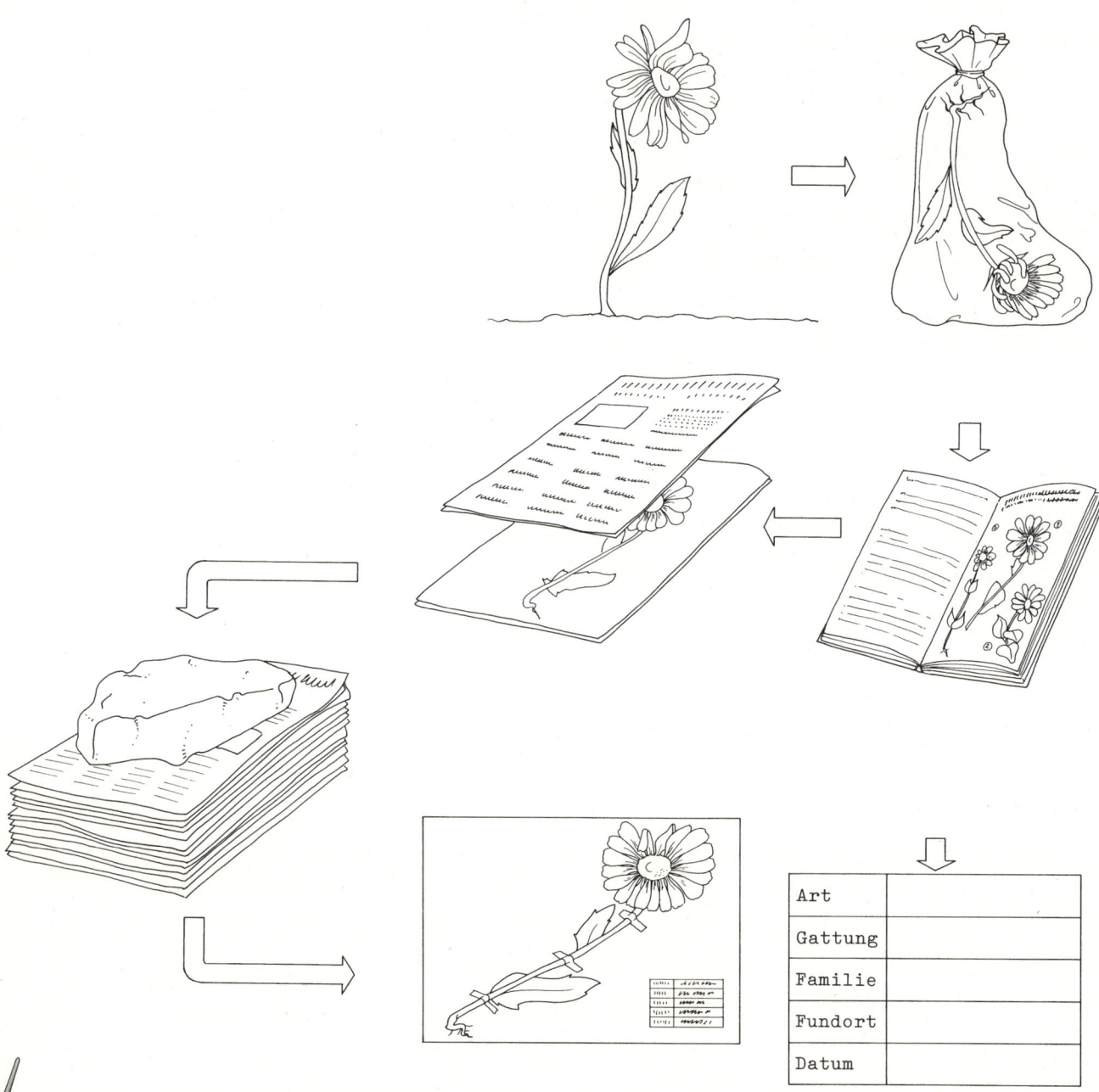

Art	
Gattung	
Familie	
Fundort	
Datum	

1. Sammle weitere Informationen darüber, was du beachten mußt, wenn du ein Herbarium anlegen willst. Frage zum Beispiel deinen Biologielehrer.

2. Sammle Pflanzen, die in deiner Umgebung wachsen. Bereite sie dann für das Herbarium vor.

3. Schreibe eine Anleitung, wie man ein Herbarium anlegt.

Arbeitsblatt: Anleitungen schreiben

Wenn man eine Anleitung schreibt, so will man einem andern (eben dem Leser) dabei helfen, etwas richtig zu machen, eine Tätigkeit mit Erfolg auszuführen. Deshalb muß man diese Tätigkeit nicht nur selbst genau kennen, man muß sie auch genau und sachgerecht darstellen.

Wenn der Leser dazu angeleitet werden soll, eine Arbeit sachgerecht auszuführen, so muß er wissen,

– was er dafür braucht,
– wie und
– in welcher Reihenfolge er vorgehen soll,
– welche Fehler oft vorkommen und
– wie man diese Fehler vermeidet.

1. Überprüfe deine Anleitung:

– Hast du sinnvoll gegliedert?
– Hast du alle wichtigen Teile ausführlich genug dargestellt?

So gliedert man eine Anleitung:

1) Was soll gemacht werden?

2) Vorbereitung
   a) Material, Werkzeug
   b) Vorbereitung des Arbeitsplatzes; Vorarbeiten

3) Durchführung der Arbeit
   a) erster Schritt
   b) zweiter Schritt   Zusammenhang?
   c) dritter Schritt   häufige Fehler?
   d) ...   Wie vermeidet man die Fehler?

4) Ergebnis (vielleicht auch: Überprüfung; Anwendung ...)

Arbeitsblatt: Anleitungen überarbeiten

Der Leser erwartet von einer Anleitung, daß er die in ihr enthaltenen Informationen alle versteht und verarbeiten kann. Deshalb müssen Zusammenhänge dargestellt und erläutert, Fachbegriffe oft erklärt werden.

1. Gehe deinen Text durch, und überprüfe:

- Hast du alle notwendigen Teilhandlungen dargestellt? (Am besten ist, du notierst in Stichpunkten alle dargestellten Teilhandlungen und versuchst dann, mit Hilfe des Stichwortzettels in Gedanken den Gesamtvorgang durchzuspielen.)

- Hast du die Teilhandlungen in der richtigen Reihenfolge dargestellt? Hast du auch da, wo es notwendig ist, den zeitlichen Zusammenhang sprachlich zum Ausdruck gebracht (etwa bei Gleichzeitigkeit ...)?

- Hast du deinem Leser den Zweck wichtiger Teilhandlungen erklärt?

- Hast du sachlich dargestellt? (Adjektive sollen charakterisieren bzw. genauer bezeichnen, nicht bewerten.)

- Hast du Fachbegriffe verwendet, um bestimmte besondere Teile, Handgriffe usw. zu bezeichnen? Hast du diese Fachbegriffe deinem Leser erläutert?

Hinweis: Fachbegriffe kann man erläutern, indem man sie durch bekannte Wörter behelfsweise ersetzt.
Beispiele: Fuchsschwanz = kurze Handsäge

Man kann auch die Funktion des bezeichneten Gegenstandes erläutern oder ihn nach Farbe, Aussehen, Material usw. beschreiben, zum Beispiel:

Drillbohrer = schnelldrehender Bohrer (wurde früher mit dem „Driller" angetrieben)
Manometer = Gerät zum Messen des Drucks in Dampfkessels usw.
Pinzette = kleines, zangenförmiges Gerät, das zum Anfassen kleiner Gegenstände dient.

2. In die folgende Tabelle solltest du eintragen, wann du deine Anleitungen überprüft hast:

Überprüfung der ersten Anleitung: (Datum)

Überprüfung der zweiten Anleitung: (Datum)

Überprüfung der dritten Anleitung: (Datum)

Überprüfung der vierten Anleitung: (Datum)

3. In einer Anleitung wird der Leser zu bestimmten Tätigkeiten aufgefordert. Die Aufforderungen bringen die Verbformen zum Ausdruck. Folgende Formen sind möglich:

Mögliche Form:	Beispiel:
a) Imperativ Singular	Nimm die Scheibe ...
b) Imperativ Plural (Höflichkeitsform)	Sägen Sie ...
c) 2. Person Singular Präsens Aktiv Indikativ	Du schneidest ...
d) 2. Person Sing. Präs. Aktiv Ind. (Höflichkeitsform)	Sie bohren ...
e) Man + 3. Person. Sing. Präs. Ind. Aktiv	Man gibt ...
f) Passiv Präsens	Die Scheibe wird aufgeklebt und ...
g) Infinitiv	Klappe öffnen ...
h) Man + Konj. Präs.	Man nehme ...

Tabelle der „Verträglichkeit":

	a	b	c	d	e	f	g	h
a		x			x	x		
b				x	(x)	x		
c	x				(x)	x		
d		x				x		
e	x	(x)	(x)	(x)		x		x
f	x	x	x	x	x			
g								
h					x			

Man kann nicht alle Formen nebeneinander im selben Text verwenden. Schau dir die Tabelle an, und mache dir klar, welche Formen gleichzeitig in einem Text vorkommen können. Notiere dir Beispiele. Man kann nebeneinander verwenden:

a) _____

oder b) _____

oder c) _____

oder ... _____

_____

_____

Arbeitsblatt: Spielanleitungen schreiben

Beispiel einer Spielanleitung

Das Mühlespiel

Das Mühlespiel ist ein Spiel für zwei Personen. Ziel des Spiels ist es, durch geschickte Plazierung der eigenen Steine möglichst viele „Mühlen" zu schließen und bei jedem Schließen einer Mühle dem Gegner einen seiner Steine abzunehmen.

Zum Spiel gehören ein Spielplan, neun weiße und neun schwarze Steine. Ein Spieler oder eine Spielerin erhält die weißen, einer die schwazen Steine.

Gesetzt wird abwechselnd, beginnend mit weiß. Eine Mühle ist dann zustandegekommen, wenn drei Steine einer Farbe in einer Linie auf den vorgezeichneten Punkten liegen. Schließt ein Spieler eine Mühle, so darf er einen gegnerischen Stein aus dem Spiel entfernen. Aus einer geschlossenen Mühle darf allerdings kein Stein weggenommen werden, so lange noch andere Steine vorhanden sind. Sind sämtliche Steine gesetzt, so beginnt man mit dem Ziehen. Dabei wird ein eigener Stein auf einer der vorgezeichneten Linien zum nächsten unbesetzten Punkt geschoben. Sind alle Punkte um einen Stein herum besetzt, so kann mit diesem nicht gezogen werden. Zwar kann man grundsätzlich jeden der eigenen Steine bewegen, doch sollte man sich bemühen, eine eigene Mühle aufzubauen oder aber den Gegner am Schließen einer Mühle zu hindern. Ist das Schließen einer Mühle gelungen, so darf man dem Gegner einen Stein aus dem Spiel nehmen. Man wird dabei einen solchen Stein nehmen, der den eigenen Plänen im Weg ist, oder einen, den der Gegner für den Aufbau einer Mühle vorgesehen hat. Geschlossene Mühlen können durch einen Zug geöffnet und durch den nächsten Zug wieder geschlossen werden. Wenn man eine Mühle öffnet, sollte man darauf achten, daß der Gegner nicht in die geöffnete Mühle ziehen und damit ein erneutes Schließen verhindern kann. Besonders günstig ist es, zwei Mühlen nebeneinander zu haben, so daß man beim Öffnen der einen Mühle zugleich die andere schließt. Hat ein Spieler nur noch drei Steine, so darf er springen, d.h. er darf mit einem beliebigen Stein jeden freien Punkt besetzen. Es ist daher günstig, ehe man dem Gegner den viertletzten Stein abnimmt, mehr als eine Mühle zu öffnen. Derjenige, der dem Gegner sämtliche Steine weggenommen hat, ist Sieger des Spiels.

Mit einer Spielanleitung will man einen Leser über ein Spiel so gründlich und umfassend informieren, daß er das Spiel mit Erfolg spielen kann. Es genügt dabei nicht, ihm nur knapp die Spielregeln mitzuteilen.

– Der Leser will den Grundgedanken des Spiels erfahren und das Ziel des Spiels kennenlernen.
– Er muß wissen, was man alles für das Spiel braucht.
– Er will einzelne Spielsituationen anhand einleuchtender Beispiele kennenlernen.
– Er will wissen, wie er sich in einzelnen Situationen taktisch günstig verhalten soll.

1. Überprüfe deine Anleitung: Hast du all diese Punkte angemessen beachtet? Spiele das Spiel mit deinem Nachbarn nach deiner Anleitung. Notiere, wo es Probleme gibt.

Eine Anleitung gliedert man am besten so:

1) Grundgedanke des Spiels
Um was geht es in dem Spiel? Wie kann man gewinnen?

2) Voraussetzungen des Spiels
- Spielerzahl
- Spielmaterial
- Spielfläche
- Spielvorbereitungen

3) Ablauf des Spiels

a) Spielbeginn
b) Spielzüge

- Regeln für einzelne Züge
- Beispiele
- taktische Hinweise

c) Ende des Spiels
Wer hat wann gewonnen?

Hinweis: Die „taktischen Hinweise und Tips" kann man auch als eigenen vierten Teil darstellen.

2. Überprüfe und korrigiere/ergänze deine Gliederung.

3. Die „Beispiele" sind ausgedachte Fälle, die vorkommen können. Sie treten unter bestimmten Bedingungen auf. Diese Bedingungen muß man darstellen (Wenn man...; falls...).

Taktische Hinweise und Tips gibt man dem Leser,

a) indem man ihn an Überlegungen beteiligt, die nach dem Muster „Was ist, wenn..." ablaufen;
b) indem man ihm den Zweck eines Spielzugs erläutert (... um den Gegner zu einem Fehler zu verleiten...).
c) Auch die Folgen einer Situation, eines Zuges, kann man darstellen (... man hält das Blatt verdeckt, so daß...).

4. Überprüfe und ergänze:

– Wo könntest du in deiner Anleitung mit Hilfe von Beispielen deine Idee klarer und anschaulicher darstellen?
– Wo könnten Tips dem Leser weiterhelfen?

Formuliere entsprechende Ergänzungen.

Arbeitsblatt: Spielanleitungen schreiben - Entwurf eines Geländespiels

1. Aufgabe: Entwirf ein „Spiel im Freien" entweder

   – für die Ferien am Strand oder
   – für den nächsten Wandertag oder
   – für das Zeltlager.

   Vorüberlegungen:

a) Die Spielidee:

_____

_____

_____

_____

_____

_____

b) Wieviele Mitspieler (mindestens ... höchstens)?

_____

_____

c) Wie sollte das „Gelände" aussehen?

   Merkmale, Besonderheiten: Skizze:

   _____

   _____

   _____

   _____

   _____

d) Welche Geräte, Utensilien ... werden benötigt?

_____

_____

e) Erste Rahmenspielregeln:

_____

_____

_____

_____

_____

Brüder Grimm

Doktor Allwissend

1 Es war einmal ein armer Bauer namens Krebs, der
fuhr mit zwei Ochsen ein Fuder Holz in die Stadt und
verkaufte es für zwei Taler an einen Doktor. Wie ihm
nun das Geld ausbezahlt wurde, saß der Doktor gera-
5 de zu Tisch; da sah der Bauer, wie er schön aß und
trank, und das Herz ging ihm danach auf, und er wäre
auch gern ein Doktor gewesen. Also blieb er noch ein
Weilchen stehen und fragte endlich, ob er nicht auch
könnte ein Doktor werden. „O ja", sagte der Doktor,
10 „das ist bald geschehen." „Was muß ich tun?" fragte
der Bauer. „Erstlich kauf dir ein Abcbuch, so eins, wo
vorn ein Göckelhahn drin ist; zweitens mache deinen
Wagen und deine zwei Ochsen zu Geld und schaff dir
damit Kleider an und was sonst zur Doktorei gehört;
15 drittens laß dir ein Schild malen mit den Worten: „Ich
bin der Doktor Allwissend", und laß das oben über
deine Haustür nageln." Der Bauer tat alles, wie's ihm
geheißen war. Als er nun ein wenig gedoktert hatte,
aber noch nicht viel, ward einem reichen großen
20 Herrn Geld gestohlen. Da ward ihm von dem Doktor
Allwissend gesagt, der in dem und dem Dorfe wohnte
und auch wissen müßte, wo das Geld hingekommen
wäre. Also ließ der Herr seinen Wagen anspannen,
fuhr hinaus ins Dorf und fragte bei ihm an, ob er der
25 Doktor Allwissend wäre. Ja, der wär' er. So sollte er
mitgehen und das gestohlene Geld wiederschaffen. O
ja, aber die Grete, seine Frau, müßte auch mit, und sie
fuhren zusammen fort. Als sie auf den adligen Hof
kamen, war der Tisch gedeckt, da sollte er erst mites-
30 sen. Ja, aber seine Frau, die Grete auch, sagte er und
setzte sich mit ihr hinter den Tisch.
Wie nun der erste Bediente mit einer Schüssel schönem Essen kam, stieß der Bauer seine Frau an und
sagte: „Grete, das war der erste", und meinte, er wäre
35 derjenige, welcher das Essen brächte. Der Bediente
aber meinte, er hätte damit sagen wollen: „Das ist der
erste Dieb", und weil er's nun wirklich war, ward ihm
angst, und er sagte draußen zu seinem Kameraden:
„Der Doktor weiß alles, wir kommen übel an, er hat
40 gesagt, ich wäre der erste." Der zweite wollte gar
nicht hinein, er mußte aber doch. Wie er nun mit seiner Schüssel hereinkam, stieß der Bauer seine Frau
an: „Grete, das ist der zweite."
Dem Bedienten ward ebenfalls angst, und er machte,
45 daß er hinauskam. Dem dritten ging's nicht besser, der
Bauer sagte wieder: „Grete, das ist der dritte." Der
vierte mußte eine verdeckte Schüssel hineintragen,
und der Herr sprach zum Doktor, er sollte seine Kunst
zeigen und raten, was darunter läge; es waren aber
50 Krebse. Der Bauer sah die Schüssel an, wußte nicht,
wie er sich helfen sollte, und sprach: „Ach, ich armer
Krebs!" Wie der Herr das hörte, rief er: „Da, er weiß
es, nun weiß er auch, wer das Geld hat."
Dem Bedienten aber ward gewaltig angst, und er blin-
55 zelte den Doktor an, er möchte einmal herauskom-
men. Wie er nun hinauskam, gestanden sie ihm alle
viere, sie hätten das Geld gestohlen, sie wollten's ja
gerne herausgeben und ihm eine schwere Summe dazu, wenn er sie nicht verraten wollte; es ginge ihnen
60 sonst an den Hals. Sie führten ihn auch hin, wo das
Geld versteckt lag. Damit war der Doktor zufrieden,
ging wieder hinein, setzte sich an den Tisch und
sprach: „Herr, nun will ich in meinem Buch suchen,
wo das Geld steckt." Der fünfte Bediente aber kroch
65 in den Ofen und wollte hören, ob der Doktor noch
mehr wüßte. Der saß aber und schlug sein Abcbuch
auf, blätterte hin und her und suchte den Göckelhahn.
Weil er ihn nicht gleich finden konnte, sprach er: „Du
bist doch darin und mußt auch heraus." Da glaubte
70 der im Ofen, er wäre gemeint, sprang voller
Schrecken heraus und rief: „Der Mann weiß alles."
Nun zeigte der Doktor Allwissend dem Herrn, wo das
Geld lag, sagte aber nicht, wer's gestohlen hatte, be-
kam von beiden Seiten viel Geld zur Belohnung und
75 ward ein berühmter Mann.

Wilhelm Busch

Das Hemd des Zufriedenen

1   Es war einmal ein reicher König, dem machte das Regieren so viele Sorgen, daß er darum nicht schlafen konnte die ganze Nacht. Das ward ihm zuletzt so unerträglich, daß er seine Räte zusammenberief und ih-
5   nen sein Leid klagte. Es war aber darunter ein alter, erfahrener Mann, der erhob sich, da er vernommen, wie es um den König stand, von seinem Stuhle und sprach: „Es gibt nur ein Mittel, daß wieder Schlaf in des Königs Augen kommt, aber es wird schwer zu er-
10   langen sein; so nämlich dem Könige das Hemd eines zufriedenen Menschen beschafft werden könnte und er das beständig auf seinem Leibe trüge, so halte ich dafür, daß ihm sicherlich geholfen wäre.“ Da das der König vernahm, beschloß er, dem Rate des klugen
15   Mannes zu folgen und wählte eine Anzahl verständiger Männer, die sollten das Reich durchwandern und schauen, ob sie nicht ein Hemd finden könnten, wie es dem Könige not tat. Die Männer zogen aus und gingen zuerst in die schönen, volkreichen Städte, weil
20   sie gedachten, daß sie da wohl am ehesten zu ihrem Zwecke kämen; aber vergebens war ihr Fragen von Haus zu Haus nach einem zufriedenen Menschen; dem einen gebrach dies, dem andern das; so mochte sich keiner zufrieden nennnen. Da sprachen die Män-
25   ner untereinander: „Hier in der Stadt finden wir doch nimmer, wonach wir suchen; darum, so wollen wir jetzunder auf das Land hinausgehen, da wird die Zufriedenheit wohl noch zu Hause sein“, sprachen's, ließen die Stadt mit ihrem Gewühle hinter sich und
30   gingen den Weg durch das wallende Korn dem Dorfe zu. Sie fragten von Haus zu Haus, von Hütte zu Hütte, sie gingen in das nächste Dorf und weiter von da, sie kehrten bei Armen und bei Reichen ein, aber keinen fanden sie, der ganz zufrieden war. Da kehrten die
35   Männer traurig wieder um und begaben sich auf den Heimweg. Wie sie nun so in sorgende Gedanken vertieft über eine Flur dahinwandelten, trafen sie auf einen Schweinehirten, der da gemächlich bei seiner Herde lag, indem, so kam auch des Hirten Frau, trug
40   auf ihren Armen ein Kind und brachte ihrem Manne das Morgenbrot. Der Hirt setzte sich vergnüglich zum Essen, verzehrte, was ihm gebracht war, und nachdem, so spielte er mit seinem Kinde. Das sahen die Männer des Königs mit Erstaunen, traten herzu und
45   fragten den Mann, wie es käme, daß er so vergnügt wäre, und hätte doch nur ein so geringes Auskommen. „Meine lieben Herren“, sprach der Sauhirt, „das kommt daher, weil ich mit dem, was ich habe, zufrieden bin.“ Da freuten sich die Männer höchlich, daß
50   sie endlich einen zufriedenen Menschen gefunden hatten, und erzählten ihm, in welcher Sache sie von dem König wären ausgesandt worden, und baten ihn, daß er ihnen möchte für Geld und gute Worte ein Hemd von seinem Leibe geben. Der Sauhirt lächelte
55   und sprach: „So gern ich euch, meine lieben Herren, in eurem Anliegen möchte zu Willen sein, so ist es mir doch nicht möglich; denn Zufriedenheit habe ich

wohl, aber kein Hemd am Leibe.“ Als das die Männer vernahmen, erschraken sie und gaben nun ganz die Hoffnung auf, ein Hemd zu finden, wie es dem König
60   not tat. Betrübt und mit gesenkten Blicken traten sie wieder vor ihren Herrn und berichteten ihm, wie all ihr Suchen und Fragen sei vergeblich gewesen; sie hätten manchen gefunden, der wohl ein Hemd gehabt hätte, aber keine Zufriedenheit, und endlich hätten sie
65   einen angetroffen, der wäre freilich zufrieden gewesen, aber leider hätte er kein Hemd gehabt.
So mußte denn der König seine Sorgen ferner tragen und voll Unruhe oft nächtelang auf seinem Bette liegen, ohne daß Schlaf in seine Augen kam, und konnte
70   ihm nicht geholfen werden.

Johann Peter Hebel

Der Zahnarzt

1 Zwei Tagdiebe, die schon lange in der Welt miteinander herumzogen, weil sie zum Arbeiten zu träg oder zu ungeschickt waren, kamen doch zuletzt in große Not, weil sie wenig Geld mehr übrig hatten, und nicht

5 geschwind wußten, wo nehmen. Da gerieten sie auf folgenden Einfall: Sie bettelten vor einigen Haustüren Brot zusammen, das sie nicht zur Stillung des Hungers genießen, sondern zum Betrug mißbrauchen wollten. Sie kneteten nämlich und drehten aus dem-

10 selben lauter kleine Kügelein oder Pillen und bestreuten sie mit Wurmmehl aus altem zerfressenem Holz, damit sie völlig aussahen wie die gelben Arznei-Pillen. Hierauf kauften sie für ein paar Batzen einige Bogen rotgefärbtes Papier bei dem Buchbinder; (denn ei-

15 ne schöne Farbe muß gewöhnlich bei jedem Betrug mithelfen.) Das Papier zerschnitten sie alsdann und wickelten die Pillen darein, je sechs bis acht Stücke in ein Päcklein. Nun ging der eine voraus in einen Flecken, wo eben Jahrmarkt war, und in den Roten

20 Löwen, wo er viele Gäste anzutreffen hoffte. Er forderte ein Glas Wein, trank aber nicht, sondern saß ganz wehmütig in einem Winkel, hielt die Hand an den Backen, winselte halblaut für sich und kehrte sich unruhig bald so her, bald so hin. Die ehrlichen Land-

25 leute und Bürger, die im Wirtshaus waren, bildeten sich wohl ein, daß der arme Mensch ganz entsetzlich Zahnweh haben müsse. Aber was war zu tun? Man bedauerte ihn, man tröstete ihn, daß es schon wieder vergehen werde, trank sein Gläschen fort und machte

30 seine Marktaffären aus. Indessen kam der andere Tagdieb auch nach. Da stellten sich die beiden Schelme, als ob keiner den andern in seinem Leben gesehen hätte. Keiner sah den andern an, bis der zweite durch das Winseln des ersteren, der im Winkel saß, auf-

35 merksam zu werden schien. „Guter Freund", sprach er, „Ihr scheint wohl Zahnschmerzen zu haben?" und ging mit großen und langsamen Schritten auf ihn zu. „Ich bin der Doktor Schnauzius Rapunzius von Travalgar", fuhr er fort. Denn solche fremde volltönige

40 Namen müssen auch zum Betrug behülflich sein, wie die Farben. „Und wenn Ihr meine Zahnpillen gebrauchen wollt", fuhr er fort, „so soll es mir eine schlechte Kunst sein, Euch mit einer, höchstens zweien, von Euren Leiden zu befreien." – „Das wolle

45 Gott", erwiderte der andre Halunk. Hierauf zog der saubere Doktor Rapunzius eines von seinen roten Päcklein aus der Tasche und verordnete dem Patienten, ein Kügelein daraus auf den bösen Zahn zu legen und herzhaft darauf zu beißen. Jetzt streckten die Gä-

50 ste an den andern Tischen die Köpfe herüber, und einer um den andern kam herbei, um die Wunderkur mit anzusehen. Nun könnt ihr euch vorstellen, was geschah. Auf diese erste Probe wollte zwar der Patient wenig rühmen, vielmehr tat er einen entsetzlichen

55 Schrei. Das gefiel dem Doktor. Der Schmerz, sagte er, sei jetzt gebrochen, und gab ihm geschwind die zweite Pille zu gleichem Gebrauch. Da war nun plötzlich aller Schmerz verschwunden. Der Patient sprang vor Freuden auf, wischte den Angstschweiß von der Stir-

60 ne weg, obgleich keiner daran war, und tat, als ob er seinem Retter zum Danke etwas Namhaftes in die Hand drückte. – Der Streich war schlau angelegt und tat seine Wirkung. Denn jeder Anwesende wollte nun auch von diesen vortrefflichen Pillen haben. Der Dok-

65 tor bot das Päcklein für 24 Kreuzer, und in wenig Minuten waren alle verkauft. Natürlich gingen jetzt die zwei Schelme wieder einer nach dem andern weiter, lachten, als sie wieder zusammenkamen, über die Einfalt dieser Leute und ließen sichs wohl sein von ihrem

70 Geld.

Arbeitsblatt: Spielszenen entwerfen I

Hinweis: Lege ein eigenes Blatt an, auf dem du die Probleme notierst, die deiner Meinung nach im Unterricht bzw. durch den Lehrer geklärt werden sollten.

Rahmenauftrag: **Entwerft in eurer Gruppe ein Theaterstück, und führt es auf. Formt dazu die Erzählvorlage in einen spielbaren Text um.**

Hinweis: Ihr müßt euch nicht streng an die Vorlage halten. Ihr könnt

- Handlungsteile dazu erfinden;
- neue Personen einführen;
- unwichtige Personen weglassen;
- Handlungsort(e) verändern;
- die Zeit, in der die Handlung spielt, verändern;
- ...

So solltet ihr vorgehen:

1. Diskutiert in der Gruppe das „Gesamtvorhaben". Jeder sollte in Stichpunkten die wichtigsten Ergebnisse des Gesprächs festhalten:

a) Grundzüge des Handlungsaufbaus:

_____

_____

_____

_____

b) Was muß in der Ausgangslage alles dargestellt werden?

_____

_____

c) Auf welchen Höhepunkt hin soll alles angelegt werden?

_____

_____

_____

d) Welche Figuren wollt ihr spielen? Welche Eigenschaften haben sie?

_____

_____

_____

e) An welchen Orten soll die Handlung spielen? Wie könnte man diese darstellen?

_____

_____

_____

2. Diskutiert die Grundzüge eurer Vorgehensweise:

a) Wie könnte man was festlegen?

_____

_____

_____

_____

b) Wie könntet ihr eure Arbeit aufteilen?

_____

_____

_____

c) Wie wollt ihr am Ende eure Ergebnisse zusammenfügen?

_____

_____

_____

3. Entwerft ein „Szenarium" und einen „Rahmenarbeitsplan".

_____

_____

_____

_____

_____

_____

_____

_____

_____

_____

_____

_____

Arbeitsblatt: Wie kann man dem Zuschauer Figuren vorstellen?

1. Was erfährt der Zuschauer über die beteiligten Figuren?

Taniko oder Der Wurf ins Tal

Aus der Sammlung japanischer No-Stücke von Arthur Waley; Deutsch von Elisabeth Hauptmann

DER LEHRER   Ich bin der Lehrer. Ich habe eine Schule in einem Tempel in der Stadt. Ich habe einen Schüler, dessen Vater tot ist. Er hat nur mehr seine Mutter, die für ihn sorgt. Ich will jetzt zu ihnen gehen und ihnen Lebewohl sagen, denn ich begebe mich in Kürze auf eine Reise in die Berge. *Er klopft an die Tür des Hauses.* Darf ich eintreten?

DER KNABE   Wer ist da? Oh, der Herr Lehrer ist da, der Herr Lehrer kommt, um uns zu besuchen.

DER LEHRER   Warum bist du so lange nicht zur Schule in den Tempel gekommen?

DER KNABE   Ich konnte nicht kommen, weil meine Mutter krank war.

DER LEHRER   Das wußte ich nicht. Bitte, sag ihr gleich, daß ich hier bin.

DER KNABE   *ruft ins Haus zurück:* Mutter, der Herr Lehrer ist da.

DIE MUTTER   *von hinten:* Bitte ihn, hereinzukommen!

DER KNABE   Bitte, treten Sie ein.

1. Figur:

_____

_____

_____

2. Figur:

_____

_____

_____

3. Figur:

_____

_____

_____

2
Blatt
1

2. Beschreibe genau, wie der Zuschauer zu seinen Informationen kommt.

_____

_____

_____

_____

3. Was erfährt der Zuschauer über die Ausgangssituation?

_____

_____

_____

_____

_____

_____

_____

Arbeitsblatt: – Wie kann man Figuren vorstellen?
               – Wie kann man die Ausgangssituation vorstellen?

Der „Fall Lucca" von Konrad Rieder beginnt so:

I. Bild

Das Lerchinger Viertel am Rande der Stadt. Ein Zieh-brunnen. Eine Häuserreihe. Dämmerung.

1. Szene

Zwei Schupo patrouillieren langsam durch die Straße. – Pause. – Dann kommen zwei Buben: Tom und Max. Man kann ihr Gesicht nicht erkennen, denn sie halben die Mützen tief ins Gesicht gezogen und den Kragen hochgeschlagen. Sie wittern nach allen Seiten hin, ob die Luft rein ist. Tom schaut über den Brunnenrand in den Schacht. Max pfeift leise durch die Zähne, blitzartig ducken sie sich hinter den Brunnenrand. – Die Polizisten kommen wieder langsam vorbei, verschwinden nach der anderen Seite. – Die Buben tauchen auf, spähen, winden den Wasserkübel hoch. Tom steigt hinein, Max läßt ihn hinunter. Max nach der Seite ab. – Die Schupo kommen wieder.

2. Szene

Kommissar Nase, in Zivil, kommt von rechts, grüßt die Schupo leicht, diese erwidern stramm.

NASE   Abend! Neues? (*Die Schupo schütteln den Kopf.*)
     Nichts gesehen hier? (*wieder Verneinung.*)
     Wie verhext! (*geht auf und ab*)
     Telefon? (*die Schupo deuten auf ein Haus, Nase verschwindet.*)
1. SCHUPO   Wir erwischen ihn nicht.
2. SCHUPO   Abwarten.
1. SCHUPO   Wir erwischen ihn doch nicht.
2. SCHUPO   Maul halten. (*Sie gehen auf und ab*)
NASE   (*kommt wieder.*) Mir unbegreiflich! Und der Präsident nicht im Büro! Das ganze Viertel umstellt und bewacht – und keine Spur! Aber er hat hier sein Nest. Da hab ich meine Nase. Frägt sich nur, wo.
     (*Die Schupo schleppen den Max herbei.*)
2. SCHUPO   Wir haben einen, Herr Kommissar!
1. SCHUPO   Wenn es einer ist.
NASE   Aha. Endlich! Natürlich ist das einer! Mütze ins Gesicht gedrückt, Kragen aufgeschlagen – das ist er!
MAX   Sie haben den Kragen auch aufgeschlagen. Also sind Sie mindestens ein halber.
2. SCHUPO   Maul halten!
NASE   Frech ist er auch – das ist meistens so. Was tun Sie hier?
1. SCHUPO   Ist ja noch ein Bub!

NASE   Was tust du da?
2. SCHUPO   Herumgestreunt ist er!
NASE   Wirds bald?
MAX   Eben hat man gesagt, ich soll das Maul halten.
NASE   Stell dich nicht so blöd! Wirds jetzt bald? (*zeigt ihm seinen Ausweis*) Nase, Kriminalkommissar Nase.
MAX   (*sich ebenfalls vorstellend*) Maximilian Huber. Freut mich.
NASE   Das ist die Höhe!
2. SCHUPO   Wird arretiert! Abgeführt!
NASE   Jawohl – ich laß dich durch die ganze Stadt führen, wenn du nicht Farbe bekennen willst!
MAX   Aber ich weiß ja gar nicht, was ich bekennen soll.
NASE   Hahaha!
1. SCHUPO   Haha!
2. SCHUPO   Ha!
MAX   Was „haha"?
NASE   Das weiß doch das ganze Land, daß wir dem sogenannten Lucca auf den Fersen sind. Du steckst unter einer Decke mit ihm!
MAX   Lucca –?
NASE   Jetzt sag nur noch, du hast von dem noch nie was gehört!
MAX   Gehört hab ich schon davon; aber das ist mir ganz neu, daß ich zu ihm gehören soll.
NASE   Na, Bürschlein, Angst gekriegt? Das nächste Mal präzise Auskunft geben, wenn du von uns gefragt wirst. Verstanden? Wo wohnst du?
MAX   Gleich in der Nähe. Eibenstraße 16 $^3/_4$.
NASE   Hm. (*zu den Schupo:*) Laufen lassen! Aber aufpassen. Es liegt hier was in der Luft – meine Nase –! Order abwarten!
MAX   Wiedersehen! (*Nase und Max zu verschiedenen Seiten ab.*)

1. Was erfährt man über die beteiligten Figuren? | Wie erhält man die Informationen?

_____ | _____

_____ | _____

_____ | _____

_____ | _____

_____ | _____

_____ | _____

_____ | _____

2. Beschreibe genau die Situation: | Wie erfährst du das?

_____ | _____

_____ | _____

_____ | _____

_____ | _____

_____ | _____

_____ | _____

3. Um was könnte es in dem Theaterstück gehen?

_____

_____

_____

_____

_____

_____

_____

_____

_____

Richard Alfred Henning:

Mädchen in Rot

In der Werkstatt des Kunstmalers Kubus. Es ist spät abends. Eine Uhr schlägt elf. Im Zimmer ist es zunächst dunkel. Eine Tür wird geöffnet, Schritte werden hörbar.

PAUL *(flüsternd)* Otto?

OTTO *(ebenso)* Ja?

PAUL Bist du sicher, daß uns hier niemand stört?

OTTO Hast wohl Angst?

PAUL Es ist ein komisches Gefühl, wenn man das erste Mal nachts eine fremde Wohnung besucht. Und du?

OTTO Ach, man gewöhnt sich daran.

PAUL Otto?

OTTO Ja?

PAUL Hier ist eine Tischlampe. Soll ich Licht machen?

OTTO Moment! Will erst nachsehen, ob die Vorhänge dicht sind. *(geht ein paar Schritte)* Sind zu.

PAUL *(macht Licht)* Mensch, wo sind wir denn hingeraten? *(Man sieht nun eine Staffelei, Tisch, Schrank und Stuhl und einige herumstehende Gemälde, auch, daß die Diebe Gesichtsmasken tragen)*

OTTO *(fassungslos)* Mensch, lauter Bilder! Die reinste Gemäldegalerie!

PAUL Da hängt nun unten am Haus ein großes Schild mit protzigen Goldbuchstaben, daß man denkt, es wohnt wer weiß was für ein Millionenpferd in der Bude und – *(sieht sich ein wenig ratlos um)*

OTTO Toller Laden! Ist aber auch mal ganz interessant, außerdem wird sich schon noch etwas finden. *(stöbert herum)*. Solche Leute sind reich, die machen Geschäfte, sag ich dir. Ein Hunderter ist für sie ein kleiner Fisch.

PAUL Schau her, Otto! *(zeigt ein Bild)* „Heidelandschaft mit Bohrturm".

OTTO *(sucht weiter)* Ich bin mehr für etwas Weibliches, so etwas Frisches – weißt du?

PAUL Da! Guck dir dieses Mädchen an! Ein munteres Dingelchen, was?

OTTO Gefällt mir nicht! Und jetzt wollen wir mal in die Schubladen äugen. Diese Künstler sind meist ein leichtsinniges Volk, sie stecken ihr Geld einfach so – *(macht mit dem Mund ein pfeifendziwschendes Geräusch)* fjjjdd! – Naja, wie es ihnen gerade einfällt. *(vom Nachsehen enttäuscht)* Farben.

PAUL *(sieht im Schrank nach Papier)* – nichts wie lauter Papier.

OTTO Du?

PAUL Ja?

OTTO Hier ist nichts zu holen.

PAUL Aber Otto!

OTTO Hier ist Ebbe, ich habe einen Blick dafür.

PAUL Vielleicht ist in der Wand ein Geheimfach?

OTTO Keine Spur! Hier liegen wir schief. Wir müssen die beiden anderen Zimmer durchsuchen.

1. Um was könnte es in dem Stück gehen?

_____

_____

_____

2. Lege eine Tabelle an nach dem Muster:

Was erfährt man über die Ausgangslage?	Wie wird das mitgeteilt?

Hans Sachs

Faßnachtspiel mit 3 Personen:
Der farendt Schuler im Paradeiß

Die Pewrin gehet ein vnnd spricht:
ACh wie manchen seufftzen ich senck,
Wenn ich vergangner zeit gedenck,
Da noch Lebet mein erster Man,
Den ich ye lenger lieb gewan,
Dergleich er mich auch wiederumb,
Wann er war einfeltig vnd frumb.
Mit jm ist all mein frewdt gestorben,
Wie wol mich hat ein andr erworben.
Der ist meimb ersten gar vngleich,
Er ist karg vnd wil werden Reich,
Er kratzt vnd spardt zusam das gut,
Hab bey jm weder frewdt noch mut.
Gott gnad noch meinem Man, dem altern,
Der mich viel freundtlicher thet halten;
Kündt ich jm etwas guts noch than,
Ich wolt mich halt nit saumen dran.

Der farendt Schuler gehet ein vnnd spricht:
Ach liebe Mutter, ich kumb herein,
Bit, laß mich dir befohlen sein,
Mit deiner milten handt vnd gab;
Wann ich gar viel der künste hab,
Die ich in Büchern hab gelesen.
Ich bin in Venus berg gewesen,
Da hab ich gsehen manchen Buler;
Wiß, ich bin ein farender Schuler
Vnd fahr im Lande her vnd hin.
Von Pariß ich erst kummen bin
Itzundt etwa vor dreien tagen.

Die Pewrin spricht:
Secht, lieber Herr, was hör ich sagen,
Kumbt jr her auß dem Paradeiß?
Ein ding ich fragen muß mit fleiß,
Habt jr mein Man nicht drin gesehen?
Der ist gestorben in der nehen,
Doch vast vor einem gantzen Jar,
Der so grumb vnd einfeltig war;
Ich hoff je, er sey drein gefaren.

1. Versuche, Erklärungen zu finden:

Unbekannte Wörter und ihre Bedeutung:

_____

_____

_____

_____

_____

_____

_____

_____

_____

_____

_____

_____

_____

_____

_____

_____

_____

_____

_____

_____

_____

_____

3
Blatt
4

2. Was erfährt man über die Bäuerin? (Markiere im Text!)

_____

3. Was erfährt man über den „farendt Schuler"?

_____

4. Was löst vermutlich die spätere Handlung aus?

_____

_____

Gerhard Hauptmann

Der Biberpelz

ERSTER AKT

Kleiner, blaugetünchter, flacher Küchenraum mit niedriger Decke; ein Fenster links; eine rohgezimmerte Tür ins Freie führend rechts; eine Tür mit ausgehobenem Flügel mitten in der Hinterwand. – Links in der Ecke der Herd, darüber an der Wand Küchengerät am Rahmen, rechts in der Ecke Ruder und Schiffereigerät; gespaltenes Holz, sogenannte Stubben, unter dem Fenster in einem Haufen. Eine alte Küchenbank, mehrere Schemel usw. usw. – Durch den leeren Türrahmen steht ein hochgemachtes, sauber gedecktes Bett, darüber hängen billige Photographien in noch billigeren Rahmen, Öldruckköpfe in Visitenkartenformat usw. Ein Stuhl aus weichem Holz ist mit der Lehne gegen das Bett gestellt. – Es ist Winter, der Mond scheint. Auf dem Herd in einem Blechleuchter steht ein brennendes Talglicht. Leontine Wolff ist auf einem Schemel am Herd, Kopf und Arme auf der Herdplatte, eingeschlafen. Sie ist ein siebzehnjähriges, hübsches, blondes Mädchen in der Arbeitstracht eines Dienstmädchens. Über die blaue Kattunjacke hat sie ein dickes, wollenes Brusttuch gebunden. – Einige Sekunden bleibt es still, dann hört man, wie jemand bemüht ist, von außen die Tür aufzuschließen, in der jedoch von innen der Schlüssel steckt. Nun pocht es.

FRAU WOLFF *unsichtbar von außen.* Adelheid! Adelheid! *Stille; dann wird von der andern Seite ans Fenster gepocht.* Wirtschte gleich uffmachen!

LEONTINE *im Schlaf.* Nein, nein, ick laß mir nich schinden!

FRAU WOLFF Mach uff, Mädel, sonste komm ich durchs Fenster. *Sie trommelt sehr stark ans Fenster.*

LEONTINE *aufwachend.* Ach, du bist's, Mama! Ick komme ja schon! *Sie schließt auf.*

FRAU WOLFF *ohne einen Sack, welchen sie auf der Schulter trägt, abzulegen.* Was willst'n du hier?

LEONTINE *verschlafen.* n'Abend, Mama!

FRAU WOLFF Wie bist'n du reingekommen, hä?

LEONTINE Na, übern Ziejenstall lag doch der Schlüssel. *Kleine Pause.*

FRAU WOLFF Was willste denn nu zu Hause, Mädel?

LEONTINE *läppisch maulend.* Ich soll wohl man jar nich mehr bei euch komm?

FRAU WOLFF Na, sei bloß so gut und tu dich a bissel. Das hab ich zu gerne. *Sie läßt den Sack von der Schulter fallen.* Du weeßt woll noch gar nich, wie spät daß's schonn is? Mach bloß, daßte fortkommst zu deiner Herrschaft.

LEONTINE Wenn ick da man ooch wer mal 'n bißken zu spät komm!

FRAU WOLFF Nun nimm dich in Obacht, haste verstanden! Und sieh, daßte fortkommst, sonst haste verspielt.

LEONTINE *weinerlich, trotzig.* Ick jeh nich mehr bei die Leute, Mama!

FAU WOLFF *erstaunt.* Du gehst nich ... *Ironisch.* Ach wo, das ist ja was ganz Neues.

LEONTINE Na brauch ick mir immer lassen schinden?

FRAU WOLFF *war bemüht, ein Stück Rehwild aus dem Sack hervorzuziehen.* I, schinden tun se dich also bei Kriegers? Nee, so a armes Kind aber ooch! Mit so was komm mer ock uffgezogen! A Frauenzimmer wie a Dragoner ...! Nanu faß an, dort unten a Sack! Du kannst dich woll gar nich tälscher anstellen? Bei mir haste damit kee Glicke nich! 's Faullenzen lernste bei mir erscht recht nich! *Beide hängen den Rehbock am Türpfosten auf.* Nun sag ich dersch aber zum letzten Male...

LEONTINE Ich jeh nicht mehr bei die Leute hin. Denn jeh ick lieber in't Wasser, Mama!

FRAU WOLFF Na, daßte ock bloß keen'n Schnuppen krigst.

LEONTINE Ick spring in't Wasser!

FAU WOLFF Da ruff mich ock, heerschte! Ich wer der an Schupps geben, daßte ooch ja und fliegst nich daneben.

LEONTINE *schreit heftig.* Na, brauch ick mir das woll jefallen zu lassen, det ick abens muß Holz rinräumen zwee Meter?

FRAU WOLFF *tut erstaunt.* Nee, 's ist woll nich meeglich! Holz sollste reinschleppen! Nee, ieber die Leute aber ooch!

LEONTINE ...un zwanzig Daler uffs ganze Jahr? Denn soll ick mir ooch noch die Poten verfrieren? Un nich ma satt Kartoffel und Häring?!

FRAU WOLFF Da red erscht nich lange, tummes Mädel. Da hast a Schlissel, geh, schneid d'r Brot ab.

1. Was erfährt man hier alles über die Ausgangslage?

_____

_____

2. Überlege: Warum schreibt der Autor einen so ausführlichen Nebentext?

_____

_____

_____

Arbeitsblatt: Spielszenen entwerfen II

1. Wie kann man darstellen, was in einer Person vorgeht, was sie denkt, was sie fühlt?
Sieh dir den folgenden Ausschnitt aus einem Stück genau an:

Josef Guggenmos

Wer zuletzt grinst, grinst am besten

Es spielen mit: FRED *und* ALI, *zwei Freunde, Beruf: Gangster,* ZWEI POLIZISTEN, EIN ANSTREICHER

EIN ANSTREICHER *hat einer Bank im Park neuen Glanz verliehen. Er vollendet sein Werk mit drei wohlgesetzten Strichen und entfernt sich dann mit Pinsel und Farbtopf. Im Abgehen wendet er sich an die Zuschauer und warnt sie vor der gefährlichen Bank:* Frisch gestrichen!

FRED *und* ALI *auf der Flucht. Ali schleppt einen Koffer. Fred trägt an seiner Zeitung nicht so schwer.*

FRED *späht zurück:* Ich glaube ... Ich glaube, wir können vom Gas gehen. Wenn mich nicht alles täuscht, haben wir die Polypen abgehängt.

ALI Na, endlich! Wieder mal geschafft! – Fred, wie wär´s? Könntest nicht mal den Koffer ...

FRED Ali, wie oft habe ich dir schon klargemacht: Ich bin der Kopf der Bande. Und der Kopf hat anderes zu tun als Koffer zu tragen.

ALI Du bist der Kopf, und ich bin die ganze übrige Bande. – O Kopf, laß dir sagen: Die Arme sind lahm, die Beine sind am Ende ... O sieh! Eine Bank! Vom Himmel geschickt!

FRED Pause genehmigt. *Beide lassen sich auf die Bank fallen.*

ALI Eine Wohltat!

FRED *seinem Genossen auf die Schulter hauend:* Na, wie haben wir das wieder hingekriegt!

ALI *genüßlich* Nach getaner Arbeit ist gut ... *nachdenklich werdend* ... ruhn. Sag Fred, kommt dir die Bank nicht auch irgendwie feucht vor. So klebrig feucht ...

FRED Bruderherz, das macht der Schweiß. Der Schweiß, der uns in Bächen den Rücken und noch weiter hinunter geronnen ist. – Nichts gegen die Bank. Die Bank ist in Ordnung. Sieh nur: nagelneu! Eigens für uns aufgestellt! Haha!

ALI Ah! ist das gemütlich hier! – Wenn bloß die Leute dort *zeigt auf die Zuschauer* nicht alle so herglotzen würden.

FRED Laß sie glotzen, die Blödhammel!

ALI Die grinsen aber alle so.

FRED Laß sie grinsen. Wer zuletzt grinst, grinst am besten. Heute abend, wenn wir das Geld teilen, werden wir grinsen. Wenn die wüßten, was wir in unserem Koffer haben! Die würden alle platzen vor Neid. Die denken, ha, ha, ha, die Knallfrösche denken, das sei ein Musterkoffer mit Herrensocken und Schnürsenkeln! Ha, ha, ha, ha, ha! *Haut sich vor Vergnügen auf die Schenkel.*

ALI Ha, ha, ha! Und in Wirklichkeit ist er vollgestopft mit Tausendern. Ha, ha, ha! Ha, ha, ha, ha, ha! *Streichelt den lieben Koffer.* Würde mich bloß interessieren, was die auf der Bank jetzt mit ihrem leeren Tresor anfangen.

FRED Schätze, die bewahren jetzt Butter und Käse drin auf. Falls sie sich solchen Luxus noch leisten können.

ALI Tja! Das war ein Fang! Märchenhaft! Der Bankraub des Jahrhunderts! – Du, da haben wir heute abend noch eine tüchtige Arbeit vor uns. Mit dem Zählen. Mir tun noch die Finger weh von gestern, und da war´s nicht halb soviel.

2. Beschreibe die Stimmung des Anstreichers. Belege mit Wörtern aus dem Text deine Meinung.

_____

_____

_____

3. Spielt die Szene. Dabei sollten zwei von euch die Gangster spielen, während die übrigen sich Notizen machen. Diese sollten festhalten, wie die Spieler Satz für Satz ihren Text sprechen.

_____

_____

_____

_____

_____

_____

_____

4. Wie schätzen die beiden Gangster ihre Situation ein? Wie wurde das zum Ausdruck gebracht?

_____

_____

_____

5. Wie fühlen sich die beiden?

a) Ali:

_____

Woran wird das erkennbar?

_____

b) Fred:

_____

Woran wird das erkennbar?

_____

6. FRED *späht zurück* Ich glaube ... Ich glaube, wie können vom Gas gehen.

In welcher Situation befindet sich Fred? Was denkt er?

_____

Wie wird das dem Zuschauer mitgeteilt?

_____

7. FRED Pause genehmigt. *Beide lassen sich erschöpft auf die Bank fallen*
ALI Eine Wohltat!

Wie fühlen sich Fred und Ali?

_____

Wie erfährt der Zuschauer das?

_____

_____

_____

Arbeitsblatt: Spielszenen entwerfen III

In Nestroys Stück „Die bösen Buben in der Schule" setzen Willibald und seine Kumpane ihrem gutmütigen Lehrer Wampl ganz schön zu. In der folgenden Szene tritt Willibald erstmals auf.

Nestroy

Die bösen Buben in der Schule

VIERTE SZENE

WILLIBALD; *die Vorigen.* WILLIBALD *tritt, ohne von beiden Notiz zu nehmen, zur Mitte während dem Ritornell des folgenden Liedes ein:*

LIED

1

Ich wär schon ein Knab,
Recht brav, aber ich hab
Fürs erste kein Fleiß,
Weil ich so schon alls weiß.
  Allein die Professer,
  Die wißn alles besser.
  Ka Antwort ist recht,
  Ins Zeugnis schreiben's: „Schlecht!"
Dann merk ich nicht auf,
Ich spiel oder ich rauf,
Oder i friß etwas Süß's!
Oder i wetz mit die Füß!
Auch schieß ich so gern
Mit die Bockshörndlkern,
Drum in d´Sitten, i waß,
Krieg i auch dritte Klass´!

2

In der Schule, i dank,
Die Händ auf der Bank,
Den Vortrag anhörn,
Ohne schlafrig zu wern,
Das Buch aufgeschlagn,

Zu schwätzen nicht wagn,
Wie ein eiserner Aff,
Sonst kriegt man a Straf!
Dieser schreckliche Druck
Halt´t im Wachstum uns z´ruck
Und von d´Bubn tun s´begehrn,
Große Männer solln s´wern!
Und wenn ein´r auch alls kann,
Stelln s´ ei´ m nirgends an.
Ja, das muß ein´ antreibn,
Ein Esel zu bleibn!

Nach dem Liede I wart jetzt nur, bis i ein Jünglin bin, dann geh i in die Welt, und das is g´scheiter als die Schul. Die Welt is die wahre Schule, denn da lernt man alles von selbst. In der Schul, da muß man die Lektionen aufsagen, sonst is man dumm; wenn man aber in der Welt eine tüchtige Lektion kriegt, so muß man still sein und gar nix dergleichen tun, dann ist man g´scheit! In der Schul wird man alle Tag verlesen, in der Welt, wenn man da einmal verlesen ist, so is es genug auf ewige Zeiten. In der Schul muß man ruhig sein, in der Welt is es just gut, wenn man recht viel Lärm macht; in der Schul habn s´extra eine Eselbank, in der Welt sind die Eseln auf allen Plätzen zerstreut. Drum herrscht auch nur in der Schule diese Indiskretion, daß s´ ei´ m sagen können: „Marsch, auf die Eselbank!" In der Welt, wenn ich da in ein Gasthaus oder in ein Kaffeehaus gehn werd, riskier ich das nicht. Oder wenn ich in ein Theater geh, da kann kein Sitzaufsperrer zu mir sagen: „Ich bitt, Sie sind ein Esel, Sie g´hörn auf diese Bank!" Das geht nicht! Mit einem Wort –

NETTCHEN *leise zu Franz:* Aber der widerwärtige Willibald –

FRANZ *zu Willibald:* Was machen Sie schon so früh in der Schule?

1. Wie stellt sich Willibald selbst dar? Welche Eigenschaften vermutet er bei sich? Wofür hält er sich?

_____

_____

_____

_____

_____

2. Was denkt Willibald von der Schule? Unterstreiche die entsprechenden Stellen.

_____

_____

_____

_____

3. Mit wem spricht eigentlich Willibald?

_____

_____

4. Fasse zusammen: So kann man dem Zuschauer mitteilen, was in einer Figur vorgeht:

a) _____

_____

_____

b) _____

_____

_____

c) _____

_____

_____

d) _____

_____

_____

Textquellen

Klippert, W. (Hrsg.): Kurzhörspiele; aus: Günter Bruno Fuchs: Adam Riese und der Große Krieg. Werke in drei Bänden, Band 2. (c) 1990 Carl Hanser Verlag, München, Wien.

Kabitz, Ulrich: An allem ist die Katze schuld; aus: U. Kabitz: Kurzspiele und Sketche 140. Weinheim: Deutscher Theaterverlag, o.J. .

Rapp, Wolfgang: Das Spiel vom weisen Kadi; aus: Wolfgang Rapp: Narrenscharade um vier heitere Kurzspiele nach Geschichten von Johann Peter Hebel; Hamburg: Quickborn-Verlag 1953

Sauer, Lothar: Emil die Polente kommt; aus: Der Mord auf der Wendeltreppe: 40 klass. Sketche für bunten Abend u. Lagerzirkus / ges. u. aufgeschrieben von Lothar Sauer. Verlag Herder: Freiburg – Basel – Wien, 1979.

Sauer, Lothar: Ein Drehtag im Studio 13; aus: Der Mord auf der Wendeltreppe, a.a.O. .

Bildquellen

Skizzen: „Herstellung einer Puppe" aus: Erika Zimmermann (Hrsg.): Wir spielen Puppentheater, illustriert von W. Grieder; Freiburg: Herder Verlag, 6. Auflage 1984.

Fotos: Werkstatt Fotografie P. Zörlein / G. Neumann

Herbarium: Klett Archiv

alle anderen Abb. von Marlene Pohle